国家社科基金研究项目（16BTY024）

城市体育健身与养老服务融合发展研究

王占坤 朱邦森 范成文 著

上海交通大学出版社

SHANGHAI JIAO TONG UNIVERSITY PRESS

内容提要

本书是一部研究城市体育健身与养老服务融合发展的著作,运用多学科知识,以一个新的视域——体育健身与养老服务融合作为切入点,探索城市"体养融合"发展的问题。本书通过理论和实证研究了城市"体养融合"发展的相关问题,提出了"体养融合"发展的新理念;从供给与需求的视角,全面分析城市"体养融合"发展存在的问题以及影响融合发展的因素;从实证出发,深入分析现存问题,结合相关理论,提出对策以促进城市"体养融合"发展。

图书在版编目(CIP)数据

城市体育健身与养老服务融合发展研究/王占坤,朱邦森,范成文著. —上海:上海交通大学出版社,2022.12
ISBN 978-7-313-27965-1

Ⅰ. ①城… Ⅱ. ①王… ②朱… ③范… Ⅲ. ①城市—体育锻炼—研究—中国 ②城市—养老—社会服务—研究—中国 Ⅳ. ①G806②D669.6

中国版本图书馆 CIP 数据核字(2022)第 223532 号

城市体育健身与养老服务融合发展研究
CHENGSHI TIYU JIANSHEN YU YANGLAO FUWU RONGHE FAZHAN YANJIU

著　　者:王占坤　朱邦森　范成文			
出版发行:上海交通大学出版社	地　　址:上海市番禺路 951 号		
邮政编码:200030	电　　话:021-64071208		
印　　制:上海万卷印刷股份有限公司	经　　销:全国新华书店		
开　　本:710 mm×1000 mm　1/16	印　　张:16.5		
字　　数:276 千字			
版　　次:2022 年 12 月第 1 版	印　　次:2022 年 12 月第 1 次印刷		
书　　号:ISBN 978-7-313-27965-1			
定　　价:68.00 元			

前 言 | Foreword

　　随着我国经济社会的快速发展和医学技术的进步,人口预期寿命显著提高,人口年龄结构不断老化,老龄化成为 21 世纪中国新的基本国情,积极应对人口老龄化是一项长期战略选择。中共十八大提出的"积极应对人口老龄化,大力发展老龄服务事业和产业"为应对人口老龄化指明了方向。此后,我国颁布了一系列旨在健全社会保障、完善健康支撑和养老服务、加强体育促进的政策和法律法规,如:《中华人民共和国老年人权益保障法》(2013 年)、《国务院关于加快发展养老服务业的若干意见》(2013 年)、《国务院关于加快发展体育产业促进体育消费的若干意见》(2014 年)、《"健康中国 2030"规划纲要》(2016 年)等。面对人口老龄化对国家经济社会发展带来的挑战,2019年国务院颁布《国家积极应对人口老龄化中长期规划》,标志着应对人口老龄化上升为国家战略;十九届五中全会适时提出了"实施积极应对人口老龄化国家战略",自此,从国家层面正式开启了积极应对人口老龄化的征程。大力推进"体养融合"发展,是实施积极应对人口老龄化国家战略和贯彻落实"健康中国"国家战略的具体行动,也是实现"老有所养、老有所医、老有所乐、老有所为"健康养老目标的重要举措。体育对各国应对人口老龄化挑战具有重要价值,发达国家特别重视在各种养老环境中为老年人提供体育健身服务,形成了"政府、市场、社会组织、机构"协同供给的局面,有效地整合了各种资源,但是目前我国体育健身和养老服务融合发展方面还存在"体养融合"理念尚未形成、部门协同机制不健全、非物质性体育健身服务供给滞后、社会力量参与不足、"上下互动"的供需平衡机制尚未建立、健身场地设施配置问题突出、"体养融合"发展的智慧化程度不高等困境,这不符合我国快速老龄化社会中老年人养老服务的多元化需求。

　　本书以积极应对人口老龄化战略、新型城镇化战略、全民健身战略、健康中国战略等国家战略的实施推进为背景,以城市体育健身和养老服务融合发展为研究对象。采用文献资料法、问卷调查法、访谈法、数理统计法及比较研究法等多种方法,运用多学科知识,以一个新的视域——体育健身与养老服务融合作为切入点,探索城市"体养融合"发展的问题,即如何实现体育健身与养老服务"1+1>2"的问题。本书深入分析和全面总结美、英、澳、德、日和北欧部分国家体育健身与养老服务融合发展的经验,主要从法律法规和政策保障、体育健身服务的管理体制、体育场地设施供给、体育社会组织发展、体育健身计划开展、体育健身人才支撑等方面展开研究,在国际经验的基础上,结合我国国情,探讨城市"体养融合"发展的前景、效应以及如何借鉴国际经验;从供给角度分析城市"体养融合"发展的现状和模式,重点分析融合发展存在的问题;从需求的角度,揭示老年人体育健身服务需求和满意度,并制定不同类型的养老体育健身服务方案,最后从理念融合、部门融合、人才融合、组织融合、机制融合、资源融合、技术融合、创新8个维度提出融合发展的实施路径。

　　本书在撰写过程中得到了许多专家的悉心指导,感谢他们的支持和帮助,同时感谢参与本书调研工作的研究生们,感谢出版社工作人员耐心细致地校订本书。

　　由于笔者水平有限,书中难免出现一些漏洞和错误,敬请广大读者批评指正。

目 录 | Contents

第 1 章

导 论

1.1 研究背景与意义

1.1.1 研究背景

按照国际判定人口老龄化的标准,当一个地区60岁以上老年人比例达到总人口的10%,或65岁以上老年人比例占总人口的7%,该地区就被视为进入老龄化社会。当前,全球人口老龄化程度日益加深,据联合国人口基金会(United Nations Population Fund)数据,2019年全球约有一半的国家或地区65岁以上人口占总人口比重在7%及以上,而英国广播公司(BBC)网站报道,2018年年底,世界上有7.05亿65岁以上的老年人,而0~4岁的婴幼儿的人数则为6.8亿,老年人口数超过婴幼儿人口数。1960年,全世界65岁及以上人口占比为4.97%,而2019年已达到9%,联合国报告预测,到2050年全球人口数量将达到98亿,其中65岁以上的老年人口将超过15亿,占总人口的16%。根据以上数据可以判断,人口老龄化是21世纪全球人口发展的基本态势,发达国家和发展中国家都必将面临人口老龄化带来的挑战和机遇,积极参与全球老龄社会治理将成为构建人类命运共同体的重要内容之一。

联合国经济和社会事务部的报告显示,1950年城市人口约占全球人口的30%,2019年达56%,预计到2050年将有68%的人口居住在城市。《2019年国民经济和社会发展统计公报》显示,2019年年末,中国城镇化率达到60.60%,按国际标准,一个国家的人口城镇化率达到60%,就意味着其已经基本实现城镇化,初步完成从乡村社会到城市社会的转型,进入城市社会时代。2019年,中国社会科学院发布的《中国城市竞争力第17次报告》提出,预计到2035年,中国城镇化比例将达到 70% 以上。1996 年,联合国人类住区会议发布的《伊斯坦布尔宣言》强调:"城市必须成为人们能够过上有尊严、健康、安全、幸福和充满希望的生活的地方。"各级各类城市都在加强幸福城市、健康城市和宜居城市的建设,而老龄友好环境建设是评价这些城市建设水平的重要指标。因此,关注城市老年人的普遍生理和心理特征,满足和照顾他们的精神期望与心理诉求,让老年人有尊严地老去,是今后城市化进程中必须兼顾的内容[1]。这为城市体育健身与养老服务融合发展指明了方向(以下把体育健身与养老服务融合简称为"体养融合")。

中国共产党第十八次全国代表大会(以下简称"中共十八大")提出的"积极应对人口老龄化,大力发展老龄服务事业和产业"为应对人口老龄化指明了方向。2013 年 7 月实施了新修订的《中华人民共和国老年人权益保障法》,加强了"体养融合"发展的制度保障;2013 年 10 月颁布的《国务院关于加快发展养老服务业的若干意见》明确指出,要"促进养老服务与健身互动发展";2014 年 10 月颁布的《国务院关于加快发展体育产业促进体育消费的若干意见》正式确立了全民健身的国家战略地位,提出要推动体育与养老服务融合;2016 年,国务院颁布了《"健康中国 2030"规划纲要》,将提高全民的健康水平上升到国家战略高度。没有老年人的健康,健康中国战略目标就无法实现。面对人口老龄化对国家经济社会发展带来的挑战,2019 年国务院颁布了《国家积极应对人口老龄化中长期规划》,标志着应对人口老龄化上升为国家战略。此后,十九届五中全会适时地提出了"实施积极应对人口老龄化国家战略",至此,从国家层面正式开启了积极应对人口老龄化的征程。大力推进"体养融合"发展,是实施积极应对人口老龄化国家战略和贯彻落实"健康中国"国家战略的具体行动,也是实现"老有所养、老有所医、老有所乐、老有所为"健康养老目标的重要举措,是新时代应对人口老龄化问题的关键。

1.1.2 研究意义

1.1.2.1 决胜全面建成小康社会要求加强城市"体养融合"发展

人口老龄化是 21 世纪中国新的基本国情,积极应对人口老龄化是一项长期战略选择。加强"体养融合"发展,首先要研判我国人口老龄化的态势和规模。自 1999 年中国进入老龄化社会以来,无论是老年人口的数量还是比例都在持续增长,老年抚养比也在加速上升,2000 年至 2020 年,中国 60 岁及以上老年人口从 1.26 亿人增加到 2.64 亿人,老年人口占总人口的比重从 10.2% 上升至 18.7%,

其中,65 岁及以上老年人口从 8 821 万人增加到 1.9 亿人,占总人口的比重从 2000 年的 6.96% 上升到 2020 年的 13.5%,老年抚养比从 9.9% 增加到 19.7%(见图 1-1),而 2010 年至 2020 年,65 岁及以上人口比重上升了 4.63 个百分点,与上个 10 年相比,上升幅度提高了 2.72 个百分点。联合国人口司发布的《世界人口展望(2019 年)》预测:2035 年中国 65 岁及以上人口数将超过 3 亿,2050 年为 3.66 亿,2060 年将达到峰值 3.98 亿,占总人口的 29.83%。而到 2050 年,我国老龄化程度将达到 26.1%,在全世界排名第 33 位,与发达国家平均水平相当(26.9%)。我国人口老龄化具有四个方面的特征,一是老龄化规模大、速度快。今后,在生育率持续下跌、人口预期寿命不断增长和人口年龄动态累积效应的叠加影响下,从 2015 年到 2060 年,中国的人口年龄结构将呈现老年人口规模大、发展速度快、老年人口比重持续提高以及老龄化速度远高于其他国家等显著特征。从 2005 年开始,中国 65 岁及以上老年人口发展速度和规模均超过低收入国家、中等收入国家和世界平均水平,从 2050 年到 21 世纪末,中国人口老龄化速度和规模将全面超过欧美日等高收入国家,跃居世界第一位(见图 1-2)。二是独居和空巢老年人比例高。城镇化加快、家庭模式小型化、年轻子女工作和生活节奏快,导致独居老年人和空巢老年人的数量增速加快,占总人口比重增高,《"十三五"国家老龄事业发展和养老体系建设规划》预计,到 2020 年,我国独居

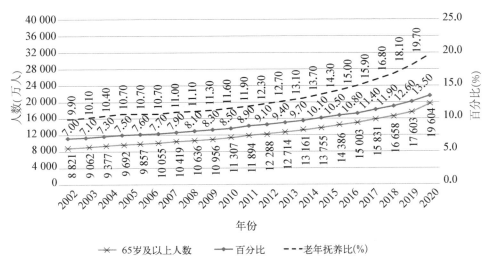

图 1-1　进入老龄化社会以来中国 65 岁及以上老年人口变化状况(2002—2020)

数据来源:中国统计年鉴(2021)。

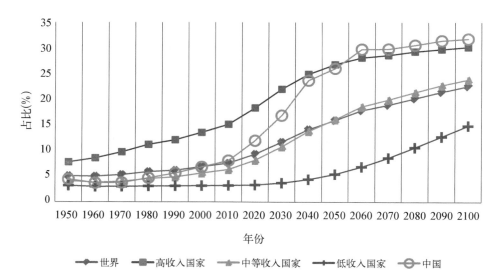

图 1-2　世界不同收入国家 65 岁及以上人口数量占总人口比重变化趋势(1950—2100)[2]

资料来源:《世界人口展望(2019)》(*World Population Prospects 2019*)。

和空巢老年人将增加到 1.18 亿人左右。三是老年人受教育程度不断提高。2020 年,我国拥有高中及以上文化程度的老年人数为 3 669 万人,占总人口的 13.90%,比 10 年前提高了 4.98 个百分点。四是患慢性病老年人持续增多,2013 年已突破 1 亿人大关,2019 年国家卫生健康委员会提供的数据显示,患有慢性病的老年人已高达 1.8 亿人。

然而,在"未备先老"和"未富先老"的国情下,要使 2.6 亿(截至 2020 年,其中 65 岁以上的有 1.9 亿人)老年人全面进入小康社会,共享发展成果,仍有许多短板亟待补齐。人口老龄化使养老金和医疗费用支出增加,劳动力人口下降,影响经济社会发展,在 2013 年 9 月的"应对人口老龄化"中法圆桌研讨会上,法国退休改革委员会主席拉贝尔指出,人口老龄化会导致 GDP 增速减缓,还会带来社会成本的增加,给社会造成负担。这些也是全面建成小康社会的瓶颈或挑战。《中国老年人生活质量发展报告(2019)》显示,在社会参与和文化生活方面,大部分老年人关心社区事务,普遍参加各类休闲体育娱乐活动,但老年人继续学习的机会较少。这是老年人公共服务的短板,而老年人体育是短板中的弱项,"打造高质量的为老服务和产品供给体系"与"构建养老、孝老、敬老的社会环境"是全面建成小康社会的重要举措,而"体养融合"、有效供给体育服务与此密切相关,在国家养老服务、医疗保健服务等基本公共服务与全面建成小康社会同步迈进的过程中,老年人体育发展成为掣肘,因此,在决胜全面建成小康社会的关键阶段,要运用供给侧改革和共同富裕的思维,加强"体养融合"发展,促进老年人体育健身服务高质量发展,提高有效供给。

1.1.2.2　健康中国战略目标达成需要城市"体养融合"发展

党和国家非常重视民众的健康问题,国家领导人在多次讲话中强调:要把人民健康放在优先发展的战略地位。根据《老龄蓝皮书:中国城乡老年人生活状况调查报告(2018)》,目前我国老年人口寿命质量并不乐观,只有约三成老年人健康状况较好,近 50% 的老年人从不锻炼、睡眠质量不高。国家卫生健康委员会 2019 年 7 月发布的相关数据显示:2018 年我国人均预期寿命为 77 岁,但健康预期寿命仅为 68.7 岁,老年人中超过 1.8 亿人患有慢性病,患有一种及以上慢性病的比例高达 75%,老年人整体健康状况还存在着患病比例高、患病时间比较早、带病生存较长等问题。老年人心理健康方面也存在问题,《2014 年中国老年社会追踪调查报告》显示,24.78% 的老年人有不同程度的孤独感,独居老年人孤独感尤为严重,老年人的正式活动参与率、社会公益活动参与率仅为 20% 左右。身心健康是老年人实现美好生活愿望的基本条件和幸福状态的体现,但是,长期以来,国家和地方健康政策多关注妇女、儿童和青少年,而对老年人健康关注不够,如:各种健康指南有很多,但是有关老年人的健康指南却较少。

1990 年,世界卫生组织(WHO)在世界老龄大会上把"健康老龄化"作为应对人口老龄化的一项战略,2015 年 10 月发布的《关于老龄化与健康的全球报告》再一次把"健康老龄化"提上大会议事日程,并确立了健康老龄化战略,提出了维持老年人健康功能的健康老龄化新范式。健康老龄化战略关注的不仅是老年人有没有疾病,还聚焦于提高老年人的生命质量,延长健康的预期寿命。2002 年,联合国大会通过的《马德里政治宣言》与《马德里老龄问题国际行动计划》明确了三个优先行动的领域,即"老年人与发展;促进老龄健康与福祉;确保老年人从有利和支持性的环境中获益"。而通过加强以体育为手段的身体活动实现健康老龄化和积极老龄化已经成为共识。健康老龄化是健康中国战略题中应有之意,中共十八大以来,我国加强了健康老龄化的顶层设计,《"健康中国 2030"规划纲要》指出:促进健康老龄化,强化老年人健康管理,推动形成"体医结合"的疾病管理与健康服务模式,发挥全民科学健身在健康促进、慢性病预防和康复等方面的积极作用。老年人的幸福感、获得感和安全感受到慢性疾病影响而显著降低,经常参加体育锻炼能够延缓生理机能的退化,有助于慢性疾病的预防和康复,维持生活质量,进而促进健康老龄化。此外,从心理健康方面考虑,老年人参加体育锻炼可以调节情绪,增加社会交往,保持乐观、积极的心态,减少孤独感和抑郁情绪,从而促进心理健康。因此,需要从"体养融合"的角度加强老年人体育健身服务供给,在确保老年人公共体育服务质量提高和数量增加的同时,提高公共体育服务精细化水平,以促进老年人心理、身体和社会适应能力的提高,减少国家医疗费用负担,这也是达成健康中国战略目标的必然要求。

1.1.2.3 推进积极应对老龄化国家战略要求城市"体养融合"发展

从 20 世纪末开始,我国积极开展应对人口老龄化行动,养老服务政策从"重点发展居家养老"不断升级到"以居家为基础、社区为依托、机构为补充、医养相结合"的中国特色养老服务,搭建起了"中国式"养老的"四梁八柱",也为推进"体养融合"发展提供了框架。《国家积极应对人口老龄化中长期规划》指出:建立和完善包括健康教育、预防保健、……连续的老年健康服务体系,推进公共体育普及工程,加强设施建设,打造城镇社区 15 分钟健身圈。这些政策为"体养融合"发展提供了保障,也对全民健身公共服务体系建设提出了挑战。

体育在应对老龄化挑战方面具有 4 个方面的独特价值,一是可以增强老年人健康素质,有助于老年人人力资源开发利用。进入老龄化社会后,中国人口结构发展转变,人口自然增长率下降,老龄化程度逐渐加深,2030 年后人口将出现负增长(见图 1-3),开发利用老年人人力资源,有助于老年人的知识、技能、经验继续发挥作用,挖掘老年人人口红利,延长老年人参加生产劳动的年限,促进经济发展,缓解人才供需矛盾,实现老有所为。二是有助于减少医疗支出,减轻政府财政负担,间接促进经济发展。数据显示,老年人消耗的卫生资源是全部人口平均消耗卫生资源的 1.9 倍。三是有利于促进老年人体育消费,释放消费新动能。随着老龄化程度的加深,消费结构将会发生变化,医疗保健和休闲旅游的消费支出增大,应抓住这一机遇,拓展老年人体育消费市场,带动老年人体育产业发展。四是有利于建立新的经济增长点。国务院《加快发展体育产业促进体育消费的若干意见》指出:积极拓展新业态。丰富体育产业内容,推动体育与养老服务等融合。民政部《关于进一步扩大养老服务供给促进养老服务消费的实施意见》提出,实施"养老服务+行业"行动,支持养老服务与文化、体育、养生、健康等行业融合发展,拓展旅居养老、文化养老、健康养老、养生养老等新型消费领

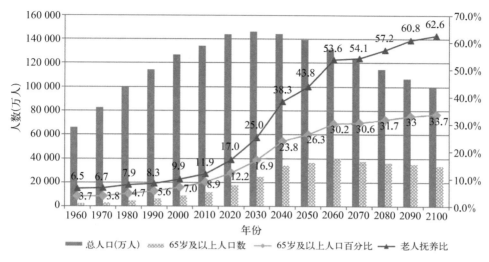

图 1-3　中国 65 岁及以上人口变化趋势（1960—2100）

资料来源：《世界人口展望（2019）》（*World Population Prospects 2019*），《中国统计年鉴（2020）》。

域。因此，可以通过体育产业与养老服务业融合发展，形成新业态，培育新的经济增长点，扩大内需，增加就业。通过加强老年人公共体育服务供给侧改革，营造老年人体育健身的环境，引导老年人科学地进行体育锻炼，可以有效减少人口老龄化带来的负面影响。

　　综上所述，在人口老龄化背景下，随着中国经济的不断发展、老年人素质的不断提升与健康意识的增强，老年群体意识到科学的体育健身在促进身体心理健康、增强体质、促进社会适应等方面发挥着举足轻重的作用，越来越多的老年人把体育健身作为对美好生活的追求，积极参与体育健身活动，公共体育服务的需求也日益增长。有鉴于此，从需求角度，政府、社会和老年人个体都需要城市"体养融合"发展，构建高质量的老年人体育健身服务体系。因此，如何把老年人体育健身资源融入养老服务，使之成为有效应对人口老龄化挑战的重要举措，是一项重要的研究课题。

1.2　文献综述

1.2.1　国外文献综述

　　西方发达国家较早进入老龄化社会，对老年人体育健身和养老服务的思考也先于我国。21 世纪是人口老龄化的时代,世界上的发达国家都已经进入老龄社会,但是很少有"体养融合"发展方面的研究文献,现有的文献主要集中在老年人体育方面的研究。

（1）老年人体育相关政策法规。如 1965 年美国颁布的《老年人法案》就提出:"为老年人提供服务,使其经常参加身体活动和锻炼,保持身心健康。"日本在 1963 年和 1982 年分别颁发的《老年人福利法》和《老年人保健法》中都提出体育锻炼为老年人预防保健和身体康复的重要措施,应在养老机构配备体育设施。1987 年美国修订的《老年人法案》补充了健康教育与健康促进的内容,包括合理饮食和体育锻炼两方面。

（2）老年人体育社会组织发展的研究。体育社会组织是老年人体育健身服务的重要供给主体,受到发达国家的重视,最突出的特色即俱乐部、社会体育组织等社会力量的积极参与。体育社会组织形成了老年人体育健身服务的多元化供给模式,日本东京学者 Tzu-Yu Lin[3]（2015）认为对即将到来的超老龄社会,日本政府应通过在每个社区发展社区体育俱乐部（CSC）来促进老年人的体育活动参与;Pamela Wicker[4]（2013）提出,人力、财力、基础设施和文化资源都是影响德国体育非营利俱乐部内部组织发展的直接因素;Felix Wemmer[5]（2015）提出,市场压力下非营利体育组织可利用体育市场固有的合作环境调整转型、创新发展,鼓励俱乐部成员志愿服务,扩大服务范围。

（3）老年人体育需求的研究。Tischer U[6]（2011）总结:德国老年体育参与者中女性多于男性,相对年轻多于老龄,高层次人员更加活跃;老年人运动动机主要是为了身体健康,老年人活动和设置偏好随年龄增加而减弱,逐步偏向于中等强度运动（远足、自行车、体操等）。

（4）老年人体育参与方面的研究。Hinrichs T 等[7]（2010）认为除了参加骑自行车、体操、力量训练、游泳、保龄球或跳舞项目之外,仅小部分居住在社区的老年人进行其他体育活动;Tischer U 等[8]（2011）研究发现社会分层对老年人的体育参与率有普遍影响,社会阶层越高,体育参与率越高,体育参与尤其受教育水平的影响,其与更持续的体育活动呈正相关,对老年人体育参与来说,文化资本比经济资本更重要。

（5）体育锻炼对老年人身心健康影响的研究。"老龄健康"问题的研究已成为许多发达国家国家战略的重要组成部分,美国、欧盟、英国和日本每年都投入大量的研究经费用于"老龄健康"方面的研究。这也带动了体育锻炼对老年人身心健康影响方面的研究,如:Wolfgang Kemmler[9](2017)研究了体育锻炼对老年女性骨质健康的促进作用,日本学者 Meiko Asaka[10](2015)研究阻力运动对老年人肌肉的促进作用,Thomas Dorner[11](2013)提出力量及平衡训练可以提高老年人认知功能,Miguel A. Perez-Sousa[12](2020)提出将有氧运动和柔韧性运动结合在一个以团体为基础的体育活动项目中可以改善老年人抑郁程度。此外,M.schroll[13](2003)、Orcin Telli Atalay & Uğur Cavlak[14](2012)等学者的研究表明体育锻炼对老年人身心健康具有良好的促进作用。

(6)老年人体育锻炼的经济社会价值研究。2014 年国际评级机构穆迪在《人口老龄化将在未来 20 年内削弱经济增长》的报告中指出,老龄化速度加快,增加政府负担,导致今后 20 年发达国家和新兴经济体的经济增长放缓。而老年人参与体育锻炼能够产生明显的经济社会效益,发达国家的经验证明,政府对自行车和健身步道等体育设施的投入效益,相当于医疗投入效益的 3 倍;Coklitz[15](1993)认为体育锻炼节省医疗费用的效果只有在 45 岁以上的成年人身上才能看到。达能研究中心的研究发现:体力活动充足者和缺乏体力活动者之间在医疗费用方面具有明显的差别。De Souto Barreto. Philipe[16](2015)认为在疗养院里工作的职业健身教练的存在与疗养院老年人具有良好的运动习惯有关。

1.2.2 国内文献综述

通过梳理国内老年人体育和养老服务相关研究文献发现,我国对"体养融合"发展的研究文献也较少,国内学术界的关注点主要在老年人体育和养老方面。

1.2.2.1 老年人体育研究

体育锻炼对老年人身心健康影响的研究是国内外学者永恒的研究主题,国内学者在中国进入老龄化社会前就开始关注老年人体育问题,体现在两个方面,一是体育对老年人身心健康促进作用的研究(徐莉[17],1997;吴悦陶[18],1998)。二是老年人体育的价值、意义的研究(任海[19],1993;卢元镇[20],1999)。1999 年中国进入老龄化社会后,国内学者仍然按照上述 2 个方向开展研究,但是研究得更加全面和深入,健康促进研究分别从老年人体育锻炼对生活质量、心理健康、孤独和幸福感、保护大脑功能结构等方面开展,如:肖焕禹[21](2011)、陈爱国等[22](2013)。老年人体育的价值、意义的研究主要从老年人体育消费、经济社会效益方面展开，如：金再活[23](2006)、马德浩[24](2014)。三是老年人体育的社会支持研究。老年人体育发展离不开社会支持，发达国家在这方面积累了丰富的经验，其注重通过整合各领域、各部门促进老年人体育发展的资源，构建老年人体育服务社会支持体系，为老年人体育参与提供服务（范成文[25]，2019）。而有学者认为在社会支持中朋友网络支持对老年人的锻炼参与具有正向的影响，受支持程度越高的老年人参与体育锻炼的可能性更高（王富百慧[26]，2019）。

1.2.2.2 养老与体育健身关系的研究

养老与体育健身关系的研究主要集中在三个方面，一是从需求的角度出发，认为老年人对养老服务具有个性化和多元化的需求，运动及娱乐活动是其养老需求的内容（穆光宗[27]，2012）。二是从供给的角度出发，社区和养老机构为老年人提供了体育健身休闲服务，丰富老年体育文化生活（尚振坤[28]，2008；黎文普[29]，2014）。三是体育与养老融合方面的研究。近年来，学者们主要围绕体育产业与养老产业融合发展（韩松[30]，2017；叶松忠[31]，2019）、体育健身与护理服务融合发展（汪毅[32]，2019）、全民健身与健康养老融合发展（马思远[33]，2020）、"体育、医疗、养老"融合发展（王会儒[34]，2017）等几个方面开展研究。

1.2.2.3 老年人公共体育服务的研究

体育健身休闲服务属于公共体育服务的范畴，中国老年人对体育有较强的依赖性，有自觉的参与性，但是，公共体育服务资源匮乏，国民的基本体育权益得不到充分保障（周爱光，2012[35]），活动经费不足、活动场地缺乏、科学指导不够是影响老年人体育参与的 3 项主要组织因素（王凯珍[36]，2005），精准识别老年人体育服务需求能够缓解老年人体育服务供需矛盾（范成文[37]，2019），而对于老年人体育实践中存在的问题，杨桦[38](2014)认为可以用整体思维去进行跨界整合来解决。

综上所述，体育对各国应对人口老龄化挑战具有重要价值，国内外学者进行了大量研究，尤其关注体育对老年人身心健康影响的研究，而在养老服务的研究中对体育健身服务的关注不够。社会学研究表明体育健身对健康养老具有独特的价值，但是目前多把体育健身和养老服务割裂开来进行研究，很少见"体养融合"发展方面的研究报道，这不符合快速老龄化社会中老年人养老服务的多元化需求，因此，打破学科界限壁垒，从跨学科视角研究老年人体育问题，特别是"体养融合"发展问题是十分必要的。

1.3　研究对象与方法

1.3.1　研究对象

本书以城市社区和养老机构(养老院和老年公寓)体育健身服务供给和需求情况为研究对象,进而探讨城市"体养融合"发展。

1.3.2　研究方法

1.3.2.1　文献资料法

本书采用文献资料法,主要搜集国内外老年人体育健身和养老服务相关文献资料,旨在获取研究所需的理论、政策法规和数据资料,对其进行梳理、提炼、归纳、总结,从全局上回顾、把握与评述已有研究文献,并在此基础上界定核心概念、奠定理论基础和确定研究方法,主要包括以下四个方面:

第一,对《社会治理学》《治理与善治》《中国国家治理现代化》《新公共服务:服务,而不是掌舵》《老龄化背景下我国城市公共体育服务供给的反思与优化》《城镇居家养老服务供给能力研究》《中国公共支出与公共产品研究》《公共供给与国家治理》进行深入研读,为研究提供理论支撑。

第二,通过中外网络数据库进行文献资料搜集、整理。一是使用中国知网、万方数字化期刊、万方学位论文数据库等平台对国内相关政策文件和研究文献进行了系统搜集,并进行相应的文本分析;二是通过高校图书馆的 Springer Link 全文电子期刊、EBSCOhost、Web of Science 等数据库,获取国外相关政策文件和研究文献;三是通过 Google 搜索引擎和去美国实地访学,对美、英、澳、德、日、北欧等国家和地区的政府、体育部门、社会组织网站进行检索,搜集相关研究资料和政策文本。最后,对通过以上三个途径获取的资料进行深入分析、整理和归纳。

第三,通过中国政府网、国家体育总局网站、中国民政部网站、中国老龄协会网站、各地方体育局网站等获取《中华人民共和国体育法》《中华人民共和国老年人权益保障法》《"健康中国 2030"规划纲要》《全民健身计划(2016—2020)》等相关政策文件,并对政策文件进行分析,旨在对老年人体育和养老服务的定位、框架进行梳理,以此作为探讨"体养融合"发展的依据。

第四,通过查阅 2009—2019 年《中国体育事业统计年鉴》、2009—2019 年《中国统计年鉴》、2003 年《第五次全国体育场地普查公报》、2013 年《第六次全国体育场地普查公报》《2020 年度国家老龄事业发展公报》《2019 年全国体育场地统计调查数据》以及 2019 年各省、直辖市体育场地统计调查数据,获取与本研究相关的数据资料,为分析老年人体育健身服务供给情况提供依据和支撑。

1.3.2.2 访谈法

访谈法是指研究者根据研究目的与研究对象或相关方进行面对面交流,以获取第一手研究信息的一种研究方法。针对老年人、老年人体育社会组织、社区和养老机构的管理者、民政部门领导、体育部门领导制定访谈提纲,进行实地或电话访谈,通过访谈老年人和相关人员,让其表达出真实想法、意愿和感受,以洞察老年人的真实需求和融合发展过程中的困难。

1.3.2.3 问卷调查法

1)问卷编制

本研究主要编制了 2 个问卷,一是"城市老年人体育健身服务需求问卷",二是"城市社区老年人体育健身服务满意度问卷"。编制以上问卷,征求体育管理学和社会学方面相关专家的意见和建议,再进行效度、信度检验,最后确定正式问卷。

(1)"城市老年人体育健身服务需求问卷"的效度、信度检验。

效度检验:编制完成问卷后,将问卷通过电子邮箱发送给公共体育服务、老年人体育和体育管理方面的 9 位职称为副教授以上的专家进行指导,根据专家的意见,修改完善问卷,并让专家对问卷的内容效度进行评价,经专家评定,问卷效度达到要求(见表 1-1)。

表 1-1　专家对问卷效度的评价表 1

	合理	较合理	一般	不太合理	不合理
专家数	2	5	2	0	0
比例(%)	22.2	55.6	22.2	0	0

信度检验：为保证该问卷的信度，运用再测法对问卷的信度进行检测。2018 年 5 月，在温州市鹿城区、瓯海区的城市社区选择 120 位老年人发放两次问卷，两次间隔 15 天，经可靠性分析检验，两次施测的相关系数在 0.701～0.887 之间，表明问卷信度良好，符合调查要求。

（2）"城市社区老年人体育健身服务满意度问卷"的效度、信度检验。

效度检验：问卷编制完成后，将问卷通过电子邮箱发给体育社会学、老年人体育和体育管理学方面的 7 位职称为副教授以上的专家进行指导，根据专家的意见，修正后形成正式问卷，并邀请专家对问卷的内容效度进行评价，经专家评定，问卷效度达到要求（见表 1－2）。

表 1－2　专家对问卷效度的评价表 2

	合理	较合理	一般	不太合理	不合理
专家数	2	4	1	0	0
比例（%）	28.6	57.1	14.3	0	0

信度检验：采用内部一致性系数（Cronbach α）检验量表的内部一致性信度。2018 年 4 月向温州市鹿城区和瓯海区各 6 个社区的老年人发放问卷 240 份，经内部一致性系数检验，正式调查问卷的 Cronbach α 系数为 0.898，说明问卷具备良好的信度，符合调查要求。

2）抽样调查

一是"城市老年人体育健身服务需求问卷"：主要以 2018 年全国老龄化排名前 10 的省、直辖市为主要调查区域（见表 1－3），于 2019 年 1—11 月对直辖市上海，东部地区江苏、浙江、山东、河北，中部地区安徽、湖北，西部地区四川、重庆，东北地区辽宁按照分层随机抽样，各抽取一个地级市和县城，各发放 200 份问卷。主要了解老年人的基本信息、生活状况及其对体育健身服务的需求状况。共发放问卷 4 000 份，有效回收问卷 3 928 份，有效回收率为 98.2%。

二是"城市社区老年人体育健身服务满意度问卷"：课题组于 2019 年 6—9 月在浙江金华、宁波、温州，福建泉州，安徽合肥，江苏苏州、徐州等地开展分层随机抽样调查，对每个地区抽取地级市和一个县城，计划各发放问卷 80 份，实际共发放问卷 1 097 份,回收有效问卷 1 074 份,有效回收率为 97.9%。

在发放两种问卷之前对调查员进行现场培训和网络培训,采用当场发放、当场回收的方式发放问卷,发现问题及时纠正,对于高龄或文化水平偏低的老年人采用"一对一"问答方式填写问卷,在居委会、社区工作人员和养老院负责人的帮助下完成了调查。

表 1-3 2018 年全国老龄化排名前 10 的省份

地　区	辽宁	山东	四川	重庆	江苏	上海	浙江	安徽	河北	湖北
总人口数/万	4 359.3	10 047.2	8 341	3 101.8	8 050.7	2 423.8	5 737	6 323.6	7 556.3	5 917
65 岁及以上人口数/万	661.3	1 511.1	1 181.9	437.4	1 129.5	336.9	780.2	820.2	964.9	739
比例/%	15.2	15.0	14.2	14.1	14.0	13.9	13.6	13.0	12.8	12.5

数据来源:2019 年各省市统计年鉴。

1.3.2.4　数理统计法

对问卷搜集的数据,采用 Epidata 软件建立数据库,并运用 SPSS23.0 软件和 EXCEL 等对问卷调查获得的数据和从地方政府相关部门获得的数据进行统计处理。

1.4　研究价值

1.4.1　学术价值

老龄化问题已经被社会学、人口学、经济学等领域学者所重视,并形成了具有自己学科特色的理论,老年人健康问题是社会学界普遍关注的热点问题,而体育锻炼对老年人健康的促进作用已经被普遍认可,"体养融合"发展能够形成新的研究领域,能够与其他学科形成有效的互补,扩大了体育社会学和体育管理学研究的领域。同时,体育健身对老龄健康问题影响的研究,可以开拓和丰富老龄学和健康科学研究视角。

1.4.2　应用价值

（1）"体养融合"发展研究能够促进公共服务资源的整合和有效配置,提高老年人生活生命质量,有利于实现"健康老龄化"和"积极老龄化"。

（2）"体养融合"发展研究是解决民生问题的途径之一。庞大的老年群体给养老、医疗、社会服务带来了巨大的压力,在"未富先老"的社会环境里,应对人口老龄化的严峻挑战,以有限的资源保障和改善广大老年人的健康水平,是需要政策制定者高度重视的民生问题,能为实现健康老龄化提供有效对策。

（3）"体养融合"发展研究,是坚持科学发展、加快体育发展方式转变的重要途径。有利于老年人的身心健康和幸福生活,而且可以推动家庭和睦、社会稳定,对社会和谐稳定具有不可替代的作用。

1.5　研究思路、研究内容和创新点

1.5.1　研究思路

城市体育健身与养老服务是相互促进、相互补充、相互渗透的关系,体育健身服务在本质上是高质量养老服务的重要组成部分,养老服务也是体育健身服务的重要内容。本书运用多学科知识,结合快速老龄化和全民健身上升为国家战略的社会发展背景,以一个新的视域——体育健身服务与养老融合作为切入点,探索城市"体养融合"发展的问题,即如何实现体育健身与养老服务的"1+1＞2"。在深入分析和全面总结国际经验的基础上,结合我国国情,探讨城市"体养融合"发展的前景、效应以及如何借鉴国际经验;从供给角度分析城市"体养融合"发展的现状和模式,重点分析其融合发展存在的问题;从需求的角度,揭示老年人体育健身服务需求和满意度,并制定不同类型养老体育健身服务的方案,最后从理念融合、部门融合、人才融合、组织融合、机制融合、资源融合、技术融合、创新 8 个维度提出融合发展的实施路径。研究的技术路线图如图 1-4 所示。

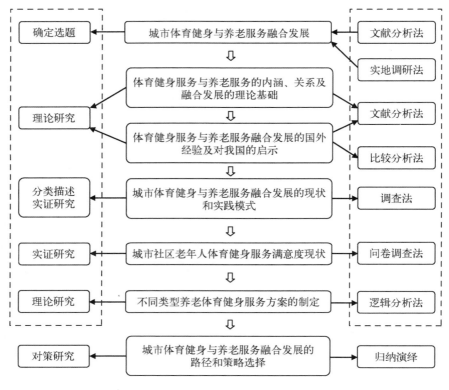

图 1-4 研究的技术路线图

1.5.2 研究内容

1.5.2.1 相关概念的界定和理论基础

首先界定老年人体育、体育健身服务、养老服务三个核心概念,在此基础上,尝试对体育健身与养老服务融合(简称"体养融合")的概念进行界定,探讨"体养融合"的内涵、主要内容与价值,并探讨体育健身服务与养老服务之间的关系,然后,分析与"体养融合"发展有关的理论,主要包括需求层次理论、公共产品理论、治理理论、协同治理理论和新公共服务理论等。

1.5.2.2 发达国家"体养融合"发展的经验及对我国的启示

一是以较早进入老龄化社会的几个发达国家为考察对象,分析其"体养融合"发展历程,对发达国家"体养融合"发展的具体做法进行清楚了解,概括和提炼发达国家"体养融合"发展的经验；二是通过比较分析，并结合我国人口老龄化的特点和经济社会发展的实际情况，提出发达国家"体养融合"发展对我国的有益启示。

1.5.2.3 城市"体养融合"发展的供需现状和实践模式

一是选取城市社区和养老机构，通过文献资料和数理统计等方法，了解体育健身服务供给状况，主要是体育经费投入、体育管理、体育场地设施配置、体育组织、社会体育指导员、体育活动开展、体质监测服务等影响老年人体育健身参与的要素；二是通过问卷调查和访谈，了解老年人体育健身服务需求情况；三是探讨我国当前以社区健身房、养老机构、市场化养老项目为平台的 3 种"体养融合"实践模式，总结其经验。

1.5.2.4 城市社区老年人体育健身服务满意度分析

采用问卷对社区老年人体育健身服务满意度情况进行调查，了解老年人体育健身服务需求优先顺序、满意度情况；对老年人体育健身服务满意度主要从体育设施配置、体育指导服务、体育活动服务、体育信息服务和体质健康监测服务等方面进行满意度调查，了解满意度的状况。

1.5.2.5 城市居家、社区和机构养老体育健身服务方案的制定

根据居家、社区和机构养老服务的特征，通过问卷调查和访谈等研究方法，在了解老年人体育健身和养老服务融合发展的需求和满意度的基础上，制定出居家养老的体育健身服务方案、社区养老的体育健身服务方案、机构养老的体育康复服务方案等。

1.5.2.6 城市"体养融合"发展的推进策略分析

在归纳前述研究并在深入分析城市"体养融合"发展现实困境的基础上，探讨"体养融合"发展的推进策略，拟从理念融合、部门融合、人才融合、组织融合、机制融合、资源融合、技术融合、创新 8 个维度提出。

1.5.3　创新点

（1）提出了"体养融合"发展的新理念。体育健身服务和养老服务是目前学

术界关注的热点,但养老服务中较少关注体育健身服务,体育健身服务中也很少关注到养老问题,本书通过理论和实证研究了城市"体养融合"发展的相关问题。

（2）从供给与需求的视角,全面分析城市"体养融合"发展存在的问题以及影响融合发展的因素。

（3）提出"体养融合"发展的对策。从实证出发深入分析存在问题,结合相关理论,提出对策以促进城市"体养融合"发展。

第 2 章
相关概念界定和理论基础

2.1 相关概念的界定

2.1.1 老年人体育

尽管中国老年人体育历史悠久,但学术界或官方对老年人体育概念的界定还没有统一,随着群众体育的不断发展,学界开始关注老年人体育,从不同视角对概念进行了界定:《中国大百科全书(体育卷)》(1993 年版)认为老年人体育是群众体育的一个方面,其任务是发动、组织老年人参加适当的体育活动,增进健康、延缓衰老,防治老年型疾病[39]。王艳鸣(2001)从体育的内容层面对老年人体育做了界定,认为老年人体育是社会各界、广大老年人体育理论与实践活动的总称,其内容包括老年体育基础理论、老年体育法规政策、老年体育组织、老年体育场所、老年体育运动项目、老年体育竞赛、表演、培训等[40]。学者卢元镇(2002)认为,"老年人体育就是针对老年人的生理、心理特点施行的各种身体锻炼方法和手段的总称"[41]。戴志鹏(2015)按照老年人的分类标准,从年代年龄、生理年龄、心理年龄与社会年龄等几个维度分析了老年人体育的含义,认为基于年代年龄,我国的老年人体育属于年龄在 60 岁及以上人群参与的适应身体活动(adapted physical activity);基于生理年龄,老年人体育是具备基本身体活动能力的老年人参与的适应身体活动;基于心理年龄,老年人体育是一种在参与意愿、活动内容和活动参与方式上具有鲜明差异的适应身体活动;基于社会年龄维度,老年人体育是一项与社会支持体系存在密切关联的社会福利事业[42]。综合上述观点,本书将老年人体育的概念界定如下:针对老年人身心特点,以强身健体、延缓衰老、预防老年疾病、丰富精神文化生活为目的,形式多样、内容丰富的体育活动,有助于解决人口老龄化带来的社会问题。

2.1.2　体育健身服务

随着"全民健身""体育强国"和"健康中国"战略的不断推进,体育健身服务开始受到学者们的广泛关注,但由于体育健身服务的内涵比较宽泛,国内至今对其没有统一的概念界定,而与此相关的概念较多,如公共体育服务、全民健身服务等。在对体育健身服务进行界定前,必须理解体育健身的概念,吴忠义等(2000)指出"体育健身"就是人们有意识地运用身体练习的手段,以增强体质、促进身心发展与健康为目的,以达到身体的完善和发展的一种社会实践活动[43]。在此基础上,钟天朗(2008)等认为体育健身服务是以强身健体或体育休闲服务为主要内容,向公众提供完善的指导性体能服务或运动服务的活动总和[44]。李一平将体育健身服务定义为:针对老年人的健身需求而开展的各种服务[45]。刘明生认为体育健身服务是指在城市社区居民的健身活动中,专门为其自主健身娱乐活动的开展创造条件、提供帮助、促其发展的各种活动的总称。而由提供健身服务的各个组织形成的系统就构成了城市社区体育健身娱乐服务体系[46]。而林政梅等(2014)学者则进一步对"城市社区体育服务"概念从广义和狭义两个角度进行了界定和阐述:从广义上,城市体育健身服务是指政府、社会组织、企事业单位组织或市场组织等提供者利用城市社区中的公共空间、自然环境、一般公共资源和体育公共资源,向城市社区中的体育需求者提供的在一定程度上具有非排他性和非竞争性的纯体育公共产品和服务、混合体育公共产品和服务及特殊私人体育产品和服务行为的总称;而狭义上是指建立在一定社会共识基础上的、以政府为主的各种体育服务提供者利用城市社区中一定的地域空间、自然环境、一般公共资源和体育公共资源,向城市社区或更大区域范围内的体育需求者提供的在一定程度上具有非排他性、非竞争性、福利性和非营利性的纯公共性体育产品和服务行为的总称[47]。

出于研究的需要,本书把体育健身服务定义为由政府、社会组织、企事业单位或市场组织等主体通过多种渠道和途径,在以公众需求为导向的基础上,向城乡居民提供的具有社会福利性或营利性的体育产品或服务行为的总称。而老年人体育健身服务要建立在老年人身心特点的基础上,对其界定如下:老年人体育健身服务是指在政府主导下,以老年人为服务对象,根据老年人的各种体育健身需求，由政府、体育社会组织、市场组织及机构协同提供的具有社会福利性的、以满足其健康和娱乐需求为导向的体育健身产品和服务的总称。体育健身服务是公共体育服务的重要组成部分，主要包括体育场地设施服务、体育健身指导服务、体育组织服务、体育活动服务、国民体质监测服务、体育健身信息服务。

2.1.3　养老服务

中华民族讲究孝道，从古至今都较重视养老，养老不仅需要物质层面的经济支持，也需要精神层面的慰藉，养老需求的满足需要精准的养老服务供给来实现，随着经济社会的发展，我国越来越重视养老服务的供给，要想提供高质量、精准的养老服务，就必须对养老服务的概念有个清晰的认识，由于养老服务的含义较为宽泛，目前学界对其尚无统一的概念界定，学者们根据我国国情提出了不同的养老服务概念，概括起来主要从两个方面对其进行界定：

一是从外延上对养老服务进行的界定。杨翠迎(2014)认为养老服务是指为满足老年人物质和精神生活的基本需求所提供的必要生活服务，其内容包括生活照料服务、医疗保健服务、文化娱乐服务、家政餐饮服务等[48]。钟慧澜(2018)认为养老服务是指以满足老年人基本服务需求，提升老年人生活质量为目标，面向所有老年群体，提供与经济社会发展水平相适应的生活照料、康复护理等相关帮助的一切正式和非正式的安排，主要包括居家养老、社区养老和机构养老三种形式[49]。

二是从内涵上进行的界定。刘金涛(2014)认为养老服务具有混合公共产品特征，完全通过市场机制提供会形成效率损失，完全由政府提供又损害经济发展，这种介于私人产品和纯公共产品之间的准公共产品，又具有非竞争性和非排他性特点[50]。孙碧竹(2019)将养老服务定义为具有非排他性、部分竞争性和外部性的准公共物品，能够满足老年人需求，使老年人受益，能够为老年人的晚年生活提供方便的一切服务的总和[51]。

本书将养老服务的概念界定如下：以国家、家庭、社区和社会组织等为供给主体，以满足老年人基本服务需求、改善和提高老年人生活质量为目标，提供的各类服务的总称。目前，我国养老服务主要有居家养老、社区养老和机构养老三种模式。

居家养老：是指以家庭为核心，以社区为依托，由公益性组织或中介服务机构向居家老年人提供以生活照料、家政维修、医疗保健、精神慰藉、安全防护、文化体育等为主要内容的社会化养老服务形式。

社区养老：是以家庭养老为主，社区机构养老为辅，为居家老人提供生活照料、医疗保健、文化体育、心理支持等服务，以上门服务为主，托老所服务为辅的整合社会各方力量的养老模式。

机构养老：是指国家、社会组织和个人通过举办养老机构，为老年人集中提供饮食起居、清洁卫生、生活护理、健康管理和文体娱乐活动等综合性服务的一种养老服务模式，其中主要的养老机构包括社会福利院、养老院、托老所、老年公寓等。

随着经济社会的发展，我国养老服务的需求发生了重大转变，过去主要是"生活必需型"养老，着重解决衣食住行等日常生活需求，新时代老年人对养老服务的需求更加多元化、个性化，高质量养老服务需求日益高涨，养老需求也正在由"生活必需型"向"参与型、发展型、享乐型"转变，这是与时俱进的转变，是向高质量养老的转变。"参与、发展、享乐"是新时代养老的新趋势，在全民健身、健康中国和体育强国国家战略的推动下，体育在养老服务中的地位越来越显著，已经成为养老服务不可或缺的组成部分。在从传统养老向新时代养老的转型过程中，物质保障会越来越充足，而对精神保障的需求会越来越迫切，相比较而言，精神保障难度更大，要更多发挥市场和社会力量的作用，协调好物质保障和精神保障的关系，注重精神保障的满足。然而，面对老年人体育健身需求的快速增长，单凭政府一己之力难以满足这一转变带来的需求，因此，要正确处理好政府、市场、社会、家庭、个人五方面的关系，在养老制度设计上，政府的职能是"保基本，兜底线"，同时需要发挥市场、社会、家庭和个人的作用，形成制度合力，为老年人提供更多的体育健身产品和服务。

2.1.4　体养融合

从公共服务的视角来看，体育健身和养老服务都是公共服务的重要组成部分，其发展目标也都是促进老年人身心健康和提高其生活质量。在积极应对人口老龄化国家战略和健康中国战略协同发展进程中，不能把二者割裂开来、对立起来，而应该使二者融合发展。出于研究的需要，**本书把体育健身与养老服务融合简称为"体养融合"**。

　　长期以来，我国的体育健身服务体系与养老服务体系呈现出自成系统、彼此隔离的状态，显然这种各自独立的供给模式不能实现资源的有效整合以及健康养老的复合目标，"体养融合"模式正是为了解决这个问题而被提出的。"体养融合"是指融入"健康老龄化"的理念，从老年人多元化体育健身需求出发，通过将体育健身资源与养老服务资源互相整合、有机统一、服务功能有效衔接，以促进老年人身心健康、预防疾病、丰富老年生活为目的，为老年人提供体育健身指导、体育场地设施、体育活动、体育社会组织、体质健康监测、康复疗养、健康管理和保健教育等一系列专业化、持续性体育健康促进服务的养老供给方式。"体养融合"重新审视和明确了体育健身与养老服务的关系，其中体育健身要以养老服务为目标和指向，养老服务要突出体育健身的价值和功能，形成相互渗透、相互补充、相互促进的发展新格局。与此同时，"体养融合"发展也实现了"体""医""养"三者的策略性协同，为健康或患病的老年人提供了全面、综合性体育健康促进支持。最终目标是通过推进"体养融合"的体制机制建设、健全相关政策法规体系、构建完善的"体养融合"服务网络、整合优质资源、提高"养老、体育部门和体育社会组织"的服务能力等多种举措，满足老年人日益增长的多元化、多层次的健康养老需求，促进个体健康养老，激发体育养老产业活力，提升国民健康水平，努力实现健康老龄化，助力"健康中国"和"全民健身"国家战略目标的实现。

　　在新时代构建高水平的全民健身公共服务体系，要结合人口老龄化社会的发展态势，这是体育事业和体育产业发展的现实需要，也是体育"以人民为中心"的重要体现。体育健身是实现"老有所养、老有所依、老有所乐、老有所安"目标的重要手段和载体，以老年人体育健身服务需求和老龄化发展态势为导向构建适老化的全民健身公共服务体系，采用"体养融合"的措施，通过体育健身服务供给促进养老、孝老、敬老的社会环境建设，能够有效促进积极应对人口老龄化国家战略的贯彻落实。

2.2　理论基础

2.2.1　需求层次理论

　　需求层次理论是美国著名心理学家马斯洛于 1943 年在《人的动机理论》中

提出的,该理论是经济、社会、心理、管理等学科研究的重要理论基础,属于人本主义科学的经典理论,需求层次理论也是养老服务和体育健身服务有效供给的重要理论依据。马斯洛研究认为人的需求由低到高分为 5 个层次:生理需求、安全需求、社交需求、尊重需求、自我实现需求。人的需求普遍具有由低到高的层次性,低层次需求得到满足后才会产生更高层次需求。生理需求和安全需求等处于需求金字塔的底部,属于人的"初级"需求,由人类的生物性决定。社交需求是在人类的初级需求得到满足的基础上产生的情感性、归属性的需求。尊重需求是较高层次的需求,是社交需求之上产生的渴望得到社会承认的需求。尊重需求包括内部尊重和外部尊重,内部尊重就是人的自尊;外部尊重是指一个人希望有地位、有威信,受到别人的尊重、信赖和高度评价。社交需求和尊重需求属于人的"中级"需求,是由人类的社会性决定的。自我实现需求是人类最高层次的需求,是指实现个人理想、抱负,充分发挥个人能力的需求,包括实现自我价值、发挥潜能、达到更高人生境界等。自我实现需求属于人的"高级"需求,是人类从生物性转向社会性的基础上进一步衍生出的一种需求,由人类的主观能动性决定。

在马斯洛需求层次理论的基础上,奥德弗提出了 ERG 理论,将马斯洛需求层次理论中的生理与安全需求概括为生存需求,将社交需求概括为关系需求,将尊重需求和自我实现需求概括为成长需求。该理论可以看作马斯洛需求层次理论的延伸(见图 2-1)。ERG 理论认为人在同一时间可能有不止一种需求起作

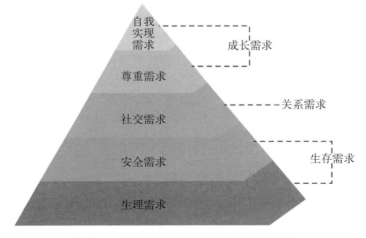

图 2-1 需求层次理论及 ERG 理论示意图

用,如果较高层次需求的满足受到抑制的话,那么人们对较低层次需求的渴望会变得更加强烈,即存在需求降级的现象。尽管需求层次理论存在不同的需求划分标准和需求移动结构,但学界对于老年人服务需求层次的认识已基本达成共识,大致分为经济供养、生活照料、医疗健康、精神慰藉、体育健身休闲等几个方面的需求。

为了更好地落实"健康中国""全民健身"和"积极应对人口老龄化"国家战略,在健全社会保障体系的基础上,激发老年人适当的体育健身服务需求是当务之急。一方面要通过政策推动、观念内化、环境营造等措施激发老年人的体育健身服务需求;另一方面,要通过政府、市场、社区和体育社会组织协同供给老年人体育健身服务,满足老年人个性化、多元化、层次化的需求。在我国中度老龄化发展阶段,老年人口对体育健身和养老服务的需求也具有动态变化的特点,不仅表现在马斯洛需求层次理论框架下的层次性,而且还表现在不同老年人个体需求具有差异性,就老年群体本身而言,年龄结构、居住环境、文化程度、收入水平等都会影响老年人对体育健身服务的需求,从而使需求表现出相似性和差异性。根据需求进化理论的观点,研究老年人体育健身服务需求,既要看到相似或相同的需求,又要看到多样化和差异化的需求,关键是要分析老年人体育健身和养老服务最主要的需求,不断改进和提高公共体育服务质量,满足老年人不同类型的体育健身服务需求。

2.2.2　公共产品理论

公共产品是公共经济学理论的重要概念,公共产品、私人产品和准公共产品共同组成了满足社会需求的社会产品。准公共产品介于公共产品和私人产品之间,具有"拥挤性"的特点。萨缪尔森提出的公共产品概念较为经典,为学界广泛认可,萨缪尔森认为公共产品是这样一种产品:在一定范围内,每个人消费这种产品不会导致别人对该种产品消费的减少。从这个定义可知,公共产品具有效用的不可分割性、消费的非竞争性、受益的非排他性 3 个方面的特征。但公共产品的非排他性和非竞争性特征引起了公共产品提供上的"免费搭车"问题,即消费者在自利心理的诱使下,试图不提供公共产品,或不愿自己为提供的公共产品付出成本费用,或分享他人付出所提供的公共产品。因此,市场无法有效地为个人提供公共产品,这就在客观上决定了公共产品必须由公共财政来提供。

相较于西方公共产品理论,马克思的公共产品理论认为公共产品的本质属性是满足社会需要,这一属性决定了其可能由社会直接提供,消费过程中表现出均等性、非排他性特征。尽管西方公共产品理论是建立在市场失灵的基础上,而马克思公共产品理论是建立在社会需要的基础上,但马克思和萨缪尔森都认为政府不是公共产品的唯一供给主体,市场和社会也可以作为供给主体。而美国经济学家科斯也认为,私人部门也可以供给公共产品,并且会提高效率。可见,公共产品多元化供给是西方和马克思公共产品理论共同的理念。

根据公共产品的分类标准,政府供给的体育健身服务和养老服务属于准公共产品,如:公共游泳池、公共体育场、户外运动场地设施、各类养老服务设施等。公共产品理论可以成为体育健身与养老服务融合发展研究的基础理论。"十四五"时期,我国提出实施积极应对人口老龄化国家战略,将加大老年人体育公共产品的供给力度,同时通过政策激励多元主体协同参与供给。

2.2.3 治理理论

治理(governance)概念可以追溯至古希腊,其拉丁语或古希腊语的意思是控制、引导和操纵。治理理论于 20 世纪 90 年代在西方发达国家兴起,经世界银行首次使用后迅速扩散,成为社会科学研究的重要关键词。但治理概念的界定比较宽泛和灵活,而具有代表性和权威性的是 1995 年全球治理委员会在《我们的全球伙伴关系》的报告中对治理概念的界定,报告指出:治理是指各种公共的或私人的个人和机构管理其共同事务的诸多方式的总和,它是使相互冲突的或不同的利益得以调和并且采取联合行动的持续的过程[52]。詹姆斯·N. 罗西瑙认为,治理是调解相互竞争的利益之间的原则、规范、规则和决策程序[53];Jessop(1995)认为,治理是政府与民间、公共部门与私人部门之间的合作与互动[54]。

治理理论的核心思想体现在四个方面:一是治理主体从单一到多元;二是由"自上而下"到"自上而下与自下而上相结合";三是由集权向分权;四是由管制向治理。在治理理论的发展过程中出现了更加细化的研究方向,如:以鲍勃·杰索普为代表的元治理理论、以佩里·希克斯为代表的整体性治理理论、以罗伯特·罗茨等为代表的网络治理理论、美国学者埃莉诺与文森特·奥斯特罗姆夫妇为代表的多中心治理理论等。中共十八大以来党和政府高度重视社会治理,在十八届三中全会上首次提出社会治理,标志着从"管理"向"治理"理念的转变,此后,党的十八届五中全会进一步提出"构建全民共建共享的社会治理格局",在此基础上,中共十九大报告提出"打造共建共治共享的社会治理格局"。十九届四中全会更进一步提出"坚持和完善共建共治共享的社会治理制度"。十九届五中全会又指出:健全基本公共服务体系,完善共建共治共享的社会治理制度。社会治理主要是指政府、社会组织、企事业单位、社区及个人等诸行为者,通过平等的合作型伙伴关系,依法对社会事务、社会组织和社会生活进行规范和管理,最终实现公共利益最大化的过程[55]。老年人体育健身服务和养老服务均属于社会治理的范畴,治理理论也就理所当然地成为研究老年人体育健身和养老服务融合发展的理论基础。

然而,治理理论在实际应用中存在局限性和失效的情况,因此,在学术界和国际组织中又提出了善治(Good Governance)的概念,并对其界定如下:善治就是在社会管理过程中能够使公共利益最大化,其本质特征是政府与公民互动、合作管理公共事务,是政府与市场、社会之间的一种新颖关系,也是国家与公民社会的最佳状态。[56]其特征是:公共权力中心多元化,国家与社会是平等合作、互动依赖的关系,管理过程的上下互动,治理手段多元化。

2.2.4　协同治理理论

协同治理理论是将德国理论物理学家赫尔曼·哈肯提出的协同论和社会科学中的治理理论交叉综合而形成的新理论,对公共体育服务供给中社会系统协同参与具有较强解释力。既然协同治理理论是协同论和治理理论交叉综合的产物,那么它必然汲取了这两个理论的精髓,具有区别于其他理论范式的深厚内涵,概括起来其内涵如下:

第一,治理主体多元化。社会由众多系统构成,包括政府组织、社会组织、市场组织、家庭、公民个人,由于各系统拥有不同的社会资源,所以都能够不同程度地参与社会治理,形成不同的治理主体,而只有当各个治理主体具有共同利益和共同目标时,才能互相配合,行动一致,促进各种资源的有效整合,取得最佳治理效果。

第二,治理主体的协同性。在复杂的社会系统中,信息和资源为不同的组织所掌控,执行政策的组织必须依靠其他组织的配合和支持,这也是不同组织之间利益博弈的过程,强调各组织之间平等自愿的合作和协商对话,并以此方式建立合作伙伴关系来提高各参与系统的协同性。

第三，治理环境动态变化。治理主体要在治理过程中根据社会环境变化不断调整行为，顺应形势发展，保证治理目标的实现。

第四，治理体系的有序性。参与社会治理的各子系统形成合理、有序的治理结构，才能避免碎片化治理，提高治理效率。

"体养融合"治理是一项跨部门、跨层级、跨领域的系统工程，涉及面较广，面临人、财、物、技术等诸多方面的挑战，要求多元主体基于构建全民健身共同体和积极应对人口老龄化的需要采取集体行动，互相配合、相互协调，发挥多元主体协同治理优势。在推进国家治理现代化进程中，协同治理已经成为完善公共体育服务供给的创新方式。

2.2.5　新公共服务理论

在 20 世纪 80 年代，美国著名管理学家登哈特夫妇在批判新公共管理理论的基础上提出了新公共服务理论，强调公共治理系统中应以公民为中心，政府要树立服务的理念而非"掌舵"。新公共服务理论强调公共服务供给要兼顾有效性及公平性，同时指出公共服务供给要形成政府、社会和市场等多元主体协同参与的格局，明确各主体在公共服务供给中的职能界限，并最大限度发挥各供给主体在公共服务中的作用，以达到公共利益的最大化[57]。

新公共服务理论的核心思想主要有以下几个方面：① 公共部门职能要从管理转向服务；② 追求公共利益的最大化；③ 强调公共服务协同治理；④ 以公民为中心，注重公民需求；⑤ 公共部门的角色为决策者、协调者、监督者和责任承担者。体育健身服务和养老服务均属于公共服务的范畴，新公共服务理论能够成为"体养融合"发展的理论依据，并指导融合发展的实践。

2.3　本章小结

本章总结了国内学者关于老年人体育、体育健身服务、养老服务、体养融合等概念方面的研究，并进行了辨析，明确了本研究需要的相关概念的内涵、边界、属性和特征。尽管相关文献的研究范围较广，但本研究只选择了具有代表性的概念,在不同学者对相关概念的界定的基础上进行概括和提炼,最后推导出本研究所需的相关概念。同时,对为本研究提供支撑的需求层次理论、公共产品理论、治理理论、协同治理理论和新公共服务理论等相关理论进行了阐述,并分析对城市"体养融合"发展具有指导意义的观点,借鉴这些理论精髓对城市"体养融合"发展问题进行了深入研究。

第 3 章
城市"体养融合"发展的政策环境分析

3.1 老龄政策中的体育政策发展历程

　　老年体育与老年人的健康幸福生活息息相关,而老年人体育政策事关老年人体育权益的保障,并规定和引领老年人体育的发展走向,也是"体养融合"发展的重要依据。我国单独的老年人体育政策较少,大部分老年人体育政策都融入养老政策、体育政策、健康和文化政策中,而体育、医疗健康和文化与养老服务密不可分,因此,通过梳理老龄政策、体育政策、健康和文化政策中有关老年人体育的政策,概括和总结老年人体育政策发展和演变的规律,并对政策进行优化,能够不断提高"体养融合"政策的成效,助力健康老龄化和积极老龄化。

　　面对人口老龄化日益加快的趋势,国家加强政策的顶层设计和采取多种措施积极应对,适应时代需要,将"全民健身""健康中国""应对人口老龄化"等上升为国家战略,全面建立和完善了体育、健康和养老等领域的一系列法律法规、规划和政策体系,并在政策中强调"体养融合"发展,明确了"体养融合"发展的目标任务、实施主体、保障措施等。目前,我国已初步建立保障和促进养老服务发展的法律政策体系,修订了《中华人民共和国老年人权益保障法》,国务院也先后颁布和实施了《关于加快发展养老服务业的若干意见》《关于全面放开养老服务市场提升养老服务质量的若干意见》《关于切实解决老年人运用智能技术困难的实施方案》等纲领性文件,建立了养老保险制度和老年人福利补贴制度。40 多年来,我国老年社会保障制度日臻完善,逐步形成了密实的老年群体民生保障网,1992 年,全国仅有 8 500 多万职工和 1 700 万离退休人员参加养老保险社会统筹,而截至 2020 年年底,全国基本养老保险参保人数已达到 9.99 亿人。这些老龄政策法规和制度的出台为"体养融合"发展指明了实施路径,提供了有效的保障。梳理改革开放后老龄政策中的老年人体育政策(见表 3-1),可将其大致归纳为 3 个发展阶段。

表 3-1　我国老龄政策中的老年人体育相关政策法规

年　份	政策法规名称	相　关　内　容	发布机关
1983 年	《关于老龄工作情况与今后活动计划要点》	第一个明确提出支持老年人体育活动开展的政策文本。	全国老龄委
1994 年	《中国老龄工作七年发展纲要(1994—2000年)》	组织广大老年人参加各种形式的体育锻炼、健身活动以减少疾病,增强体质,延缓衰老。	全国老龄委、国家计委、民政部和劳动部等 10 部门
1996 年	《中华人民共和国老年人权益保障法》(现行的是 2018 年修正版)	保障我国老龄事业的发展,保护老年人合法体育权益。	全国人民代表大会常务委员会
2000 年	《关于加强老龄工作的决定》	逐步建立比较完善的以老年福利、生活照料、医疗保健和体育健身等为主要内容的老年服务体系,组织老年人开展体育健身和文化娱乐活动。	中共中央、国务院
2000 年	《老年人社会福利机构基本规范》	养老机构设有文化体育娱乐设施。	民政部
2001 年	《中国老龄事业发展"十五"计划纲要(2001—2005 年)》	第一部老龄事业发展规划。提出为老年人参与体育健身创造条件。加强老年人体育健身活动的科学指导;因地制宜地开辟老年人健身场所;广泛开展老年人体质监测指导工作。	国务院
2006 年	《中国老龄事业发展"十一五"规划》	首次将老龄事业纳入国民经济和社会发展五年规划中。要求老年体育要纳入全民健身的发展规划。鼓励和引导社会力量投入老年文化体育事业。	国务院
2008 年	《关于全面推进居家养老服务工作的意见》	大力推动专业化文体娱乐、老年教育等服务项目的开展,构建社区为老服务网络。	全国老龄委、发展改革委、教育部、民政部等 10 部门
2011 年	《中国老龄事业发展"十二五"规划》	从开展和组织老年体育活动、场地设施保障等方面提出了具体要求。	国务院

续　表

年　份	政策法规名称	相　关　内　容	发布机关
2012 年	《关于进一步加强老年文化建设的意见》	提出"新建或改造老年人文化体育活动设施,要符合涉老工程建设标准和无障碍设施建设标准"。	全国老龄办、中宣部、教育部、民政部等 16 部门
2013 年	《关于加快发展养老服务业的若干意见》	强调养老服务与健身等互动发展;加强社区养老服务设施与社区体育等设施的功能衔接。支持社区组织开展适合老年人的群众性文化体育娱乐活动。	国务院
2013 年	《关于进一步加强老年人优待工作的意见》	公共文化体育场所应为老年人健身活动提供方便和优惠服务,有条件的可适当增加面向老年人的特色文化体育服务项目。提倡体育机构每年为老年人进行体质测定,为老年人体育健身提供咨询、服务和指导,提高老年人科学健身水平。	全国老龄办、最高人民法院、中宣部、国家发展改革委等 24 部门
2014 年	《关于加快推进健康与养老服务工程建设的通知》	将体育健身和体育设施纳入公共文化服务体系。	发展改革委
2014 年	《关于培育和践行社会主义核心价值观加强老龄宣传教育工作的通知》	开展老年优待、法律援助、文化体育、为老服务等各类活动。	全国老龄办、中宣部等 10 部门
2015 年	《关于鼓励民间资本参与养老服务业发展的实施意见》	鼓励和引导民间资本拓展适合老年人特点的文化娱乐、教育、体育健身、休闲旅游、健康服务、精神慰藉、法律维权等服务。	民政部、发展改革委、教育部等 10 部门
2016 年	《关于推进老年宜居环境建设的指导意见》	在制定城乡规划中综合考虑适合老年人的公共基础、公共安全、生活服务、养老服务、医疗卫生、教育服务、文化体育等设施建设。	全国老龄办、发展改革委等 25 部门
2016 年	《关于全面放开养老服务市场提升养老服务质量的若干意见》	依托社区服务中心(站)、社区日间照料中心、卫生服务中心等资源,为老年人提供健康、文化、体育、法律援助等服务。	国务院办公厅
2017 年	《关于制定和实施老年人照顾服务项目的意见》	支持老年人开展文体娱乐活动,鼓励和支持为乡镇(街道)、城乡社区综合服务设施、为老服务机构和组织因地制宜配备适合老年人的文体器材。	国务院办公厅

年　份	政策法规名称	相 关 内 容	发布机关
2017 年	《"十三五"国家老龄事业发展和养老体系建设规划》	建设适合老年人体育健身的场地设施,广泛开展老年人康复健身体育活动。支持公共和民办体育设施向老年人免费或优惠开放。加强老年人体育健身方法和项目研究,分层分类引导老年运动项目发展。继续举办全国老年人体育健身大会。鼓励发展老年人体育组织。	国务院
2019 年	《关于推进养老服务发展的意见》	积极组织老年人开展有益身心健康的活动。	国务院办公厅
2020 年	《关于切实解决老年人运用智能技术困难实施方案的通知》	引导公共文化体育机构、文体和旅游类企业提供更多适老化智能产品和服务。	国务院办公厅

3.1.1　老龄化社会前老龄政策中的体育政策(1978—1999)

体育作为积极应对人口老龄化的有效手段得到政府和学界的一致认可,改革开放后,我国的各项工作逐渐步入正轨,政府开始意识到开展老年人体育的价值和重要性,并把为老年人提供体育健身服务作为老龄工作的重要组成部分,在各项老龄政策中已经呈现出把体育融入养老服务发展的态势,1983 年《关于老龄工作情况与今后活动计划要点》将"为老年人提供体育活动场所和开展体育活动创造便利条件"作为老龄工作的重要内容和今后群众体育的一个发展方向,是我国明确提出老年人体育健身服务供给方面的第一个政策文件。1994 年全国老龄委、国家计委、民政部、劳动部、人事部、卫生部等 10 部门联合颁布了《中国老龄工作七年发展纲要(1994—2000 年)》,该纲要是我国第一部老龄工作的纲领性规划,首次在老年人政策文本中强调体育对老龄工作的重要性,并把"坚持走积极养老的路子"作为指导方针,把"组织广大老年人参加各种形式的体育锻炼、健身活动以减少疾病,增强体质,延缓衰老""开展多样化的老年体育健身活动"等作为发展纲要的重要任务目标。1996 年,我国出台了在老龄事业发展中具有里程碑意义的法律——《中华人民共和国老年人权益保障法》,这是我国第一部全面保障老年人权益的法律,就老年人体育权益保障提出了 3 个方面的规定,要求国家、社会和社区提供适合老年人的体育娱乐活动、文化体育活动场所、文化体育活动服务设施和网点。此后,该法进行了 4 次修改,分别是 2009 年修正、2012 年修订、2015 年修正和 2018 年修正,与时俱进地增加了老年人体育服务保障方面的规定,如:把"适老性文化体育设施建设"作为社区宜居环境建设的重要内容。修订后的《中华人民共和国老年人权益保障法》与《中华人民共和国体育法》共同保障老年人体育权益,促进了老年人体育健身服务的供给,也为城市"体养融合"发展提供法律保障。

这一阶段的主要特点:一是老年人体育已经普遍融入老龄工作中,体育促进老年人身心健康和丰富精神文化生活的价值已为政府所认可;二是老年人体育权益保障上升到法律层面,保障力度得到加强;三是在政策中提出了政府与社会协同治理老年人体育健身服务的规定。

3.1.2 老龄化社会老龄政策中的体育政策(2000—2012)

这一阶段国家更加重视老龄工作,养老服务、健康服务和体育服务不断加强,注重老年人体育健身服务体系建设,在这一时期出台的各种政策文件中可见一斑,如 2000 年中共中央、国务院联合颁布的《关于加强老龄工作的决定》提出:逐步建立比较完善的以老年福利、生活照料、医疗保健和体育健身等为主要内容的老年服务体系,组织老年人开展体育健身和文化娱乐活动。我国于 1999 年初正式进入老龄化社会后,国家加强了老龄工作的顶层设计,出台了 3 部老龄事业发展规划,分别为:《中国老龄事业发展"十五"计划纲要(2001—2005 年)》(2001)、《中国老龄事业发展"十一五"规划》(2006)、《中国老龄事业发展"十二五"规划》(2011)。政府意识到体育健身对老年人健康养老的重要价值,在这 3 部老龄事业发展规划中都把加强老年人体育健身作为重要章节单独表述,表明促进老年人体育发展政策的连贯性和一致性,也体现了政府高度重视老年人体育健身服务的供给的顶层设计,如:2011 年《中国老龄事业发展"十二五"规划》把"增加老年文化、教育和体育健身活动设施"作为主要发展目标,并把"增强老年人运动健身和心理健康意识"作为主要任务。各级政府重视加强老年体育健身活动场所、老年体育组织建设,积极组织老年人参加全民健身活动。

这一阶段的特点:第一,注重老年人体育健身与养老服务的体系化以及老年人体育健身服务的整体性治理;第二,注重推动老年人体育发展政策的连贯性和一致性;第三,加强了老年人体育健身与养老服务的顶层设计。

3.1.3　快速老龄化阶段老龄政策中的体育政策(2013—2021)

中共十八大以来,特别是党的十八届三中全会通过的《中共中央关于全面深化改革若干重大问题的决定》提出了将"完善和发展中国特色社会主义制度,推进国家治理体系和治理能力现代化"作为全面深化改革的总目标,老年人体育健身服务供给也必然被纳入总体布局。根据全国老龄委预测,2013 年至 2021 年是老龄化快速发展阶段,年均增加 700 万老年人,这一时期为了积极应对人口老龄化,老龄政策密集出台。2013 年国务院颁布《关于加快发展养老服务业的若干意见》把老年体育健身作为养老服务业的重要内容,并从产业融合的视角提出:促进养老服务与健身业的互动发展。地方政府要支持社区利用社区公共服务设施和社会场所组织开展适合老年人的群众性文化体育娱乐活动,并发挥群众组织和个人积极性。鼓励和引导相关行业积极拓展适合老年人特点的文化娱乐、体育健身、休闲旅游、健康服务等服务。国务院在相关文件中也鼓励发展"富有老年人特色的文娱活动、旅游健身以及法律援助等服务"。2013 年全国老龄办、最高人民法院、中宣部、国家发展改革委等 24 部门联合颁布的《关于进一步加强老年人优待工作的意见》提出:公共文化体育场所应为老年人健身活动提供方便和优惠服务,安排一定时段向老年人减免费用开放,有条件的可适当增加面向老年人的特色文化体育服务项目。提倡体育机构每年为老年人进行体质测定,为老年人体育健身提供咨询、服务和指导,提高老年人科学健身水平。2014 年财政部、发改委、民政部和全国老龄办颁布的《关于做好政府购买养老服务工作的通知》把老年康复文体活动等服务作为地方政府购买社区养老服务的重要内容。2014 年全国老龄办、中宣部等 10 部门联合颁布的《关于培育和践行社会主义核心价值观加强老龄宣传教育工作的通知》提出:开展老年优待、法律援助、文化体育、为老服务等各类活动。2015 年民政部、发展改革委等 10 部门发布的《关于鼓励民间资本参与养老服务业发展的实施意见》提出:鼓励和引导民间资本拓展适合老年人特点的文化娱乐、教育、体育健身、休闲旅游、健康服务、精神慰藉、法律维权等服务。2016 年全国老龄办、发展改革委等 25 部门联合颁布的《关于推进老年宜居环境建设的指导意见》提出:充分考虑人口老龄化发展因素,根据人口老龄化发展趋势、老年人口分布和老年人的特点,在制定城乡规划中综合考虑适合老年人的公共基础、公共安全、生活服务、养老服务、医疗卫生、教育服务、文化体育等设施建设。2017年颁布的《关于制定和实施老年人照顾服务项目的意见》支持老年人开展文体娱乐活动，鼓励和支持为乡镇（街道）、城乡社区综合服务设施、为老服务机构和组织因地制宜配备适合老年人的文体器材。2017年《"十三五"国家老龄事业发展和养老体系建设规划》指出：加强老年体育健身。建设适合老年人体育健身的场地设施，广泛开展老年人康复健身体育活动，鼓励发展老年人体育组织，城市社区普遍建立老年人健身活动站点和体育团队。支持养老服务产业与健身、休闲等产业融合发展。2019年《关于推进养老服务发展的意见》指出要"积极组织老年人开展有益身心健康的活动"。

这一阶段老年人体育政策的特点：一是注重老年人体育治理现代化，引导和支持市场、社会将体育健身和养老服务融合提供，加强了体育健身服务和养老服务的统筹安排；二是将体育健身全面融入养老服务政策中。老龄工作的核心政策文件都非常关注养老服务供给、体育健身等方面的问题，通过养老相关的政策法规推动老年人体育发展，老年人体育健身服务供给被纳入各级政府老龄工作中。

3.2　体育政策中的老年人体育政策发展历程

3.2.1　起步阶段（1978—1994）

1978年1月，全国体育工作会议在北京召开，体育事业发展正式步入健康发展轨道，国家体委开始着手发展群众体育，陆续出台了《关于加强城市体育工作的意见》（1978）、《关于加强群众体育工作的意见》（1979）、《国家体育锻炼标准》（1982）、《关于进一步发展体育运动的通知》（1984）、《社会体育指导员技术等级制度》（1993）等一系列推动群众体育发展的政策文件，成为推动老年人体育发展的引擎，通过老年人体育带动了群众体育的发展，在各行各业百废待兴、经济发展水平落后的局面下，国家清醒地意识到发展群众体育必须依靠社会力量，1980年全国体育工作会议上就提出：鼓励社会力量和人民群众参与办体育，改变群众体育政府垄断供给的局面。这一时期，国家成立了许多体育社会组织，其中包括老年人体育协会,成为我国老年人体育发展的枢纽和中坚力量。

此阶段的主要特点有三个,一是与老年人体育直接相关的政策较少。尽管党和政府开始重视恢复体育事业,但老年人体育还未受到体育主管部门的重视,老年人体育发展的相关政策仅在群众体育发展政策中笼统地提及。二是开始关注老年人体育。改革开放之初,为了丰富退休工人干部的精神文化生活,1982年成立了中国老龄问题全国委员会,紧接着 1983 年中国老年人体育协会和中国残疾人体育协会也相继成立,专门负责开展老年人和残疾人体育工作,随后老年人体育协会自上而下逐级推广开来,为各地老年人体育健身活动的组织化、制度化提供了组织支撑,体现了国家对弱势群体体育权利保障的重视,表明体育健身和养老关系密切。三是政策执行弱化。在竞技体育举国体制的战略布局下,仅有的资源主要用于竞技体育,虽然制定了多部发展群众体育的政策,但政策难以落地,基本流于形式,没有得到有效的贯彻落实,老年人体育受此影响,发展滞后。

3.2.2 立法保障阶段(1995—2000)

随着改革开放政策的深入实施,我国经济社会不断发展,促进了体育需求的快速增长,特别是老年人体育成为当时全民健身的主力军,但由于全民健身的投入不足,公共体育服务发展滞后,庞大的体育需求主要由政府供给。然而,仅凭政府单一主体供给难以满足老年人不断增长的体育需求,老年人体育权益不能得到有效保障,因此,我国于 1995 年颁布了《中华人民共和国体育法》,该法第十六条规定:全社会应当关心、支持老年人、残疾人参加体育活动;各级人民政府应当采取措施,为老年人、残疾人参加体育活动提供方便。该法的颁布大大促进了老年人基本公共体育服务的供给,同时,为社会力量参与公共体育服务供给提供法律依据,有力地推动了老年人体育的发展。老年人被当作体育服务应该关心、支持和考虑的重点群体,也体现了我国体育法的包容性特点,为体育、民政、文化、健康、教育、旅游等领域供给老年人体育健身服务指明了方向。同年,国务院颁布了《全民健身计划纲要》,进一步指出:重视老年人的体质与健康问题,积极支持其参加体育健身活动,并要求加强对老年人体育健身活动的科学指导。随后国家体育主管部门陆续出台的政策文件中都有促进老年人体育发展的政策,如 1997 年国家体委、国家教委、民政部、建设部、文化部联合颁布的《关于加强城市社区体育工作的意见》指出：在城市社区体育公共服务供给中要关心和重视知识分子、老年人等群体的体育活动。1999 年国家体育总局出台了专门针对老年人群体的政策文件《关于加强老年人体育工作的通知》，要求地方各级体育行政部门要努力为老年人参加体育健身活动创造条件，利用中国体育彩票公益金加强"全民健身工程"建设，引导并组织老年人开展健身活动，在城市社区改造和建设中，应大力提倡修建适合老年人体育健身的场地、设施。这是改革开放后我国颁布的第一部专门的老年人体育政策，有效地推动了老年人体育的发展。2000 年国家体育总局《2001—2010 年体育改革与发展纲要》指出：关注老年人体育，各类体育组织应当为老年人参加体育活动提供帮助和科学指导，新建体育场馆要注重适老化。

此阶段的主要特点有三个，第一，老年人体育政策上升到法律的高度。《中华人民共和国体育法》的出台标志着我国体育迈入了法治化的轨道，加强了体育政策的强制性和权威性，成为有效保障老年人体育权益的法律。第二，更加重视老年人体育健身服务供给。《全民健身计划纲要》《关于加强城市社区体育工作的意见》《2001—2010 年体育改革与发展纲要》等都专门规定了发展老年人体育的对策和措施。除了加强综合性体育政策中老年人体育政策内容，国家体育总局还出台了专门的老年人体育政策，更具有针对性和全面性。第三，注重老年人体育的组织化。政策文件要求在企事业单位、城市街道成立老年人体育协会，在社区设立晨晚练辅导站点，有力促进老年人体育健身的组织化。

3.2.3　快速发展阶段（2001—2011）

在我国 2001 年申办 2008 年北京奥运会取得成功的背景下，全国上下掀起了全民健身热潮，老年人体育也快速发展，开展了一系列老年人体育健身活动，如：以全民健身与奥运同行为主题的"全国亿万老年人健步走向北京奥运会"活动。相关的体育政策更加关注老年人体育，如 2003 年国务院出台的《公共文化体育设施条例》提出：需要收费的公共文化体育设施管理单位，应当根据设施的功能、特点对老年人、残疾人等群体免费或者优惠开放。随着 2008 年北京奥运会的成功举办，2009 年国务院决定将每年 8 月 8 日设为全民健身日，随后国务院颁布了《全民健身条例》，标志着我国正式建立了全民健身制度，该条例指出：制定全民健身计划和全民健身实施计划，应当充分考虑老年人、残疾人等的特殊需求。全民健身制度化推动了老年人体育的发展,2009 年,在河南郑州举办了第一届全国老年人体育健身大会,截至 2021 年,我国已经成功举办了 3 届老年人体育健身大会,对老年人体育起到了宣传和带动作用,激发了更多老年人参与体育健身的热情,使社会各界更加支持和重视老年人体育。2010 年《关于加快发展体育产业的指导意见》指出:公共体育设施应当根据其功能、特点向公众开放,并在一定时间和范围内,对学生、老年人和残疾人优惠或者免费开放。2011年在全面建设小康社会的背景下,国务院颁布的《全民健身计划(2011—2015年)》重视发展老年人体育,把为老年人提供体育场地设施服务、体育社会组织服务、科学健身指导服务和体育健身活动服务等作为重要任务,明确老年人体育健身服务治理主体包括政府、市场和体育社会组织。《社会体育指导员技术等级制度》(2011 年版)为我国培养了大量社会体育指导员,加强了对老年人体育健身的指导。

该阶段老年人体育政策的主要特点:一是注重老年人体育健身服务的供给,适老化体育场地设施、老年人体育健身活动、社会体育指导等服务受到重视;二是全民健身制度化保障老年人基本公共体育供给,老年人体育政策更加细化。

3.2.4　深化阶段(2012 年至今)

中共十八大后,为了适应人口老龄化快速发展的新常态及未来诸多新挑战,党中央未雨绸缪,谋划积极应对人口老龄化的新理念、新思想、新战略,同时,加强了全民健身的顶层设计,中共十八大报告专门提出了"广泛开展全民健身运动,促进群众体育和竞技体育全面发展",中共十九大报告提出了"广泛开展全民健身活动,加快推进体育强国建设",中共十八大和十九大报告中都把全民健身作为未来体育事业发展的任务目标,这与人口老龄化发展态势高度一致。中共二十大报告提出:广泛开展全民健身活动,加强青少年体育工作,促进群众体育和竞技体育全面发展,加快建设体育强国。我国体育领域为了积极应对人口老龄化也进行了深层次、多维度的改革,以适应老龄型社会对体育的需求,出台的一系列体育方针政策都高度关注老年人群体,推出了一系列加快老龄体育健身服务体系建设的重大举措,如:2013 年 12 月 16 日,国家体育总局、教育部、全国总工会印发修订后的《国家体育锻炼标准施行办法》,首次扩展至老年人群,实现了6～69岁人群的全覆盖;此后,《国家第五次国民体质监测工作方案》又把受测对象年龄上限扩大为79岁;2014年国家体育总局、财政部颁布的《关于推进大型体育场馆免费低收费开放的通知》指出,大型体育场馆对学生、老年人、残疾人等应免费、低收费开放。

中共十八大以来,党和政府在老年人体育顶层设计方面的主要进展突出体现在如下三个方面:

第一,体育健身作为积极应对人口老龄化重要内容的思路和构想初见端倪。将老年人体育作为体育发展五年规划的重要内容,进行统筹部署,《体育发展"十三五"规划》提出加强老年人体育治理,注重体育服务供给的精准性,重点是"构建政府主导、多元主体参与的特殊群体体育活动保障体系,加大供给力度,提高精准化服务水平";同时,注重提高老年人体育服务的质量,如加强对老年人、残疾人等特殊群体开展体育活动的组织与领导,研制与推广适合特殊群体的日常健身活动项目、体育器材、科学健身方法。《全民健身计划(2016—2020年)》明确指出:发挥全民健身多元功能,形成体育与养老服务等互促共进的发展格局。该计划在积极应对人口老龄化方面的主要任务是推进老年宜居环境建设,统筹规划建设公益性老年健身体育设施,加强社区养老服务设施与社区体育设施的功能衔接,提高设施使用率,支持社区利用公共服务设施和社会场所组织开展适合老年人的体育健身活动,为老年人健身提供科学指导。

第二,制定了专门的老年人体育政策。2015年,国家体育总局、发展改革委、民政部等12部门联合印发《关于进一步加强新形势下老年人体育工作的意见》,这是中共十八大以来我国老龄化进入快车道的社会背景下,政府出台的第一个全面指导老年人体育工作的专门性政策文件,站在国家政策层面的高度上,全面系统地阐述了加强老年体育工作的重要意义,确立了今后一个时期老年体育工作的目标任务、工作方针,构建了"党政主导、部门尽责、协会组织、社会支持、重在基层、面向全体"的老年人体育工作格局,为老年人体育事业发展提供了丰富的政策内涵和理论支撑。该意见提出:要注重老年人公共体育服务社会化,创造条件吸引社会力量参与,促进老年人体育健身与养老服务、健康服务、公共文化服务等相关领域交互融通,创新老年人体育公共服务方式,切实解决老年人体育健身的实际问题,并从建立健全老年人体育组织网络、加强适合老年人体育健身的场地设施建设和使用、广泛开展老年人体育健身活动、加强老年人体育健身方法的研究和体育健身活动的指导、加大对老年人体育工作的经费投入和支持保障等几方面提出了加强老年人体育工作的意见。

第三,老年体育成为发展体育产业的内容。2014 年国务院颁布的《关于加快发展体育产业促进体育消费的若干意见》提出:推动体育与养老服务等融合,鼓励开发适合老年人特点的休闲运动项目。《体育产业发展"十三五"规划》也指出:促进体育与文化、养老、教育、健康等产业的融合发展。2019 年国家体育总局、发展改革委在《进一步促进体育消费的行动计划(2019—2020 年)》中指出:推进体育与文化、旅游、养老、健康等产业融合发展,打造体育消费新业态。国家体育总局下发的《关于进一步规范广场舞健身活动的通知》提出:通过政府购买服务等方式,支持企事业单位、社会团体的体育场地向广场舞健身爱好者开放。上述表明,老年人体育已经成为体育产业关注的重要方面和未来的增长点。

这一时期的特点主要有三方面,一是老年人体育政策更加系统化。既有综合性政策,又有专门性政策,全民健身、体育产业、体育场馆等政策文件中都比较重视老年人体育健身服务供给,注重从多方面促进老年人体育发展。二是党和政府更加重视老年人体育。体育政策文件密集出台,国家、部委、地方分别出台相应的政策文件保障老年人体育的发展。三是政策内容更加细化和更具有可操作性。政策中不但明确了责任主体,而且细化了老年人体育服务内容以及供给机制。

改革开放以来我国体育政策中的老年人体育相关政策法规如表 3-2 所示。

表 3-2　我国体育政策中的老年人体育相关政策法规

年份	政策法规名称	相 关 内 容	发布机关
1995 年	《中华人民共和国体育法》	全社会应当关心、支持老年人、残疾人参加体育活动;各级人民政府应当采取措施,为老年人、残疾人参加体育活动提供方便。	全国人民代表大会常务委员会
1995 年	《全民健身计划纲要》	重视老年人的体质与健康问题,积极支持其参加体育健身活动。	国务院
1997 年	《关于加强城市社区体育工作的意见》	关心和重视知识分子、老年人等群体的体育活动。	国家体委、国家教委、民政部、建设部、文化部
1999 年	《关于加强老年人体育工作的通知》	提倡修建适合老年人体育健身的场地、设施,引导并组织老年人开展健身活动。	国家体育总局

续　表

年份	政策法规名称	相 关 内 容	发布机关
2000 年	《老年人体育发展规划》	我国制定的第一部关于老年人体育发展的专门规划,高度肯定了体育参与在应对人口老龄化中的积极作用。	国家体育总局
2000 年	《2001—2010 年体育改革与发展纲要》	各类体育组织要为老年人参加体育活动提供帮助和科学指导。	国家体育总局
2003 年	《公共文化体育设施条例》	需要收费的公共文化体育设施管理单位,应当根据设施的功能、特点对学生、老年人、残疾人等群体免费或者优惠开放。	国务院
2009 年	《全民健身条例》(2016 年修正)	制定全民健身计划和全民健身实施计划,应当充分考虑学生、老年人、残疾人和农村居民的特殊需求。	国务院
2010 年	《关于加快发展体育产业的指导意见》	公共体育设施应当根据其功能、特点向公众开放,并在一定时间和范围内,对学生、老年人和残疾人优惠或者免费开放。	国务院办公厅
2011 年	《全民健身计划(2011—2015 年)》	鼓励创新适合老年人特点的体育健身项目和方法;同时,对老年人体育活动开展所需的场地设施、健身指导、体育组织做出了具体要求。	国务院
2014 年	《关于加快发展体育产业促进体育消费的若干意见》	推动体育与养老服务等融合。	国务院
2014 年	《关于推进大型体育场馆免费低收费开放的通知》	大型体育场馆对学生、老年人、残疾人等应免费、低收费开放。	国家体育总局、财政部
2015 年	《关于进一步加强新形势下老年人体育工作的意见》	重视老年人健身活动基础设施建设与保护。	国家体育总局、发展改革委、民政部等 12 部门
2016 年	《全民健身计划(2016—2020 年)》	推进老年宜居环境建设,统筹规划建设公益性老年健身体育设施,加强社区养老服务设施与社区体育设施的功能衔接,提高使用率,支持社区利用公共服务设施和社会场所组织开展适合老年人的体育健身活动,为老年人健身提供科学指导。	国务院

年份	政策法规名称	相 关 内 容	发布机关
2016 年	《体育发展"十三五"规划》	加强对老年人、残疾人等特殊群体开展体育活动的组织与领导,研制与推广适合特殊群体的日常健身活动项目、体育器材、科学健身方法。	国家体育总局
2019 年	《体育强国建设纲要》	促进老年人等重点人群体育活动开展。	国务院办公厅
2021 年	《全民健身计划(2021—2025 年)》	提高健身设施适老化程度,研究推广适合老年人的体育健身休闲项目,组织开展适合老年人的赛事活动。完善公共健身设施无障碍环境。	国务院

3.3　健康、文化政策中的老年人体育政策发展历程

　　21 世纪以来,我国提出了将"适老化"观念融入社会治理各项工作的要求,为了适应不断发展的人口老龄化,在"政府主导、部门协同、社会参与、法治保障"的老年人体育治理格局下,卫生健康和文化主管部门都积极参与到推动老年人体育发展中,主要体现在各类政策文件中。

3.3.1　健康政策中的老年人体育政策

　　2013 年国务院《关于促进健康服务业发展的若干意见》指出:通过宣传、普及科学健身知识、提高人民群众体育健身意识、盘活体育场馆存量、发展体育健身组织、运动健身培训、健身指导咨询等服务等来发展全民体育健身。2014 年,国家发展改革委、民政部等 10 个部门联合下发的《关于加快推进健康与养老服务工程建设的通知》指出:加强健康服务体系、养老服务体系和体育健身设施建设,大幅提升医疗服务能力,形成规模适度的养老服务体系和体育健身设施服务体系。2016 年国务院发布的《"健康中国 2030"规划纲要》指出:制定实施老年人、职业群体及残疾人等特殊群体的体质健康干预计划;加强科学指导,促进妇

女、老年人和职业群体积极参与全民健身；加强老年常见病、慢性病的健康指导和综合干预，强化老年人健康管理。这些政策表明，国家把体育健身与医疗卫生都作为促进人民健康的重要手段，重视体育在治未病和促进康复的作用。

3.3.2 文化政策中的老年人体育政策

2012 年全国老龄办等 16 部门联合颁布《关于进一步加强老年文化建设的意见》，从适合老年人的体育场地设施建设、老年人体育健身指导、老年人体育活动开展等几个方面提出了要求，具体要求如下：① 要注重新建或改造文化体育活动设施"适老性"；② 老年人免费享有健身技能指导、参加健身活动、获取科学健身知识等全民健康服务；③ 因地制宜地开辟适合老年人文化娱乐的活动场所，体育部门要办好全国性和区域性老年人体育健身大会，不断创新适合老年人特点的体育健身项目和方法，广泛开展经常性的老年人体育健身活动。2015 年中共中央办公厅、国务院办公厅印发的《关于加快构建现代公共文化服务体系的意见》将老年人、残疾人等作为公共文化体育服务的重点对象，鼓励党政机关、国有企事业单位和学校的各类文体设施向社会免费或优惠开放，广泛开展形式多样的群众性体育活动，发展壮大社会体育指导员队伍。与该意见一同下发的《国家基本公共文化服务指导标准（2015—2020 年）》对各级政府应向人民群众提供的基本公共体育服务项目和硬件设施条件、人员配备等做出了明确规定，在标准的基础上，各地将从实际出发，制定适合本地区的实施标准。同时，该标准还提出城市居民依托社区综合文化服务中心、文体广场、公园、健身路径等公共设施就近方便参加各类文体活动，县级以上设立公共体育场。该标准的颁布对老年人体育场地设施的建设起到了重要的推动作用，并促进了老年人公共体育服务标准化。2015 年，作为《关于加快构建现代公共文化服务体系的意见》的配套文件，《关于推进基层综合性文化服务中心建设的指导意见》推进了适合老年人综合性文体设施建设，要求为老年人等群体提供有针对性的文化体育服务，推出一批特色服务项目。基层综合性文化服务中心建设促进了文化、体育和养老等的融合，有效地推进了社区老年人公共文化、体育和养老资源的整合和统筹利用。

近年来，为积极应对人口老龄化，满足日益增长的健康养老需求，党和国家出台了一系列政策鼓励和支持"体养融合"的发展（见表 3 - 3），并提出把健康融入所有政策中,加快建设"以人民健康为中心"的顶层设计。如《关于加快发展养老服务业的若干意见》把体育健身纳入养老服务的内容。《关于加快发展体育产业促进体育消费的若干意见》和《"健康中国 2030"规划纲要》均提出养老服务要往多元化的方向发展,在资源共享的基础上促进养老服务与医疗、健身、旅游等相关领域的融合,通过普遍性服务与个性化服务相结合的方式满足多样化、多层次的养老服务需求。另外,中共十九大和《体育强国建设纲要》也对积极应对人口老龄化做出具体的部署,如构建养老、孝老、敬老政策体系和社会环境;制定并实施老年人体质健康干预计划;支持符合条件的乡镇(街道)、城乡社区依法建立老年人体育协会、社会体育指导员协会、单项体育协会等[10]。发展改革委、民政部等 9 部门联合下发的《关于加快推进健康与养老服务工程建设的通知》指出:健康与养老服务工程重点形成规模适度的养老服务体系和体育健身设施服务体系。

　　由此可见,"体养融合"相关政策的出台,不仅为人口结构变化和社会需求多元化背景下养老服务的发展指明了方向和提供了思路,也为建立多元化、多层次体育养老服务体系提供了政策保障。

表 3-3　我国健康、文化政策中的老年人体育政策法规

年份	政策法规名称	相　关　内　容	发布机关
2013 年	《关于促进健康服务业发展的若干意见》	提高人民群众体育健身意识、盘活体育场馆存量、发展体育健身组织、运动健身培训、健身指导咨询等服务。	国务院
2014 年	《关于加快推进健康与养老服务工程建设的通知》	形成规模适度的养老服务体系和体育健身设施服务体系。	发展改革委、民政部等 10 部门
2015 年	《关于加快构建现代公共文化服务体系的意见》	将老年人、残疾人等作为公共文化体育服务的重点对象,鼓励党政机关、国有企事业单位和学校的各类文体设施向社会免费或优惠开放,广泛开展形式多样的群众性体育活动,发展壮大社会体育指导员队伍。	中共中央办公厅、国务院办公厅
2015 年	《关于推进基层综合性文化服务中心建设的指导意见》	建设基层体育健身工程,组织群众开展体育健身活动等。同时,加强文化体育设施的综合管理和利用,提高使用效益。	国务院办公厅

续　表

年份	政策法规名称	相 关 内 容	发布机关
2016 年	《"健康中国 2030"规划纲要》	明确提出加强体医融合和非医疗健康干预,推动形成体医结合的疾病管理与健康服务模式。	中共中央、国务院
2017 年	《"十三五"国家老龄事业发展和养老体系建设规划》	加强老年人健康促进和疾病预防,加强老年体育健身。	国务院
2019 年	《国家积极应对人口老龄化中长期规划》	打造高质量为老服务和产品供给体系。	中共中央、国务院
2020 年	《"十四五"国家老龄事业发展和养老服务体系规划》	建全居家社区机构相协调、医养康养相结合的养老服务体系和健康支撑体系。	国务院
2021 年	《"十四五"规划和 2035 年远景目标纲要》	强调推动健康关口前移,深化体医融合,建立体育和卫生健康等部门协同、全社会共同参与的运动促进健康新模式。	全国人民代表大会

3.4　本章小结

　　城市"体养融合"需要政策支持,本章主要从老龄政策、体育政策、健康和文化政策 3 个方面分析支持老年人体育健身服务发展的政策内容,并厘清了几种政策的发展演进历程和主要特点。老龄政策中的老年人体育政策发展大致经历了三个阶段:老龄化社会前老龄政策中的体育政策(1978—1999)、老龄化社会老龄政策中的体育政策(2000—2012)、快速老龄化阶段老龄政策中的体育政策(2013—2021)。体育政策中的老年人体育政策发展历程可以分为起步阶段(1978—1994)、立法保障阶段(1995—2000)、快速发展阶段(2001—2011)、深化阶段(2012 年至今)。对健康、文化政策中的老年人体育政策发展历程主要从"健康政策中的老年人体育政策""文化政策中的老年人体育政策"两个方面进行分析。在这些政策的发展过程中,逐步形成包括政府、市场、社会组织、老年群体等在内的多元主体参与的格局,地方政府有关部门、养老机构、社区、老年群体等跨部门协同参与在"体养融合"发展中扮演不同角色,共同推动"体养融合"发展,同时,政策的发展也呈现出与时俱进的特征。这些政策构成了促进和保障老年人体育健身服务供给的政策体系。

第 4 章
发达国家"体养融合"发展经验及对我国的启示

4.1 发达国家"体养融合"发展经验 ....

　　城市人口的快速"老龄化"是当今全球城市化背景下的显著特征之一。2020年全世界老年人数量超过 10 亿,2025 年将高达 15 亿,应对老龄化问题的研究范式也经历了由"成功老龄化"到"健康老龄化",再到"积极老龄化"的演进变化。世界卫生组织特别注重老年人健康养老问题,在第七届老龄问题全球会议上,先后发布了《人口老龄化社会的健康隐忧》《改善老龄人初级保健指南》两份报告。21 世纪初期,德国、法国、日本等国家陆续进入超级老龄社会,并普遍建立了适应人口结构重大变化的经济社会发展战略,其中,健康保健计划和全民健身战略是主要针对人口老龄化快速发展进行的调整,老年人体育健身在养老服务政策法规和卫生健康政策中都以不同的形式体现出来。发达国家在养老服务政策中非常注重老年人体育健身服务的供给,使其成为养老服务的一项重要内容,美、英、澳、德、日、北欧等发达国家和地区都较早进入老龄化社会,城市化和老龄化程度高,"健康老龄化"和"积极老龄化"的理念已经融入社会发展的各个方面,特别是在养老服务和大众体育的推进过程中非常注重城市"体养融合"发展。尽管,中西方政治、经济、文化存在较大差异,但由于发达国家"先富后老",具有坚实的经济和社会基础,在应对人口老龄化挑战方面积累了丰富的经验,特别是通过"体养融合"促进老年人养老和健康方面的经验和做法值得借鉴。根据中国国情及时有效地汲取发达国家在通过体育健身推动"健康老龄化"和"积极老龄化",促进"体养融合"发展方面的经验教训,有助于建立好"体养融合"发展的制度,少走弯路,这是后发国家的特殊优势,也是有效破解全民健身和养老服务资源不足难题的科学路径。

4.1.1　美国

美国于 1940 年进入老龄化社会,随着美国人寿命的延长和婴儿潮一代的推动,美国的老年人口数量增长迅速(见图 4-1),2014 年,美国 65 岁以上人口有 4 630 万人(14.5%),2018 年为 5 600 万人,预计到 2034 年,美国 65 岁以上人口将增加至 7 695 万人,历史上首次超过 18 岁以下人口数量,到 2060 年美国 65 岁以上人口数量将达到 9 800 万(23.5%)。美国人口老龄化具有以下几个特征,一是教育水平不断提高,1965 年美国年龄在 65 岁以上的人口中,只有 5% 的人获得了学士学位或更高学位,到 2018 年,这一比例已上升到 29%。二是美国人的平均预期寿命提高,从 1950 年的 68 岁增加到 2017 年的 78.6 岁,这在很大程度上是由于医疗保健水平的提高。三是老年人健康状况不佳。60 岁及以上成年人肥胖率一直在上升,在 2015—2016 年期间约为 41%,给老年人带来了患心脏病、2 型糖尿病、关节炎和癌症等慢性疾病的较高风险,这些疾病是美国疾病、残疾、死亡和医疗保健费用的主要驱动因素。"阿尔茨海默病"和其他痴呆症最常见于 60 岁以上的成年人,近年来,美国患有"阿尔茨海默病"的老年人数量急剧增加,2018 年数量为 560 万,到 2025 年,老年"阿尔茨海默病"患者人数将达到 710 万,增长近 29%,到 2050 年,将达到 1 380 万。2019 年,与"阿尔茨海默病"和其他痴呆症相关的医疗保健和长期护理费用为 2 900 亿美元,这使其成为社

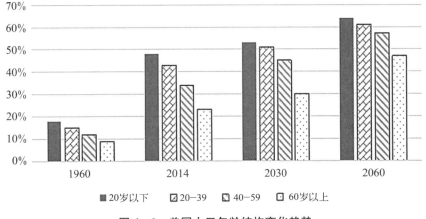

图 4-1　美国人口年龄结构变化趋势

会成本最高的疾病之一[58]。四是老年人口社保和医疗保健支出逐年增加。老年人口所占比例的增大,意味着到 2050 年,美国社会保障和医疗保险的支出占国内生产总值的比例将增长到 11.8%。根据美国人口普查局以及美国医疗保险和医疗补助服务中心(U. S. Census Bureau and the Centers for Medicare and Medicaid Services)的估算,到 2020 年,美国全国卫生总支出将达到 40 亿美元,到 2025 年将达到 50 亿美元。2016 年美国国家卫生支出占 GDP 的比例超过 15%,到 2027 年,这一数字将攀升至 19.4%(约 6 万亿美元),增长的主要因素是人口老龄化所带来的医疗保健支出。

然而,由于死亡原因的改变,大量医疗卫生投资收效甚微,影响美国老年人健康的主要是生活方式因素,与日常活动关系较大,1979 年,《健康公民—卫生署长报告》(Healthy People——The Surgeon General's Report on Health Promotion and Disease Prevention)中指出,老年人需要加强锻炼,以有效的锻炼改善老年人智力和身体能力,提高老年人自理能力。通过推广老年人体育健身运动,可以有效地降低老年人慢性病的发病率和死亡率,提高老年人的生活质量,同时减少医疗投资。因此,美国采取多种措施加大老年人体育健身服务的供给。

4.1.1.1 政策法规的全方位保障

1) 注重"体养融合"的法制建设

第一,建立了全面的老年人社会保障制度。1935 年美国的《社会保障法案》(Social Security Act)、1965 年的《美国老年人法案》(Older Americans Act,OAA)、1966 年的《医疗保险法案》(Medicare Act)、1967 年的《就业年龄歧视法》(Age Discrimination in Employment Act of 1967,ADEA)、1975 年的《年龄歧视法》(Age Discrimination Act of 1975)和 1991 年的《老年工人福利保护法》(Older Workers Benefit Protection Act)是保障美国老年人权益的 6 部重要法案,确立了老年人社会福利和医疗保健制度,如: 1966 年 7 月,美国国会通过的《医疗保险法案》(Medicare Act)规定,凡是年满 65 岁的美国公民,无论已经退休还是在业,均有资格享受政府提供的医疗保险服务。此外,还有《老年人志愿工作法案》《老年人营养法案》《老年人正义法案》《患者保护与平价医疗法案》《老年人社区服务就业计划》等保障老年人社会福利的法案,如: 1973 年《老年人社区服务就业计划》(Senior Community Service Employment Program,SCSEP)是针对 55 岁或以上的低收入者的非全职就业计划,SCSEP 参与者在学习新技能和提高就业机会的同时,可获得最低工资,还可以通过美国就业中心获得就业援助。全面的老年人权益保护法律法规为老年人"体养融合"发展提供了良好的法律制度环境。

第二,注重法律法规的与时俱进。1965 年颁布的《美国老年人法案》把"体育健身、团体锻炼、音乐疗法、艺术疗法和舞蹈运动疗法等计划"作为"疾病预防和健康促进服务"的重要内容。随着技术和社会的变化,美国国会定期更新法律,以适应不断变化的需求和优先事项,从 1967 年开始,《美国老年人法案》经过了多达 11 次的修订,而体育活动参与始终是重要的条款内容,并且随着法案的不断修订,还增加了促进慢性病自我保健做法、增加体育锻炼、预防跌倒等内容。1977 年授权老龄化计划委员会向州进行拨款,旨在通过提供定期进行身体活动和体育锻炼的计划使老年人获得维持身心健康的服务,联邦政府每年都会调整《美国老年人法案》中规定的拨款金额和相关项目的权力。2016 年 4 月,美国总统奥巴马签署了最新的老年人法修订案《2016 年美国老年人法案重新授权法案》(Older Americans Act Reauthorization Act of 2016),要求不断丰富社区居家养老服务的内容,加大对养老服务的监督,让老年人享受高质量的健康生活。在《美国老年人法案》的推动下,各州积极采取促进老年人体育参与的措施,老年体育活动参与率迅速提高。

第三,定期召开国家老龄问题会议。白宫老龄问题会议(White House Conference on Aging,WHCoA)是由美国总统办公厅主办的十年一次的会议,向总统和国会提出有关老年人的政策建议,以确定并推动提高美国老年人生活质量的行动。会议的首要目标是促进美国老年人的尊严、健康和经济安全,据称这也许是最著名的白宫会议,表明国家非常重视老年人问题,最近一次会议于2015 年举行,为婴儿潮一代的退休做准备。白宫老龄问题会议对美国的"体养融合"发展具有重要的推动作用,1950 年召开的白宫老龄问题会议促使联邦政府在其下属的联邦保障局设立了老龄工作委员会,老年人体育是其中的一个重要工作方向,并且在这次会议后得到了加强。1961 年的白宫老龄问题会议促成了约翰逊总统在 1965 年 7 月签署了《美国老年人法案》(OAA),该法案对美国老年人体育健身和养老服务的发展具有里程碑意义,同时促进了卫生健康行政体系和服务网络体系的形成。从 1950 年至 2015 年,历届白宫老龄问题会议中多有涉及老年人体育问题,在 1961 年,会议就开始关注老年体育,进入 21 世纪以来的历届白宫老龄问题会议更加频繁地提到老年人体育,2005 年白宫老龄问题会议举办的"健康生活庆典"活动展示了体育活动的乐趣。2015年白宫老龄问题会议报告明确指出,体育活动是健康老龄化最有效的措施之一,至此,白宫老龄问题会议明确把体育活动促进健康老龄化提上了议程,可见美国政府非常重视体育在健康养老服务中的作用。

2) 建立了"体养融合"发展的政策支持体系

第一,大众健康政策中的老年人体育政策。一是健康公民系列政策。随着美国社会的老龄化,老年人体育的内容在健康政策中的比重逐步增加,美国每隔10年更新一次的健康公民系列政策,都有关于老年人体育健身方面的表述,例如,《健康公民2000》指出:身体活动可以提高平衡能力、协调性和肌肉力量,可以减少老年人跌倒的概率。《健康公民2010》提供了较为详细的老年人体育活动的历史数据,这些数据为确定老年体育存在的问题、制定21世纪的老年体育政策提供了科学依据。《健康公民2020》新增了老年人体育健身参与目标,"老年人休闲体育活动参与率"成为评价政策发展目标的重要指标之一,这是"老年人休闲体育活动参与率"首次在大众健康政策中被单独列出。

二是《美国人身体活动指南》。《美国人身体活动指南》(2008年版和2018年版)(Physical Activity Guidelines for Americans)是美国联邦政府推出的体育锻炼综合性指南,由美国健康与社会服务部发布,旨在为决策者、体育教师、体育指导员、健康从业者和公众提供有益美国人健康的运动类型、运动量和运动强度信息,而且该指南可满足不同兴趣、生活方式的目标人群的需求,具有可操作性强的特点。缺乏身体活动导致许多慢性病发生在老年人身上,包括心脏病、中风、糖尿病、肺病、阿尔茨海默病、高血压和癌症,再加上不良的饮食习惯也导致老年人肥胖率提高,定期锻炼和增加有氧健身与降低全因死亡率和发病率有关,并被证明可减少疾病和残疾,提高老年人的生活质量。2008年,美国健康与社会服务部发布了《美国人身体活动指南》,针对老年人群体专门提出了身体活动的建议,建议大多数老年人每周至少参加150分钟的中等强度有氧运动、75分钟的高强度有氧运动,或每周每次的同等组合,而且老年人也应该每周至少两天参与所有主要肌肉群的强化活动,有跌倒危险的老年人应该增加有助于保持或改善平衡的运动。而对于老年人有慢性疾病无法进行每周150分钟中等强度的有氧运动的情况,指南建议他们应该在能力和身体允许的情况下适当做些运动,并进一步提出老年人进行运动的原则,如:如果老年人有摔倒的危险,应该做一些维持或改善平衡能力的运动。

　　三是《国民身体活动计划》。《国民身体活动计划》(2010 年版和 2016 年版)(National Physical Activity Plan)的核心目标就是让所有美国人动起来,提高全民体育活动水平,该计划由多部门、多主体协同参与制定,为美国人提供了改善生活方式的方向和路径。美国将体育融入社区管理、养老政策和工作条例等社会的各个方面中,创造了一种将体育融入工作和生活的体育文化来促进体育参与,从而使体育在预防疾病、提高生活质量方面发挥最大的效能。美国 2010 年 5 月颁布的《国民身体活动计划》,强调与其他健康计划的结合和设立各种执行机构,将每一个策略的实施落实到具体的社会组织、政府、专门机构甚至个人,为各个相关部门或组织供给老年人体育健身服务指明了方向。

　　四是设立老年人健身日和健身奖。一是老年人健康和健身日。美国将每年 5 月的最后一个星期三设立为"国家老年人健康和健身日"(National Senior Health & Fitness Day),这是美国最大的年度老年人健康保健活动。每年这一天,全美有 1 000 多个地点同时开展各式各样的老年人健身活动,老年人积极参加,活动包括游泳、马拉松比赛还有体育技能培训课程,是美国规模最大的针对老年人的健康促进项目,对老年人体育健身具有较大的宣传和带动作用,并引起了各相关领域对老年人体育的重视。2014 年,第 21 届健身日的主题是"动起来更健康",有超过 10 万名老年人参与到当日的各种活动中,包括趣味健身、健身演示、健身指导、老年舞蹈等,这些活动的共同目标是帮助美国老年人保持主动健康和幸福。二是老年人健身奖。美国老年人健身奖是"国家老年人健康和健身日"的一个组成部分,为老年人及对老年人健身、健康促进事业做出贡献的人设置,是美国唯一的老年人健身成果认定奖项。该奖项设置了 25 个活动类别,包括有氧操、羽毛球、篮球、自行车、划船、混合训练、舞蹈、高尔夫球、远足、慢跑、休闲游戏等,对于较少锻炼者、健身爱好者以及残疾人等分别有不同的设计,参与者使用活动专用小册子或者在线记录健身进展,16 个星期之后,那些符合奖项标准的人将得到一个证书(印有个人姓名和所选活动)和一些奖品。奖项标准的设定参考了运动生理、老年人健身领域专家的意见,并得到了美国总统体育与健康体质理事会和美国运动医学学院的帮助。

　　《健康公民 2020》、两版《美国人身体活动指南》和两版《国民身体活动计划》5 个具有较大影响力的体育健康政策,促进了美国"体养融合"发展,不同政策互相呼应,相互联系,体现了政策的整体性与配套特征。至此,美国形成了以"老年人法案""白宫老龄问题会议""健康公民计划""身体活动指南""国民身体活动计划""老年人健身日和健身奖"等为主的促进老年人身体活动的体育服务政策体系。

第二,单独制定的老年人体育政策。一是国家单独制定的老年人体育政策。美国是全球首个单独制定老年人体育政策的国家。2001 年,美国疾病控制与预防中心、国家老龄研究所、美国运动医学会、美国退休人员协会、美国老年病学会和罗伯特·伍德·约翰逊基金会 6 个组织共同研制了《国家计划:促进中老年人身体活动》(National Blueprint:Increasing Physical Activity among Adults Age 50 and Older),该计划颁布之前,与老年人体育相关的政策分散于老龄政策和大众健康政策之中。该计划是基于流行病学、运动生理学、老年学、行为科学等领域的研究成果,其宗旨是"鼓励老年人将身体活动融入生活的方方面面,以应对老龄化的挑战"。制定的对策涵盖综合领域、公共政策、家庭与社区、医疗卫生、学术研究、宣传与营销 6 个方面共 18 项,其中 3 项由政府部门负责执行,4 项由政府部门和非政府组织共同执行,9 项由非政府组织负责执行,1 项由伊利诺伊大学负责,1 项由商业组织执行。此外,该计划在实施过程中,由美国疾病控制与预防中心、总统体育、健康体质与营养理事会、美国退休人员协会、全国老龄协会、美国运动医学会共同监督,后三个机构均为非政府组织。相关研究显示,该计划在美国实施后,老年社会组织开始重视身体活动的供给,体育组织开始关注老年人体育健身项目的提供。

二是社会组织制定的专门针对老年人的体育政策。美国的社会组织是"体养融合"政策制定的积极参与者,2007 年,美国运动医学会(ACSM)与美国心脏协会(AHA)联合发布了《关于老年人身体活动和公共健康的建议》,提出有氧运动强度要考虑老年人的有氧健身能力,老年人要参与保持或增加灵活性的活动,建议有跌倒风险的老年人进行平衡训练。在老年人身体活动促进健康方面,美国疾病控制与预防中心(Centers for Disease Control and Prevention,CDC)与相关社会组织合作,致力于帮助老年人尽可能长时间地保持健康、活跃和独立,CDC 与美国的关节炎基金会、国家慢性病主任协会、国家娱乐和公园协会(NRPA)、骨关节炎行动联盟、北卡罗来纳大学和 Y-USA 等国家合作伙伴共同制定政策为老年人增加获得自我健康管理教育和体育活动项目的机会,如:CDC 与关节炎基金会合作推出了《减少关节炎疼痛和预防跌倒的促进计划》(Promoting Programs to Reduce Arthritis Pain and Prevent Falls)、《关节炎基金会锻炼计划》(Arthritis Foundation Exercise Program,AFEP)、《关节炎基金会水上运动计划》(Arthritis Foundation Aquatic Program，AFAP)等系列计划，针对老年人关节病患者和跌倒高危人群提供体育健身服务。其中，AFEP 是由关节炎基金会开发的一个以社区为基础的娱乐锻炼项目，由训练有素的 AFEP 教练指导各种各样的运动和耐力训练活动、放松技巧和健康教育主题活动，所有练习都可以通过调整以满足参与者的需要，该计划的益处包括提高功能能力、减少抑郁、增强对锻炼能力的信心。

4.1.1.2　多元主体协同参与老年人体育治理

美国三权分立的政治体制影响到经济、社会、文化的各个方面，老年人体育管理体制具有明显的分权特征，分权的管理制度决定了美国老年人体育管理体制的社会化和多元化，形成了纵向社会分权和横向政府不同部门分权的老年人体育管理体制。由于没有专门的体育政策制定部门，美国老年人体育政策的制定分散在政府的不同部门，但政府不同部门之间以及政府与体育社会组织彼此不是分割、隔离的，而是协同配合来共同实现"体养融合"发展目标。美国参与老年人体育服务供给的部门主要包括：总统体育、健康体质与营养理事会(President's Council on Sports，Fitness，and Nutrition，PCSFN)，卫生与公众服务部(US Department of Health and Human Services，HHS)，国家公园管理局(National Park Service，NPS)，教育部(US Department of Education)，国家环境保护局(US Environmental Protection Agency，EPA)，住房和城市发展部(Department of Housing and Urban Development，HUD)，美国交通部(US Department of Transportation)和美国消费品安全协会(Consumer Product Safety Committee，CPSC)等。这些部门分工明确，各司其职，协同推进老年人体育发展。

1) 分工明确的老年人体育管理机构

第一，总统体育、健康体质与营养理事会(PCSFN)。该理事会通过与公共、私营和非营利部门的伙伴关系，推进各种体育健身计划和倡议，如开展 Move Your Way活动，以激励不同背景和能力的老年人过上积极健康的生活。其开展的活动主要包括三个方面：一是表彰在身体活动、体育运动或营养促进领域取得进步的个人和组织；二是赞助全民健身与体育月，旨在激励美国人积极活动；三是与全民健身基金会合作推广各种体育健身计划。此外，PCSFN 还通过设立奖项，激励在推进体育健身服务方面做出贡献的个人或组织，奖项分为两种，一种是社区领导力奖。每年，PCSFN 都会向通过提供或增加参与体育、身体活动、健身或营养相关计划的机会来改善社区内个人生活的个人或组织颁发总统理事会社区领导力奖。另外一种是终身成就奖。每年，PCSFN 都会将总统理事会终身成就奖授予那些在全国推动或促进身体活动、健身、体育或营养方面做出巨大贡献的个人。

第二，卫生与公众服务部（HHS）。该部门主要负责制定和定期更新老年人身体活动指南和老年人身体活动计划，监测和研究老年人身体活动问题，追踪调查老年人体育活动参与情况，以提高老年人的身心健康水平，如：领导制定了从《健康公民 1990》到《健康公民 2020》等 4 部健康公民计划、《美国人身体活动指南》（2008 年版和 2018 年版）、《国民身体活动计划》（2010 年版和 2016 年版）等。卫生与公众服务部下属的美国疾病控制与预防中心（CDC）和美国国家卫生研究院（National Institutes of Health，NIH）针对不同老年群体推出身体活动计划，在促进老年人体育活动参与方面发挥了重要作用。CDC 主要负责监测老年人身体活动水平，出台推动老年人体育活动的计划，监测与研究老年人慢性疾病问题，并制定政策和采取措施进行干预；NIH 是联邦政府推动老年人体育政策的主要行政机构。而美国老年人理事会（National Council on Aging，NCOA）、美国社区生活管理局（Administration for Community Living，ACL）、美国退休人员协会（America Association of Retired Persons，AARP）、国家老龄研究所（National Institute on Aging，NIA）等部门成为联邦政府推动老年体育政策的主要行政机构。

第三，国家公园管理局（NPS）。其管理着美国 400 多个国家公园以及 3 141 个县的户外运动休闲场所和开放空间，主要为老年人规划、建造和保护开放空间和户外运动休闲场所，美国国家公园管理局州一级的水土保护基金（LWCF）为各州和地方政府提供配套补助金，用于购买和开发公共户外休闲体育区和设施。NPS 开展了三项促进户外休闲体育场所的计划：州和地方水土保护基金援助计划（Land and Water Conservation Fund State and Local Assistance）、城市公园和娱乐提升计划（Urban Park and Recreation Recovery）、联邦公园用地计划（Federal Lands to Parks），通过这三项计划为美国老年人增加了大量的户外休闲体育场所。

第四，住房和城市发展部（HUD）。其主要负责管理开发和建设活跃成人社区（Active Adult Communities）、活跃老年社区（Active Senior Communities）、活跃退休社区(Active Adult Retirement Communities)等养老社区,在这些养老社区提供体育场地设施和丰富的体育项目服务、体育康复服务、体育健身课程等。

第五,国家环境保护局(EPA)。EPA在老年人体育健身服务供给方面发挥三个方面的作用,一是负责监督和管理社区环境。通过倡导在体育活动中节约能源、减少浪费和清理垃圾等措施,为老年人户外身体活动提供绿色社区环境。二是加强老年人健康教育,以减少环境变化对老年人健康的影响,如2016年出版了《气候变化与老年人健康》。此外,EPA还制定了《空气质量指数:空气质量与健康指南》,以防止老年人在户外锻炼时被空气污染损害健康。三是通过开展《建设积极老龄化健康社区:国家认证计划》(Building Healthy Communities for Active Aging:A National Recognition Program)促进老年人体育健身服务供给。该计划鼓励和奖励设计有老年友好社区和环境的现有社区和新社区,重点是社区使用"精明增长"和"积极老龄化"概念供给体育健身和活动服务,使老年人能够"就地养老"。该计划设立了两种奖项:一是"奉献奖",颁给参与"精明增长"或设计有老年社区的社区,这些社区拥有吸引人的、独特的、可步行的区域,老年人能够安全便捷地在居住社区进行身体活动。老年友好社区内包括住房、商店、办公室、公园等,老年居民可以选择步行、骑自行车、使用公共交通或开车等方式出行。二是"成就奖",表彰那些能够为50岁以上人口提供更多自主体育活动机会,并鼓励老年人定期进行健身活动的社区,健身活动包括散步、骑自行车和健身小径活动等。

2) 建立了明确的"体养融合"服务分级管理结构

美国"体养融合"服务具有明确的分级管理结构,美国卫生和公众服务部是国家层面的"体养融合"发展管理机构;在区域层面,56个州分别设立了老龄管理机构,联邦和州老龄机构负责社会服务、初级护理和中级护理;在地方层面,655个地方老龄机构负责初级护理,美国的各级老龄机构都把体育健身服务供给作为养老服务的组成部分,特别是在初级护理中把体育作为重要内容。根据1965年的《美国老年人法案》(OAA),美国卫生与公众服务部下设老龄署(Administration on Aging,AOA),负责建立一个由联邦、州和地方机构组成的全国性养老服务网络,以规划和提供养老服务,帮助老年人在自己的家庭和社区中独立生活。"养老服务网络"由56个州老龄机构、629个地区老龄机构、246个印第安部落和夏威夷土著组织、10 000个老年人中心、近20 000个服务供给组织和成千上万的志愿者组成,该网络被授权了一系列服务计划,其中包括许多促进老年人健康的身体活动计划。其后老龄署与社区生活管理局(ACL)合并,成为社区生活管理局的一个部门,并把更多的权力授予州政府,执行州政府老年人服务计划的责任也因此落在区域性老龄机构,由这些机构对当地服务供给者进行计划、协调和宣传,并向老年人直接提供"体养融合"服务。

3)社会组织积极参与老年人体育健身服务供给

目前,美国有众多的老年人社会组织共同致力于促进老年人健康,提高老年人的生活质量。美国退休人员协会(AARP)、美国老年人理事会(NCOA)、美国老龄化协会(American Society on Aging)、国家老龄研究所(NIA)、美国老年学会(Gerontological Society of America,GAS)、全国老龄问题地区机构协会(National Association of Area Agencies on Aging)和美国心脏协会等涉老社会组织是"体养融合"的主要供给者,这些社会组织实施了一系列老年人体育健身计划,如:美国老年人理事会(NCOA)健康老龄化中心推出了一系列循证的体育锻炼计划,有1 000多个基于社区的针对中老年人的体育锻炼计划(见表4-1),这些计划已被证明可以为老年人带来可衡量的健康益处。

表4-1 美国老年人理事会推出的体育锻炼计划

计划名称	主 要 内 容
积极选择 (Active Choices)	一个为期六个月的体育锻炼计划,可帮助老年人将偏好的体育锻炼纳入日常生活。
每天积极生活 (Active Living Every Day)	使用促进群体问题解决方法,将体育活动融入老年人日常生活,以改善老年人健康状况。
增强健身 (Enhance Fitness)	一种低成本、高度适应性的体育计划,1小时的小组课程包括伸展运动,柔韧性、平衡性训练,低强度的有氧运动和力量训练。
健康而强壮! (Fit and Strong!)	将灵活性、力量训练和有氧步行与健康教育相结合,以实现下肢关节炎的老年人持续行为改变。与全国各地的供给者合作,实施一项为期八周的计划,帮助老年人改善下肢僵硬、疼痛,提高力量、有氧能力、参与锻炼频率、热量消耗以及锻炼的自我效能。
Geri健身 (Geri-Fit)	一项渐进式的阻力力量训练计划,旨在增加力量、柔韧性、运动范围、活动性、步态和平衡。坐在椅子上(可选站立)进行锻炼,每周两次,为时45分钟。

续　表

计划名称	主　要　内　容
健康迈向老龄化 （ Healthy Moves for Aging Well）	一种简单、安全的家庭体育活动干预措施,是由护理合作伙伴开发和测试,以提高在家生活的虚弱、高风险、久坐老年人的身体活动水平的计划,安排向居家老年人提供服务。
轻松行走 （Walk with Ease）	关节炎基金会的"轻松行走"计划是可帮助参与者制定满足其特殊需求,保持活动能力、减轻疼痛和安全运动的步行计划。"轻松行走"为老年人带来了诸如增加体力活动、增加步行距离和速度、减轻疼痛和减少抑郁等好处。

资料来源:美国老年人理事会(NCOA)网站,https://www.ncoa.org/article/exercise-programs-that-promote-senior-fitness. Jan 01, 2021. Exercises for Older Adults to Stay Fit and Active (ncoa. org)。

此外,美国卫生部与基督教青年会合作,要求全国 850 个基督教青年会协会举办代际体育活动,以增加美国年轻人和老年人一起参与体育活动的机会;美国国家卫生研究院(NIH)与由公共和私人伙伴组成的多元化团体合作,在 2011 年推出了针对 50 岁以上人群的全国性体育活动促进计划Go4Life,旨在鼓励老年人通过将体育活动作为日常生活的一部分来获得健康益处,州和地区卫生官员联合会呼吁所有州和地区卫生部门支持老年人体育活动,这是在联邦层面实施的鼓励老年人提高体育活动水平的计划,目标是使体育活动成为健康老龄化的基石。

4.1.1.3　完善的老年人体育公共空间和设施供给体系

1) 注重户外休闲体育公共空间供给,增加老年人户外健身活动参与机会

美国政府注重为各类人群规划、建造和保护开放空间和户外运动休闲场所,为老年人创造户外运动机会。美国国家公园管理局的社区项目为 350 多个社区改善公园、建立小径,通过州一级的水土保护基金(LWCF)为各州和地方政府提供配套补助金,用于购买和开发公共户外休闲体育区和设施,在其最初的 49 年(1965 年至 2014 年)中,LWCF 提供了超过 167 亿美元的资金,用于购买新的联邦休闲体育用地,向各州和地方政府提供了 40 400 笔补助金,通过匹配投入制,获得总计 82 亿美元的资金。10 600 笔补助金被用于购置公园和娱乐用地,其中包括 3 200 个"组合"项目,用于土地购买和初步娱乐开发。除上述"组合"项目外,还有 26 420 笔用于发展娱乐设施的补助金,为重建或改造旧的娱乐设施提供 2 760 笔补助金,包括改善残疾人士的通道,641 笔国家计划拨款被用于增加

户外运动潜在人口。根据 LWCF 拨款计划,已批准向州和地方提供超过 40 000 笔拨款,用于购买、开发和规划美国的户外休闲体育场所,在全国各州和地区开发基本的休闲体育设施,总资金中有 75% 用于当地资助的项目,以便为美国老年人以及身心障碍者提供方便的家庭休闲体育机会,除了数以千计的小型娱乐区外,补助金还有助于开发州或国家重要的新公园。

2）社区体育场地设施供给力度大

美国注重利用社区体育场地设施保障老年人体育参与需求,联邦、州和地方政府非常重视修建和盘活大量城市公共体育场地设施,地方政府采用各种措施,多渠道开发体育场地设施资源,如在城市公园、社区中心建设体育场地设施,大范围地开放学校体育场地设施,加强公园、社区体育设施无障碍改造和建设,在社区提供室内和室外草坪、球场、水上运动等场地设施,供老年人体育健身活动使用。美国主要采用四个措施加大社区体育设施供给力度,首先,利用政策推动了社区体育场地设施建设。《健康公民 2000》中明确规定了到 2000 年社区公共体育设施的配套目标,即："美国社区每 10 000 人要建 1 英里①野营、自行车或健身路径,每 25 000 人要建一个公共游泳池,每 1 000 人要建 4 英亩②开放的休闲公园。"并把增加社区体育中心的数量作为一个重要的考核指标[59],该政策促进了美国公共体育场地设施的建设,为老年人提供了大量免费或低价、便利、可及的体育场地设施。此外,美国国家公园管理局的十年计划 Misson66 规定了社区公园体育设施的配套标准。其次,地方政府设立专门机构管理社区体育场地设施。各地方政府部门普遍设立了公园与休闲娱乐部（Department of Parks and Recreation）,负责管理社区体育场地设施,督促和引导公园与社区中心场地及体育休闲设施对公众基本免费或选择性收费,管理和出资维护体育场地设施。美国的绝大部分社区都建有社区体育中心,中心室内外配套设施齐全,联邦政府负责制定社区体育中心各类设施的建设标准,并出台政策要求各州具体执行,公园与休闲娱乐部负责具体管理和运营,社区体育中心为老年人体育活动的开展提供了得天独厚的条件。再次,专门的社会组织参与供给。美国休闲与公园协会（National Recreation and Park Association，NRPA）是一个专门为社区居民提供健身休闲服务的非营利性组织,通过社区体育场地设施供给和各种健身娱乐活动,促进社区健康和福祉：一是积极参与社区休闲体育场地设施的管理,盘活

---

① 英制长度单位。1 英里＝1.609 344 千米。
② 英美制面积单位。1 英亩＝0.004 047 平方千米。

和有效利用现有的体育场地设施供社区成员开展体育健身活动,向社区全部成员提供平等的休闲体育机会;二是以社区成员体育需求为导向,利用社区体育场地设施与有关体育组织合作,制定体育健身活动计划,组织开展体育健身活动;三是协调多元主体合作供给社区体育健身服务。沟通协调各政府部门、社区、体育协会、体育俱乐部等有关组织,通过投入人财物等手段最大限度满足社区居民的各种体育需求。[60]最后,注重社区体育场地设施与社区中心衔接。社区中心是老年人体育活动和养老服务供给的重要场所,美国社区中心通常与公园相结合,公园里除了有健身路径、自行车和跑步专用道等,还设有室内、室外体育场地设施,室内主要包括篮球场、羽毛球场、台球室、乒乓球室、健身房、游戏室等多种设施,室外主要包括有灯光的网球场、篮球场、足球场和棒球场等。

4.1.1.4　建设老龄友好社区,促进"体养融合"供给

美国经济发达,老年人口绝对规模较大,在养老社区的建设方面有着丰富的经验,拓展了"体养融合"空间,例如:加利福尼亚太阳城阴影山养老社区设有多家体育健身俱乐部,提供各种类型体育健身设施。此外,养老社区的俱乐部还为老年人提供健美操、水上健身、地掷球、保龄球、普拉提、瑜伽等健身课程。同时,在养老社区成立了许多老年人体育社会组织,提供了大量的老年人体育组织服务,如:乒乓球俱乐部、垒球俱乐部、台球俱乐部、桥牌俱乐部、网球俱乐部等体育组织。

1) 老年人社会组织积极推动健康养老社区建设

美国退休人员协会的宜居社区建设(Livable Communities)在社区提供适合老年人的住房和交通选择,使老年人获得所需服务,同时为各年龄段居民提供参与社区生活的机会。美国全国区域老龄机构协会(National Association of Area Agencies on Aging,N4A)致力于推动健康老龄化、老年人参与、宜居和痴呆症友好型社区建设,帮助老年人和残疾人长时间地在社区享有尊严和选择是其重要使命,该协会通过合理规划社区布局,配备充足体育娱乐设施,提供多样化的老年人健康与安全服务,促进老龄友好型社区建设。最有代表性的老年友善社区建设项目分别是宜居社区建设(Livable Communities)、就地养老建设(Aging in Place)、老年友善城市建设(Aging-Friendly Cities)和积极老龄化建设(Advant Age Initiative)。前两个社区项目是由非营利性组织推动的,分别是美国退休人员协会(AARP)和全国区域老龄机构协会(N4A),后两个是地方政府

推动的项目,这些项目为"体养融合"政策的推广提供了良好支撑。

2) 多样化的养老社区建设模式

美国建设有多种养老空间,包括活跃成人社区(Active Adult Communities)、活跃老年社区(Active Senior Communities)、活跃退休社区(Active Adult Retirement Communities)等适合老年人集中居住的空间,为老年人提供各种体育健身服务创造了平台,特别有利于适老化体育健身设施的供给。活跃退休社区(Active Adult Retirement Community,AARC)是指以满足健康活跃老年人的养老需求为目标而建设的商业住宅项目,其住宅只出售给55岁以上的老年人,社区内提供高尔夫球场、网球场、游泳池、休闲会所等大量运动、娱乐设施,以会员制度向业主提供服务。AARC塑造了一种积极的退休生活方式,因此又被称为"休闲退休社区"(Leisure or Lifestyle Oriented Retirement Community)。

美国在社区养老服务中注重提供基于社区的体育锻炼计划,主要运用了6种方法:① 提供专门为老年人设计的有氧运动、强化运动和柔韧性活动;② 注重加强城市建成环境促进身体活动,鼓励购物中心和其他室内或受保护的地点在任何天气下提供安全的行走场所;③ 确保体育锻炼设施适应并鼓励老年人参与;④ 为老年人提供前往体育锻炼的公园或设施的交通工具;⑤ 鼓励医疗保健提供者定期与老年患者讨论如何将体育锻炼融入生活;⑥ 计划为老年人提供体育锻炼的机会的社区活动。活跃老年社区提供便利的体育场地设施,老年人通常可以轻松使用健身中心和游泳池等设施,许多社区内部或附近都有高尔夫球场、网球场和步行道,同时社区成立了俱乐部和志愿者团体,为老年人提供体育健身指导和集中健身服务,增加老年人社交的机会。

4.1.1.5 健全的体育志愿服务支持体系

美国非常重视志愿者的培养,在本国或国外开展志愿服务。1961年,美国总统约翰·肯尼迪创立了和平队,旨在提供训练有素的志愿者帮助发展中国家减轻贫困、文盲和疾病,到21世纪初,和平队已经向135个国家派遣了超过163 000名美国志愿者。1964年,林登·约翰逊总统签署了《经济机会法案(1964)》,该法案创立了为美国服务的志愿者计划(Volunteers in Service to America,VISTA);1973年,美国国会在一个新的联邦"行动"机构中将VISTA与和平队合并,其成为运行所有国内志愿者计划的机构。在志愿服务发展长期的过程中,美国积累了一定经验,形成了健全的体育志愿服务支持体系。

1）立法保护志愿服务

志愿服务对美国社会发展至关重要，政府通过立法加强保障。1973 年美国出台了《国内志愿者服务法》（Domestic Volunteer Service Act of 1973），该法案明确美国志愿者的工作目标，规定了志愿者的招募、培训、监督与管理等具体事宜，在法案的保障下，国家和社区服务公司利用法案授权的计划，与其他联邦、州和地方机构协调与合作。此后，该法随着美国经济社会环境发展变化而不断配合修正，以顺应时代的需要，修正时间分别是 1976 年、1979 年、1983年、1986 年、1989 年。1990 年通过了《国家和社区服务法（1990）》（National and Community Service Act of 1990），旨在要求美国公民，无论年龄或收入，都应向国家提供全日制或兼职志愿服务，以联邦、州和地方计划和机构的现有组织框架为基础，为所有公民特别是老年人提供全职和兼职志愿服务机会。1997 年颁布了《志愿者保护法》（Volunteer Protection Act of 1997），旨在通过限制志愿者在为非营利组织或政府实体行事时承担侵权责任的风险，并在许多情况下完全消除这种风险，从而促进志愿精神。一系列与志愿服务相关的法律相继出台，为老年人养老和体育健身提供了大量志愿服务，形成了浓厚的志愿服务文化。在健全的志愿服务法的保障下，美国每年有 3 800 万人无偿地从事社区志愿服务，其中至少有 1 700 万人从事社区体育服务。

2）建立了体育志愿服务激励机制

体育志愿者已经成为推动美国老年人体育服务的重要力量，公园、医院、疗养院、养老社区中活跃着大量体育志愿者，为老年人提供体育志愿服务。根据"2018 年美国志愿服务报告"（2018 Volunteering in America Report），2017 年，美国有 7734 万成年人（30.3%）参加了志愿服务，参加志愿服务的时间累计近 69亿小时，志愿者提供的服务价值估计为 1 670 亿美元；志愿者的比率一直保持稳定和强劲发展势头，在过去 15 年中，美国人提供志愿服务 1 200 亿小时，估计价值 2.8 万亿美元；在众多志愿者中，有 12.05% 的志愿者从事体育方面的志愿服务工作，例如教练、裁判员或俱乐部管理、在俱乐部或健身房担任健身指导，至少有 1 700 万人从事社区体育服务，占总人口的 5.5%。志愿者活跃在体育俱乐部、体育社会组织和社区体育中心，为老年人提供多样化和科学化的体育健身指导和组织管理服务，通常志愿者都是某些体育社会组织的会员，其接受过组织化和专业化的培训和管理，这些志愿者共同构成了健全的体育人力资源体系。

为了鼓励体育志愿者持续地为美国体育发展服务，美国建立了志愿服务激励机制：一是通过税收减免、建立体育志愿服务组织网站等方式激励公民体育志愿服务供给[61]；二是设立志愿服务奖。具有代表性的志愿服务奖是总统志愿服务奖（President's Volunteer Service Award），该奖励计划始于 2003 年，旨在鼓励和奖励美国引以为豪的志愿服务传统，表彰达到一定志愿服务时长标准的个人、家庭和团体，该奖包括金、银、铜以及终身成就奖 4 个奖励级别，都有相应的工时要求（见表 4-2），如：在 1 年内，11～15 岁的学生的志愿工作时间达到 50 小时以上，16 岁及以上的学生达到 100 小时，就可以获得该奖项。

表 4-2 每个年龄段获得奖励所需时间

年　　龄	铜	银	金	终身成就奖
儿童（5～10 岁）	26～49 小时	50～74 小时	75 小时以上	4 000＋小时
青少年（11～15 岁）	50～74 小时	75～99 小时	100 多个小时	4 000＋小时
年轻人（16～25 岁）	100～174 小时	175～249 小时	250 小时以上	4 000＋小时
成人（26 岁以上）	100～249 小时	250～499 小时	500 多个小时	4 000＋小时

资料来源：https://www.nationalservice.gov/serve/via/rankings。

4.1.2　英国

英国是最早进入老龄化社会的发达国家之一，1929 年，英国 65 岁及以上人口占总人口比例为 7％，正式进入老龄化社会，到 20 世纪下半叶，英国人口一直在稳步趋向老龄化，2018 年年底，英国 65 岁及以上老年人达到 1199 万，占总人口的 18.1％，预计到 2030 年，英国每五个人中就有一个 65 岁或以上的老年人（21.8％），到 2066 年，65 岁及以上的英国居民人数将达到 2 040 万，占总人口的 26.4％（见图 4-2）。据估计，英国每年为缺乏运动付出 74 亿英镑的代价，其中仅英国国家医疗服务体系（National Health Service，NHS）就花费了 9 亿英镑。与 20 世纪 60 年代相比，英国的人口活跃度降低了约 20％，如果目前的趋势继续下去，到 2030 年英国的人口活跃度将下降 35％。许多人没有意识到体育锻炼对身心健康的重大意义，体育锻炼可以帮助预防和控制 20 多种慢性病，包括某些癌症、心脏病、2 型糖尿病和抑郁症。伦敦取得 2012 年夏季奥运会主办权，这提高了英国的老年人体育参与率，英国文化、传媒和体育部的调查结果显示，

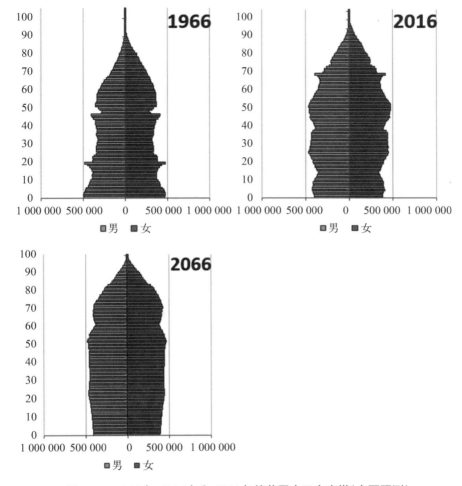

图 4 - 2　1966 年、2016 年和 2066 年的英国人口金字塔(主要预测)

资料来源：2016 年英国国家统计局主要人口预测。

2005 年以来,越来越多的老年人加入体育健身行列,在占英国总人口 80％以上的英格兰地区,65 岁以上老年人参加体育锻炼的比例增幅明显,按每周至少参与一次 30 分钟中等强度运动统计,65～74 岁年龄段的参与率从 2005 年的 27％增至 2012 年的 31.3％,75 岁以上年龄段的参与率也从 11.3％增至 15.6％。然而,尽管老年人体育参与率逐年提高,但成年人活跃程度仍然随年龄增长而降低,英格兰体育理事会"活跃生活成人调查(2017—2018)"研究表明,人群不活跃比例随年龄递增,不活跃比例递增情况如下：16％(16～24 岁)、19％(25～34 岁)、21％(35～44 岁)、22％(45～54 岁)、26％(55～64 岁)、29％(65～74 岁)。

其中,75 岁以上的人不活跃率超过 47%。为了在人口老龄化不断加重的背景下改善这一趋势,英国采取了多种举措促进老年人体育的发展。

4.1.2.1　英国"一臂之距"的老年人体育服务管理模式

英国管理大众体育事务的权力下放给半官方机构英格兰体育理事会(Sport England),国家体育战略实施中的草根体育和体育参与的任务主要由英格兰体育理事会代表英国数字、文化、媒体和体育部(Department for Digital,Culture,Media and Sport,DCMS)实施。威尔士、苏格兰和北爱尔兰的体育由其行政当局负责,作为英国老年人体育管辖的部级部门,DCMS 与健康和社会护理部(Department of Health and Social Care,DHSC)、住房、社区和地方政府部(Ministry of Housing,Communities and Local Government,MHCLG)、工作与养老金部(Department for Work and Pensions,DWP)共同促进老年人体育活动的参与,为老年人体育养老提供各种支持:住房、社区和地方政府部主要负责社区体育场地设施的规划、建设和管理,统一推进老年人体育计划;数字、文化、媒体和体育部为基层体育及健身或康乐设施的供给者提供指导,并通过英格兰体育理事会推行各种老年人身体活动项目与体育计划;健康和社会护理部通过与各类社会组织合作为各种养老形式的老年人提供体育服务;工作与养老金部通过实施健康老龄化战略为老年人提供体育公共服务。

在"体养融合"服务的管理过程中,英国政府主要采用"一臂之距"原则,其实质就是政府对老年人体育的间接管理方式,政府将包括老年人体育在内的公共体育发展方面的经费分配、管理评估等权力下放给准政府中介机构英格兰体育理事会,赋予英格兰体育理事会更多的发展空间,而英国国家医疗服务体系(NHS)、英格兰公共卫生局(Public Health England,PHE)和体育社会组织与英格兰体育理事会密切合作,共同制定促进老年人体育健身的政策,监测老年人身体活动水平和体质健康。政府与英格兰体育理事会和各级体育社会组织之间无直接隶属,而是一种"委托—代理"关系,政府与社会力量职能边界清晰,各司其职,共同促进老年人公共体育服务的供给:一方面,英国数字、文化、媒体和体育部(DCMS)主要通过出台体育政策与分配财政拨款来实现其公共体育服务的职能,并不直接管辖体育组织和机构,老年人体育服务的生产交由半官方机构的各类体育理事会和 NHS 负责执行,各体育理事会根据各地区老年人体育发展需要具体分配拨款,通过拨款给各地区的体育社会组织,调动他们提供老年人公共体育服务的积极性,形成社会力量参与体育事业管理的网络体系。另一方面,具有半官方特点的各级体育理事会行使着政府赋予的管理体育事务和分配体育资源的权力,但是,与隶属于政府的 DCMS 按照"一臂之距"的原则独立运行,政府与议会对其进行监督和评估。这种公共体育服务治理模式,推动了英国政府和英格兰体育理事会以及各类地方体育理事会与地方政府在公共体育服务领域的合作共治。

4.1.2.2　英国"体养融合"发展经验

1）健全完善的政策法规保障

第一,法律保障。依法治理是"体养融合"发展的保障,能够促进老年人体育健身服务的规范化、标准化和科学化发展,英国注重立法先行保障"体养融合"发展,2010 年英国出台的《平等法案(2010)》(Equality Act 2010)使老年人体育权利得到有效保障,促进了老年人体育健身服务供给的法治化,该法规定:禁止在提供服务和公共职能方面对老年人进行年龄歧视,禁止对保健或社会护理服务进行年龄歧视,这意味着 PHE、NHS、Sport England 和社会护理组织的任何基于年龄的做法均受禁止,老年人能够公平地享受到相应的服务。此外,《平等法案(2010)》还要求公共部门制定政策时,消除歧视,促进机会均等。在《平等法案(2010)》的框架下,各个领域都根据本领域发展的需要和特点制定相应的配套法案,其中,配套法案《服务和公共职能中的年龄歧视禁令:私人俱乐部的指南》规定:在老年人体育健身服务供给上,允许私人体育俱乐部和协会为 65 周岁以上老年人提供免费或优惠的体育健身服务。《平等法案(2010)》对英国老年人体育产生了重大影响,包括促进老年人社区体育设施和体育俱乐部的使用。

第二,健身指南的科学引领。英国非常注重老年人科学健身知识的推广,老年人健康促进的相关组织为老年人制定了体育健身指南和建议,如:2019 年英国制定了专门的《老年人身体活动指南》(Physical Activity Guidelines for Older Adults),为老年人参与体育锻炼提供科学指导。该指南认为老年人应该每天做一些体育活动,任何类型的活动都对身体有好处,而且在一定范围内做得越多越好。2015 年,NHS 与英国老龄理事会(Age UK)、英国公共卫生局合作颁布了《健康老龄化实用指南》(A Practical Guide to Healthy Ageing),该指南指出体育活动的价值,并提出适合老年人运动的体育项目,如快走、交际舞、走楼梯和游泳等,还提出了增加力量的训练方法。2017 年 8 月 24 日,英国卫生部下属的英格兰公共卫生局(PHE)发布了《每日十分钟快步走对中年人的健康益处及相关建议》,旨在鼓励大量没有锻炼习惯的英国中年人每日进行十分钟快步走,以提升他们的身体活动水平和健康状况,节省医疗开支。

此外,英国针对慢性老年病患者制定了"体医融合"的体育健身指南。阿尔茨海默病是一种发生于老年期的进行性认知障碍和记忆力损害为主的中枢神经系统退行性病变性疾病,已成为影响全球的重大公共健康问题,据统计,截至2016年,英国有超过850 000人患有"阿尔茨海默病",许多患者在参加活动时遇到障碍,包括难以在体育设施周围导航并记住如何在健身房和休闲中心使用设备,因此,2019年,在英国国家彩票资金资助下,英格兰体育理事会与阿尔茨海默病协会合作制定了《痴呆友好型体育和身体活动指南》(Dementia-friendly Sport and Physical Activity Guide),旨在帮助体育部门降低阻碍痴呆症患者参加体育和身体活动的障碍,包括在社区娱乐休闲中心、社区大厅和体育俱乐部等老年人养老场所配备相关资源,以帮助痴呆症患者参与体育活动,满足老年人的体育健身需求。

第三,政策的有力推动。在英国政府的主导下,健康部门、养老部门与体育部门单独或积极合作制定促进老年体育健身服务的政策,推进老年人养成积极健康的生活方式、促进体育锻炼和增加身体活动水平。老年人在身体活动中代表性严重不足,在各种体育发展战略中都被作为优先考虑的群体,2002年颁布的《行动计划:政府体育与身体活动目标递送战略》(Game Plan:A Strategy for Delivering Government's Sport and Physical Activity Objectives)指出:到2020年的目标是显著提高体育活动水平,特别是老年人等弱势群体的体育活动水平,重点加强对老年人等弱势群体的干预。2005年英国健康部制定的《选择活动:身体活动行动计划》(Choosing Activity:A Physical Activity Action Plan)指出老年人是该计划的重点群体。《英格兰体育理事会2016—2021战略:迈向积极国家》(Sport England's Strategy 2016-2021:Towards an Active Nation)提出:英格兰体育理事会投资大众体育将优先考虑目前参与体育活动人数不足的群体,包括妇女、老年人、残疾人和社会经济背景较低的人,保障身体活动不足的老年人获得投资收益。2015年,英国颁布了一项跨政府战略《体育未来:积极国家新战略》(Sporting Future:A New Strategy for an Active Nation),旨在通过跨部门协作解决英国体育参与水平低下和身体活动严重不足的问题,强调吸引妇女、残疾人、社会经济背景较低群体和老年人等代表性不足的群体参加体育运动。2003 年 3 月发布的国家体育战略《21 世纪体育：塑造苏格兰的未来》(Sport 21：Shaping Scotland's Future)强调：年龄不应成为参与的障碍，并提出到 2007 年的战略目标是 45～64 岁的人中有 43％每周至少参加一次体育运动。作为这一战略的补充，2003 年苏格兰新的体育活动战略《让我们使苏格兰更加活跃》(Let's Make Scotland More Active)，旨在增加和保持苏格兰体育活动人口的比例。这两项战略都将增加老年人口体育参与和提高身体活动水平列为部门的优先事项。

此外，英国的养老政策也十分注重老年人身体活动要素。2001 年 3 月，英国卫生部颁布的《老年人国家服务框架》(National Service Framework for Older People)被认为是确保为老年人提供公平、高质量的综合保健和社会护理服务的第一个综合战略，加强老年人积极健康的生活方式是其四大关注主题之一，促进体育锻炼和增加身体活动水平是 NHS 和其他机构养老服务的重要内容。该战略建立在《更健康的国家》《全国冠心病服务框架》《NHS 癌症计划》等战略计划的基础之上，把增加身体活动水平、鼓励健康饮食、支持戒烟以及识别和控制高血压等作为预防老年人中风与冠心病的干预措施。

2) 推广形式多样的老年人身体活动计划

为了吸引更多老年人参与体育健身，英国推出了一系列适合老年人的体育健身计划。第一，"健康步行"计划(Walking for Health)。该计划是英格兰最大的健康步行网络，在英格兰体育理事会的支持下由 Ramblers(漫步者)协会运行，具有两个方面特征，一是政府与社会组织通力合作治理。Ramblers 与政府、地方当局和社区团体合作，帮助老年人通过日常步行实现身体活动指南推荐的日常锻炼量。Ramblers 步行健康团队为整个方案提供战略指导，并为计划提供支持和免费资源，如培训、保险和国家推广。二是规模大，老年人参加比例高。Ramblers 协会拥有 360 多种主动步行计划，帮助中老年人养成更加积极的生活习惯，2016—2017 年，健康步行计划平均每周组织 1 800 次步行健身活动，平均每次步行人数为 14 人，至少有 82 000 名参与者参加了一次或多次步行健身，大约总计 120 万人参加了步行活动，其中 65 岁以上老年人占 58.5％。地方健康步行计划由各种组织管理，包括地方议会、国民保健服务、慈善机构和志愿团体[62]。第二，"爱活动(Love to Move)"计划。英国体操基金会(British Gymnastics Foundation)发起了坐在椅子上进行体育锻炼的项目，被称为"爱活动(Love to Move)"计划。"爱活动"计划是一项经过特别设计的、适合老年人和阿尔茨海默病患者的计划,通过执行该计划,老年人能够改善平衡,提高日常生活自理能力,同时可以改善痴呆症患者的健康状况,帮助他们提高生活质量。英国体操基金会在英国的多个养老院和社区中实施"爱活动"计划,为参与健身计划的老年人提供了改善生活的机会。第三,"今天 10 分钟"(10 Today)。该项目是英国智库 Demos 与英格兰体育理事会等合作推出的一个 10 分钟有声全国性体育锻炼节目,主要针对老年人群体,重点是让老年人做一些伸展运动,通过 BBC Sounds 播放,目的是让体育活动成为老年人日常生活的一部分,帮助老年人免受不良健康和疾病的困扰,改善心理健康和保持独立性。第四,坐式"无板篮球"计划。伦敦体育理事会为了解决与晚年生活相关的低水平身体活动,在养老院中开展了坐式"无板篮球"计划,通过坐式无板篮球计划,为老年人提供了更多的社会和社区参与机会,利用体育的力量使老年护理院的老年人心理健康产生积极变化。第五,步行和骑行计划。2014 年英格兰公共卫生局颁布的《每个人每天都活跃:体育活动框架》和 2015 年英国数字、文化、媒体和体育部颁布的《体育未来:积极国家新战略》都认识到步行和骑自行车对促进身心健康的积极作用,英国政府通过制定步行和骑行投资战略落实这项政策,英国交通部(Department for Transport)在 2017—2020 年间投资 3 亿英镑支持步行和骑行计划,并设定了明确的目标,这项投资为老年人步行活动创造了更好的条件。第六,老年健康计划。英国爱丁堡休闲中心(Edinburgh Leisure)为 50 岁及以上的成年人开设了一个老年健康计划,在社区为 400 多名 50 岁以上的成年人提供服务,并得到志愿者的支持,活动包括游泳、"坐式"锻炼、骑自行车、跳舞、冰壶和散步等。该计划由 NHS 资助,由爱丁堡休闲中心与皮尔门尼发展项目(Pilmeny Development Project)合作运营。

3)多元主体协同参与"体养融合"发展

在"小政府,大社会"的社会治理理念指导下,英国参与老年人体育健身服务供给的主体呈现多元化的特点:

第一,政府多个部门协同参与推进促进老年人体育参与。为了积极推动老年人和接近退休年龄的人的健康活动,威尔士政府、威尔士体育理事会和威尔士公共卫生部在 2019—2022 年的 3 年内共同提供了 540 万英镑的健康和活动基金(Healthy and Active Fund,HAF),旨在通过提供健康、崇尚体育的生活方式来提高威尔士人民的身心健康水平,该基金优先考虑加强体育健身服务均等化,老年人和即将退休人员是优先和主要资助对象[63]。英国卫生部(DH),环境、食品和乡村事务部(Department for Environment, Food and Rural Affairs),英国交通部共同资助"健康步行"(WfH)计划,在英国形成了一个以中老年人为主体的健康步行计划网络,已经帮助近 75 000 人在当地自然环境中定期步行,鼓励人们在当地社区进行更多的体育活动,并帮助解决与缺乏体育锻炼的现代生活方式有关的健康问题。

第二,专门的老年人社会组织供给老年人体育健身服务。英国老年协会(Age UK)拥有众多的地方机构,他们在当地为老年人提供锻炼和身体活动服务,运行锻炼课程,如"坐式"舞蹈、普拉提、瑜伽、步行俱乐部、步行足球等身体锻炼课程来帮助老年人提高健康水平。Age UK 下属的养老机构日托中心也在训练有素的工作人员和志愿者的支持下,为老年人提供实际帮助和社交机会,这其中就包括低强度的体育锻炼。老龄行动联盟(Age Action Alliance)通过其 500多个成员组织促进老年人的体育活动和健康生活,其中一个工作重点就是促进公共健康与积极的生活方式,而寻找好的实践方法促进老年人参与体育活动一直是其不断探索和加强的方面,如:Age UK 发起了"非常健康"(Fit as a Fiddle)活动计划、"乒乓关怀行动"计划、老年人游泳健身核心课程(Swim Fit Core Offer)等。

第三,其他社会力量积极参与老年人体育健身服务供给。英国体育理事会和大彩票基金共同资助的"活跃英格兰"计划(Active England),目的是通过积极促进体育运动和其他形式的健康锻炼,改善个人和整个社区的健康和福祉,该计划共获得 9480 万英镑的奖金。主要有两个目标:一是为在体育、社会方面参与不足、健康丧失的群体创造可持续的、创新的多种活动环境;二是增加社会各阶层体育活动参与,特别是体育活动参与方面代表性不足的社会阶层,确保体育部门和主要合作伙伴采用新的工作方式。而老年人和残疾人是"活跃英格兰"项目的专门针对群体,各地在实施这项计划中充分体现了对老年人群体的关注,例如:英国贝德福德郡首府就推出了以老年人为重点对象的"积极贝德福德"(Active Bedford) 项目,为贝德福德及其周围的老年人提供了体育活动课程,该项目与当地社区团体、跌倒预防顾问、健康访客和地区护士合作,促进老年人身心健康。英国德比学院开放了学校的体育设施,让老年人和残疾人可以使用每一个设施,满足了社区养老服务的需要,极大地增加了老年人和残疾人体育参与机会,并使学生得到更全面的教育和对体育参与的深刻认识[64]。

4）注重"体医融合"人才的培养

"体医融合"人才是实现健康老龄化的重要保障。研究表明,如果有全科医生或护士的建议,四分之一的人会更加积极主动地参与体育活动,但是由于缺乏知识、技能或信心,近四分之三的全科医生没有谈论身体活动对患者的益处。医疗保健专业人员能够接触大部分人口,每两周就有超过十分之一的人去看家庭医生,每天有 120 万人去社区药房看健康相关的医生,而在医生和护理人员的服务对象中,老年人占比最大。英国有超过 65 万名医疗保健专业人员,估计每人在其职业生涯中都会接待近 50 万名患者,全科医生的建议被认为是值得信赖的建议来源,因此,医疗保健专业人员对身体活动的看法以及如何将其作为处方提出来,能够对老年人身体活动的水平产生重要影响。运动医疗保健专业人员计划(MHPP)是英格兰体育理事会和英格兰公共卫生协会领导的一项国家合作计划,用于支持医疗保健专业人员提高体育活动知识和技能,并将身体活动纳入常规护理,以支持质量改进和患者更好的恢复结果,向公众宣传身体活动的益处,提供免费的同行指导培训和实用资源,以支持医疗保健专业人员实施身体活动指导,例如身体活动对 2 型糖尿病、心脏病和某些癌症的辅助治疗作用。为了加强全科医生体育健身知识和技能的培训,英国制定了相关政策,如:国家身体活动框架"每个人每天都活跃"(Everybody Active Every Day)强调了医疗保健专业人员在增加人们身体活动方面的关键作用,并支持政府的《体育未来:积极国家新战略》将体育和身体活动纳入护理内容的目标。科学规律的身体活动是高质量生活的最佳选择,到 2019 年,英国超过 28 000 名医疗保健专业人员接受了"体医融合"培训。

5）资助来源的多元化

《2019—2020 积极成人调查报告》(Active Lives Adult Survey 2019 - 2020 report)显示:55～74 岁人口中身体活动不足比例达到 27%,75 岁以上的人比例为 49%。为了提高老年人体育参与水平,增加经费投入是必要途径。英国公共体育服务经费来源多种多样,主要包括中央和地方政府财政、国家彩票、企业和个人捐助、体育基金会资助、志愿部门融资。英国政府对公共体育服务资助呈现三个特点:

第一,政府财政拨款的间接性。英格兰体育理事会行使政府赋予的公共体育服务资金的分配权力,其独立性、专业性和自治能力强,能够从专业的视角合理分配和监督政府资金,用于公共体育服务的财政拨款不是直接拨到企业、体育社会组织和个人,而是通过中介组织英格兰体育理事会来分配,用于实现公共体育政策目标。

第二,国家彩票资助。国家彩票是英国公共体育服务的主要经费来源,资助对象包括英国体育理事会、英格兰体育理事会和各地方体育理事会(苏格兰、威尔士和北爱尔兰体育理事会),其中英格兰体育理事会的规模和影响力最大,主要负责公共体育服务供给。解决老年人不运动问题是英格兰体育理事会的战略核心之一,英格兰体育理事会通过诸如"我们不可战胜"(We Are Undefeatable)和"积极老龄化"(Active Ageing)基金,资助促进老年人身体活动的各类计划,鼓励更多老年人积极参与体育活动,成为"积极国家"战略的关键部分。英格兰体育理事会"积极老龄化"基金将老年人置于解决不活动问题努力的核心,将高达 1 000 万英镑的国家彩票资金投资于英格兰各地的 20 个促进老龄人体育参与的项目,这些项目旨在减少不活跃老年人数量,资助的项目还利用体育运动和身体活动来帮助解决诸如心理健康不良、阿尔茨海默病、丧失亲人引起的孤独和上瘾等问题。"我们不可战胜"身体活动促进资助计划是一项全国性的运动,由 15 家领先的医疗保健和社会护理慈善机构合作开展,于 2019 年 8 月启动,旨在帮助英格兰 1 500 万患有糖尿病、癌症、关节炎和帕金森病等一种或多种慢性疾病的老年人增强体育锻炼的能力。许多致力于促进老年人身体活动的社会组织获得了这两项计划的资助,如:2017 年,"活跃多塞特"(Active Dorset)计划获得"积极老龄化基金"659 300 英镑,其为 55~65 岁人群提供各种促进身体活动的计划;英格兰足球联盟信托基金(English Football League Trust)获得"积极老龄化基金"499 999 英镑,其主要为英格兰 15 个社区俱乐部 55 岁以上的人口提供体育服务;英国体操基金会(British Gymnastics Foundation)获得"积极老龄化基金"499 991 英镑,其主要为阿尔茨海默病或退行性疾病人群提供体育服务。

第三,引导社会力量投入。社会力量是英国公共体育服务资金的重要来源,政府通过激励和引导措施促进社会资本投入公共体育发展,主要采用三种措施,一是用税收优惠政策鼓励民间捐赠。英国《个人所得税法 2007》(Income Tax Act 2007)和《金融法 2014》(Finance Act 2014)规定:个人向慈善机构或社区体育俱乐部捐款免税,向体育社会组织捐赠的企业可以获得企业所得税优惠,个人捐赠可以获得个人所得税、遗产税或赠与税等优惠。二是建立体育基金会。各类体育基金会是第三方资金管理平台,既能够获得政府公共体育服务经费,也可以面向社会募集更多的资金投入公共体育服务。如:英国体操基金会、妇女体育与健身基金会(Women's Sport and Fitness Foundation)、社区体育基金会(Community Sports Foundation)、萨拉森体育基金会(Saracens Sport Foundation)等。三是企业资助。英国从事体育博彩业的帕迪鲍尔必发集团(Paddy Power Betfair)通过履行企业社会责任的方式资助 Cash 4 Clubs 计划,为社区体育俱乐部提供补助金以改善设施、购买设备、开展教练员培训,帮助社区体育俱乐部支撑和发展,自 2008 年以来,Cash 4 Clubs 体育资助计划已向 373 个社区体育俱乐部捐款超过 300 000 英镑[65]。四是社会组织资助。英国一些非政府组织资助公共体育服务,例如,英国心脏基金会(British Heart Foundation)资助国家"健康步行"计划(Walking for Health)和"国家计步器计划"(National Step-O-Meter Programme)两项大规模的步行活动计划[66]。

第四,地方政府财政投入。中央政府对公共体育服务的财政资助是有限的,英国通过分权改革,使地方政府获得了一定程度的自治权力,激发了地方政府对公共体育服务投入的积极性,2013—2014 年苏格兰体育理事会收入中,苏格兰政府资助 4 315 万英镑,国家彩票资助 2 754 万英镑,政府投入超过彩票资助[67]。地方政府对公共体育服务的资助通常采用购买的形式,对社区、体育社会组织、志愿组织而言,政府的财政拨款对象不是固定的,而是引入竞争机制,采用委托和项目申请的方式。健康老龄化社区体育计划是由北爱尔兰老龄问题组织与北爱尔兰体育理事会和大彩票基金合作制定的,这项计划旨在增加老年人参加身体活动和体育运动的机会,并提高市政局经营的休闲设施利用率。

6) 建立合作伙伴关系

"伙伴关系"是指行为主体间为实现共同目标,通过共同行动,按照利益互惠和风险共担原则建立的合作关系[68]。伙伴关系是实现公共体育服务协同治理的一种有效手段。英国在公共体育服务供给过程中建立了许多伙伴关系,英格兰体育理事会、英国体育与娱乐联盟(Sport and Recreation Alliance)、NHS 等都通过与其他组织建立合作伙伴关系推行老年人体育活动计划。

第一,政府与体育志愿组织的合作伙伴关系。体育社会组织是英国公共体育服务重要供给主体,英国积极支持和培育志愿组织发展,1998 年,政府与社会组织签订的《英国政府与志愿和社会部门关系协议》(COMPACT)正式确立了政府与志愿部门的合作伙伴关系,并为政府支持社会组织发展提供了法律依据。此后,志愿组织快速发展,为英国培训和管理着大量的志愿者,英国每年有 2 040

万人参加志愿服务,其中有 1 500 万人经常参加志愿服务,提供了相当于 120 万名专职人员参与、价值 215 亿英镑的工作量[69]。体育是英国志愿服务最大的部门,英国有 151 000 个体育俱乐部,每个体育俱乐部平均有 24 名志愿者,204 个会员,一名志愿者平均为 8.5 名成员提供体育服务,总共约有 360 万名志愿者,服务社区体育,活跃在各种地方体育俱乐部,估计产生的社会价值达到 530 亿英镑[70]。英格兰国家彩票资助计划中的小额赠款项目目标之一是培养多样的体育志愿者,大部分英国体育俱乐部都接纳老年会员或为老年人提供体育服务。体育志愿组织"加入"(Join In)成立于 2012 年,由政府补助并得到英国电信创始合伙人提供的支持,以促进体育领域的志愿服务,每年招募并保留超过 10 万名志愿者为草根体育提供志愿服务,这些志愿者在一些体育俱乐部和体育团体中开展服务工作,促进成人积极参与体育活动[71]。

　　第二,积极合作伙伴关系。积极合作伙伴关系(Active Partnerships)是基于本地的战略组织,通过采用协作的整体系统方法,致力于使积极的生活方式成为每个人的社会规范,提高体育和身体活动的参与率,减少不活动程度,解决顽固的不平等现象。英格兰有 43 个积极合作伙伴关系,与当地合作伙伴紧密合作,利用体育和身体活动的力量改变生活,为积极国家战略创造条件。积极合作伙伴关系经常与国家体育理事机构及其俱乐部、地方当局、体育和休闲设施、初级保健基金会以及许多其他体育和非体育组织合作,以实施社区体育活动计划,为英国老年人提供公共体育服务。积极合作伙伴关系将工作重点放在老年人等身体活动不积极的人群和有代表性的群体上,这些群体从积极的生活方式中受益最大。积极合作伙伴关系支持体育发展联盟(SFDC)的使命,即与英格兰各地的43 个积极合作伙伴网络紧密合作,这些合作伙伴与体育领域内部和外部的本地合作伙伴合作,以建立更活跃的社区,促进老年人的身心健康。积极合作伙伴关系的国家团队与国家体育和身体活动组织建立了许多战略合作伙伴关系,以最大程度地发挥影响力。例如:作为英格兰 43 个积极伙伴关系之一的活跃多塞特管理着英格兰体育理事会和地方合作伙伴投资建立"积极老龄化"项目,该项目是一个由多赛特综合护理系统所有合作伙伴领导的合作项目,主要采用在55～65 岁人群中嵌入体育活动的方法来促进老年人健康。

4.1.3　澳大利亚

　　1950 年,澳大利亚进入老龄化社会。2019 年年底,85.7% 的澳大利亚人口为城市人口,澳大利亚人口正在加快老龄化。2018 年,澳大利亚有 15.7%(380万)的人口年龄在 65 岁以上,这一比例在未来几十年将稳定增长,预计到 2030年,澳大利亚 65 岁以上人口数量为 560 万,占全国总人数的 19.3%;2050 年为810 万,占全国总人数的22.7%(World Bank Group,2019)。澳大利亚人的预期寿命已大大增加,2014—2016 年,男性平均寿命为 84.6 岁,女性为 87.3 岁。随着澳大利亚人口老龄化程度的增加,预计诸如痴呆症、关节炎和癌症等慢性疾病将会增加,这些是老年人中最常见的疾病,影响了 49% 的澳大利亚老年人,2014年,有 332 000 名澳大利亚人患有痴呆症,其中 93% 为老年人。由于老年人口的增加导致慢性病的增加,对医疗保健服务和养老服务的需求量大增,一方面,老年人口疾病治疗已成为澳大利亚医疗保健系统日益严峻的挑战,2012 年,澳大利亚 98% 的老年人口拜访了卫生健康专家,而 65 岁及以上的老年人拜访专科医生的比例比 65 岁以下的老年人高 29%;另一方面,养老机构入住率高。澳大利亚有养老院、社区养老等多种养老模式,但养老院占主要地位,截至 2010 年 6月,澳大利亚共有 2 773 家养老院,入住率达 92.4%,养老院提供老年人所需的各种服务,以确保老年人生活水平和生活质量。

人口老龄化给澳大利亚政府带来了许多挑战,特别是在与社会政策相关的医疗和养老服务领域、社区规划和基础设施以及整体生活质量方面。与青少年相比,65 岁及以上老年人的体育运动和休闲娱乐参与率较低,55~64 岁和 65 岁及以上老年人参与有组织的体育运动和身体活动的比例分别为 18% 和 17%。面对澳大利亚人口老龄化程度不断加深的局面,政府采取多种措施为老年人提供体育健身服务,提高老年人的体育参与率,促进"体养融合"发展。

4.1.3.1 健全的"体养融合"服务保障制度

1)法律保障

澳大利亚完善的社会保障和发达的福利制度为人口长寿奠定了坚实的基础,澳大利亚在 1909 年就创立了养老制度,经过 100 多年的发展,已经拥有比较完善的养老体系和老龄产业,堪称"从摇篮到坟墓的高福利国家"。政府非常注重老年人保健服务的供给,建立了比较完善的老年人保健服务法律法规体系,明确了政府、养老服务提供者、老年人等各自的权利和义务,具有很强的操作性和规范性,体育健身是保健服务的重要组成部分。《年龄歧视法(2004)》《性别和年龄歧视法修正案(2011)》《老年人保健法》《家庭和社区保健法》《社会保障法》等法律保障澳大利亚老年人能够依法享受养老保健服务,也是澳大利亚"体养融合"政策建立和实施的法律依据,这些法案旨在保障老年人依法享受各类社会服务的权利。

2) 政策引导

澳大利亚制定了多项促进老年人体育参与的政策,1996 年澳大利亚体育委员会颁布的《活跃澳大利亚:国民体育活动参与框架》(Active Australia:A National Participation Framework)(以下简称《活跃澳大利亚》)是体育、休闲娱乐、健康部门首次制定协调和全面的框架,旨在促进所有澳大利亚人都积极参与体育运动、社区娱乐、健身、户外娱乐和其他身体活动,实现体育参与的社会健康和经济利益,提供高质量的体育基础设施、机会和服务,以支持体育参与。尽管《活跃澳大利亚》主要是政府政策框架,但其是在与体育、社区休闲娱乐、健身、户外休闲、健康体育教育和户外教育等主要产业部门广泛协商后研制而成的,对老年人体育健身服务供给有重要指导作用。2001 年,澳大利亚地方政府联盟(ALGA)颁布了《澳大利亚老龄化国家战略》(National Strategy for an Ageing Australia),该战略确定了六项主要目标:① 鼓励利益相关者的合作,以推动各部门对老龄社会的意识,促进信息共享,并支持老年友好城市建设项目;② 创造更安全的城市步行环境;③ 鼓励面向老年人的规划和设计;④ 增加老年人出行选择;⑤ 增加休闲服务、公共空间和行人路线;⑥ 增加住宅供给,并在住宅的多样性、质量、可达性、区位等方面与城市规划相衔接。这些目标加强了养老服务中体育健身服务的供给。2005 年,国家公共卫生伙伴关系(National Public Health Partnership)研制了《活跃澳大利亚:健康部门身体活动行动框架》(Be Active Australia:A Framework for Health Sector Action for Physical Activity),把老年人作为行动框架的优先人口,目标是所有澳大利亚人都将体育锻炼作为日常生活的一部分,减少不活动及相关疾病和残疾的发生率,增进健康和福祉。2013 年,澳大利亚体育委员会制定的《澳大利亚体育的未来》(The Future of Australian Sport)指出:健康而不是竞技体育正在成为参与体育运动的主要驱动力,澳大利亚正面临人口老龄化问题,为了保持老年人较高的体育参与率,未来的体育运动需要适应老年人的需求。

此外,澳大利亚心脏基金会分别于 2009 年、2014 年和 2019 年颁布了 3 版《活跃澳大利亚蓝图》(Blueprint for an Active Australia),旨在通过政府和社会组织采取行动,减少久坐行为,提高所有澳大利亚老年人的体育活动水平,实施支持将体育活动纳入初级保健部门疾病预防和管理战略的政策。2018 年《体育2030》(Sport 2030)提出：提高所有澳大利亚人参加体育活动的水平，促进终身运动。这些政策都大力促进了澳大利亚老年人体育的发展，以减缓健康、残疾和老年护理费用不断上升的趋势。

4.1.3.2　实施老年人体育健身专项补助金计划

"运动澳大利亚"(Move It Aus)是澳大利亚体育理事会(Sport Australia)的一项倡议，旨在鼓励不活跃的澳大利亚人更积极、更经常地参加体育锻炼。2018 年，澳大利亚政府投入超过 1.5 亿美元来推动全国体育运动和体育锻炼计划，使更多的澳大利亚人更加经常地运动，为了实现这一战略目标，澳大利亚实施了"运动澳大利亚补助金计划"，重点是建立更活跃的环境，改善澳大利亚老年人的健康和福祉，并主要针对身体活动水平严重不足的社区[72]。政府的"运动澳大利亚补助金计划"有三种类型，第一，"运动澳大利亚——社区体育基础设施补助计划"(Move It AUS - Community Sport Infrastructure Grant Program)。该计划旨在改善当地社区体育基础设施，支持更多的社区老年人参与体育和身体活动，提供更安全和更具包容性的社区体育中心，构建适合老年人体育活动的环境。2018—2019 年该计划提供 1.006 亿美元，建设或改造了澳大利亚 684 个基层体育设施。第二，"运动澳大利亚——更好的老龄化补助计划"(Move It AUS - Better Ageing Grant Program)。该计划旨在提高 65 岁以上澳大利亚人的身体活动水平，特别是那些最不活跃的老年人，以改善他们的整体健康和福祉。2018—2019 年该计划提供了 2 290 万美元资助。第三，"运动澳大利亚——体育参与补助计划"(Move It AUS - Participation Grant Program)。该计划帮助各类相关组织让澳大利亚老年人运动起来，并支持将澳大利亚打造成世界上最活跃、最健康的国家。2018—2019 年该计划提供 2 890 万美元资助，以不活跃的社区为目标，建设更加活跃的澳大利亚。其中，"运动澳大利亚——更好的老龄化补助计划"是专门支持澳大利亚老年人身体活动的资助计划，旨在鼓励澳大利亚老年人在日常参与 30 分钟的中等强度的体育活动，资助计划专门为老年群体设计，支持澳大利亚社会组织发展和实施当地的、以社区为基础的活动，促进澳大利亚老年人体育活动参与。这项措施鼓励 65 岁及以上的澳大利亚人采用并将体育活动纳入日常生活，以防止和减少慢性病的影响，减少跌倒，提高整体身心健康[73]。

4.1.3.3　制定老年人科学健身指南

早在 20 世纪末,澳大利亚政府就意识到科学健身指导不仅可以预防和控制成人体重、血压、胆固醇、糖尿病、骨骼和关节问题,还可以降低患心脏病、中风和某些癌症的风险,因此,政府和非政府机构制定了一系列体育锻炼建议和指南,为老年人健康养老奠定了基础。1999 年,澳大利亚健康与老年保健部(Department of Health and Aged Care)制定了《国家成人身体活动指南》(National Physical Activity Guidelines For Adults),不仅提出了增强健康需要的最少身体活动量,还强调为了达到最好的效果,在遵循指南建议的基础上要结合积极的生活方式和健康的饮食。2001 年,澳大利亚体育委员会和退伍军人事务部制定了《越老,越聪明,越健康:澳大利亚老年人体育和身体活动计划提供者指南》(Older, Smarter, Fitter: A Guide for Providers of Sport and Physical Activity Programs for Older Australians),考虑为社区中的老年人制定和实施身体活动计划的供给者提供一系列信息和建议,帮助老年人体育和身体活动服务供给者开发有效和安全的计划以及了解如何寻求建议和资金支持[74]。为了鼓励澳大利亚老年人进行积极科学的体育锻炼,健康与老龄部(Department of Health and Ageing)和退伍军人事务部(Department of Veterans Affairs)在 2005 年共同制定了《选择健康,保持活跃:澳大利亚老年人身体活动指南》(Choose Health, Be Active: A Physical Activity Guide for Older Australians),目的是帮助澳大利亚老年人达到保持健康的身体活动水平,为在日常生活中没有达到 30 分钟身体活动的人提供方法和指导。

2009 年澳大利亚健康与老龄部制定了《澳大利亚老年人身体活动指南》,该指南以现有的成人身体活动指南为基础,旨在提供专门针对澳大利亚老年人的身体活动建议,根据老年人所处环境,建议以不同的方式体现出来,适用于健康和能力水平各异的老年人,并且还适用于居家或居住在护理院中的老年人。该指南还提出了老年人规律身体活动的价值、适宜的运动项目、运动量、类型和频率等。2014 年,澳大利亚政府卫生部制定了《澳大利亚的体育活动和久坐行为指南》(Australia's Physical Activity and Sedentary Behavior Guidelines),其中针对 65 岁及以上老年人的体育健身指南旨在帮助澳大利亚老年人达到足够的身体活动水平,使他们能够保持活跃和健康,提高生活质量。2013 年 7 月,澳大利亚卫生部参照澳大利亚政府卫生和老龄部发布的《国家成人身体活动指南》

制定了《关于老年人健康体育活动的建议》(Recommendations on Physical Activity for Health for Older Australians),旨在以现有准则为基础,专门为澳大利亚老年人提供咨询意见。

4.1.3.4　实施老年人体育活动促进计划

2014—2015 年,澳大利亚仅有 25% 的 65 岁及以上的人达到了每周有 5 天及以上时间进行每日 30 分钟身体活动的身体活动指南的标准,仅有 15% 的 65 岁及以上老年人在 7 天里都做了 30 分钟的体育活动[75]。因此,为了让更多 65 岁以上的老年人运动起来,澳大利亚心脏基金会(National Heart Foundation)发起了一项新的步行计划,名为"智慧步行"(Walk Wise),实施该计划所需的资金从澳大利亚体育理事会的"运动澳大利亚"项目资金中划拨。其主要目的是通过组织个人或者集体散步的模式让更多的澳大利亚老年人运动起来,拥有更健康的晚年。2019 年,70 000 名澳大利亚人为改善心脏健康而参加"智慧步行"计划,并设置了步行挑战以增加参与度。Walk Wise 还旨在支持患心脏病和其他疾病风险较大的老年人,包括生活在弱势社区的老年人,如农村地区和社会经济地位低下地区[76]。通过此次活动鼓励澳大利亚的老年人深入了解体育运动对身体、心理健康的重要作用。

"步行计划"是无障碍、方便、安全和免费的体育活动计划。昆士兰心脏基金会的步行计划由昆士兰州社区部和澳大利亚政府卫生和老龄部合作资助实施,该计划为在当地社区内建立定期步行团体提供了一个具有成本效益的模式,在昆士兰州 77 个地区有超过 4 500 名参与者,在 10 年里,超过 15 000 名澳大利亚人通过当地的步行团体变得更加活跃。截至 2017 年,心脏基金会步行项目已经帮助超过 12 万澳大利亚人开始步行和继续参加步行健身[77]。澳大利亚体育委员会于 1996 年发起了"活跃澳大利亚"计划,以促进体育运动和身体活动参与,作为改善整体健康状况战略的一部分。澳大利亚地方卫生部门通过实施"保持站立"计划(Stay on Your Feet,SOYF)和"保持活跃,保持独立"计划(Stay Active,Stay Independent,SASI),增加老年人的力量和平衡能力,预防老年人跌倒。除了联邦政府,各地方政府也十分重视老龄群体的身心健康,悉尼市政府推出新的"金色"计划,为悉尼市 55 岁以上的居民提供 300 多种免费或低价的休闲活动,帮助老年人保持身体健康,并丰富精神生活。"金色"计划安排了多种文体活动,包括自行车骑行、交谊舞、踢踏舞以及读书与电影社交俱乐部等。

4.1.3.5　注重老年人的健康教育

健康教育有利于促进"体养融合"观念深入人心,并通过体育参与促进健康行为。澳大利亚政府为了加强老年人的健康教育,采取了两种措施:

第一,专门聘请了"老年健康大使",参加并协助推广卫生部的老年健康活动计划。"老年健康大使"的职责是推广积极的生活态度、在各个社区内向老龄群体宣传健康信息、在老龄群体中推广健康积极的生活方式。此外,还利用社交媒体与老年人互动交流,发布健康公益资讯,宣传健康生活常识等。

第二,成立社区健康教育团体(CHEGS)促进老年人体育健身活动参与。新南威尔士州北部地方卫生区为老年人提供低成本的体育锻炼团体课程,课程主要包括健身操、瑜伽、太极拳、气功等,并为课程提供领导者培训、支持和质量保证。课程由经过充分认证和注册的健身教练与澳大利亚健身指导员领导。CHEGS领导者在为老年人提供集体锻炼方面受过培训且经验丰富,并提供适合参与者需求的高质量课程,通过参加CHEGS实施的体育健身课程,老年人的整体健康得到改善,减少了全科医生访问,改善了平衡能力和力量,增加了参与体育活动量和频率,加强了与社会的联系[78]。新南威尔士州南部的科夫斯湾每年都会举办以"老年人健康生活"为主题的展览,该地区附近的800多名老年人都会来此参加,以获悉保持健康的生活信息。

4.1.3.6　加强"适老性"体育活动空间建设

在各种环境中推进健康老龄化战略是澳大利亚积极应对人口老龄化的一个重要举措。健康老龄化的决定因素包括健康的生活方式和有利于年龄的环境,通过设计积极的老年人友好公共空间或城市空间,使所有年龄段的人能够积极参与各种户外或社区身体活动,采用健康的生活方式。澳大利亚地方政府重视户外健身设施的适老性,社区和地方当局通过设计老年人友好活跃公共城市空间,加强了社区环境的"适老性"设计,使老年人能够积极参与户外社区体育活动,为老年人创造了更多参与体育活动的机会。澳大利亚政府推广了专门设计的老年人运动公园(Seniors Exercise Park),符合老年人的体育健身需求,还通过为老年人之间的社会互动创造非正式的聚会场所,增进了老年人的情感健康。澳大利亚"适老性"体育活动空间建设特点主要有三点:

第一,参与建设主体多元化、功能全面、运用范围广泛。老年人运动公园由社会组织、社区和地方当局合作根据老年人需求和特点设计建造，免费使用，旨在通过提供独特的锻炼模式和社会支持计划来积极促进社区福祉，为老年人提供社交和享受健康快乐的机会。老年人运动公园有一系列户外运动设备能够提高老年人平衡、力量、功能运动、关节活动范围和灵活性，这些设备非常适合安装在退休社区、老年护理机构、康复医院以及公园内，可满足所有技能水平和年龄范围的需求。维多利亚大学的研究发现，专门为老年人设计的户外运动公园可以帮助老年人更好地享受生活，并可以降低老年人跌倒率。

第二，纳入政府城市和公共休闲空间规划。澳大利亚政府鼓励各州将老年人户外锻炼设备纳入公共场所或城市公园规划建设中，通过老年人运动公园提供一个愉快和有效的方法，让老年人过上更积极和更健康的生活方式。老年人运动公园在户外或室内的公共场所（如社区中心和公园）安装，并免费向公众开放。如：维多利亚的温德姆市中央公园老年人运动公园由国家老龄研究所（NARI）和温德姆市合作建造，由甘德尔慈善事业资助，公园内设有教学标志，通过信息板解释正确的使用方式，并鼓励安全锻炼，供老年人免费使用，不用于独家商业用途，中央公园社区中心提供练习指南，以及多达 12 台配有户外听力循环的音频设备，供辅导员在公园内主持团体练习。

第三，瞄准目标人群。澳大利亚老年人中患痴呆症者比例较高，2017 年有365 000 名澳大利亚人患有痴呆症，其中 99％年龄在 60 岁及以上，预计到 2050年，澳大利亚痴呆症患者总数将增至 90 万人。2015 年，澳大利亚几乎一半的痴呆症患者住在养老院，针对住在养老院的痴呆症患者，国家老龄研究所（NARI）在维多利亚州的利斯科姆之家养老院开展了老年人运动公园计划，专门在莱思公园建造了户外老年人锻炼公园，侧重于在养老院中锻炼老年痴呆症患者的移动能力和力量。

4.1.4　德国

德国是世界上老龄化最严重的国家之一，根据德国联邦统计局（Destatis）人口统计数据，1998 年年底，德国 65 岁及以上老年人口数量为 1 311 万，占总人口的 15.98％，2019 年为 1 809 万人，占总人口的 21.75％；老年人口数量在过去 21年间增长了 36.11％，预测 2030 年 65 岁以上的人口占比将达 26％，2050 年甚至将超过 30％。德国是世界上最早开始系统应对老龄化的国家之一，经过几十年的发展已成为名副其实的福利国家典范。

2017 年,联邦统计局数据显示,德国约 52.7% 的成年人超重(BMI>25),比 20 年前高出近 8%,男性的超重和肥胖率分别为 62.1% 和 18.1%,女性的相应比率分别为 43.1% 和 14.6%,男性的比率显著提高。2019 年年底,德国至少超过 50% 的 65 岁以上老年人患有慢性疾病。根据《2020 年德国心脏报告》,老年人中死于心脏病的女性比男性比例高,冠心病死亡率高的主要群体是 55 岁及以上男性和 70 岁及以上女性。罗伯特·科赫研究所(Robert Koch-Institut)调查显示,德国 65 岁及以上人口中有三分之一(33.7%)具有良好或足够的健康素养,在 60~69 岁年龄组中,18% 达到 WHO 建议的每周至少 2.5 小时的最低水平体育活动,在 70~79 岁年龄组中,这一比例为 14%。如何提高老年人的健康水平,增加独立生活年限已经成为体育、养老和医疗卫生领域需要思考的问题。为积极应对人口老龄化,德国建立了比较完善的养老服务体系和公共体育服务体系,老年人的体育健身服务需求在这两个体系中获得较好的满足。"体养融合"机制比较完善,体育部门和养老服务机构建立积极合作伙伴关系使体育健身融入养老服务中。德国社区、养老机构和体育社会组织的体育健身服务意识强,充分考虑老年人这一群体的体育健身需求,针对老年人的身心特点、体能和健康状况推出合理的体育健身计划,始终将老年人的需求和感受放在首位。

4.1.4.1 健全的政策法规保障

1)立法保障老年人体育权益

德国没有具体的关于体育活动的联邦立法,但宪法和民法都规定德国公民有权参加体育活动和比赛,法律也特别注重不同年龄群体的社会服务均等化。2006 年 8 月联邦政府通过的《一般平等待遇法》(AGG)规定:要防止和废除包括年龄歧视在内的各种歧视。《社会保障法》所涵盖的社会保障福利也包括禁止年龄歧视。这两部法律有效保障了老年人均等享有体育健身服务的权利。德国体育政策依赖于自主性、资助体育活动、与体育组织合作 3 个原则。根据《德国宪法》,联邦体育政策以宪法划分的联邦和州政府之间的职责为导向,联邦对体育的支持集中在具有国家利益的高水平竞技体育和特殊体育活动上,联邦政府将促进世界级体育运动和在国外代表德国为职责,而各州则主要负责促进全民休闲体育运动。作为国家体育责任的一部分,联邦政府还致力于监督和改善适当发展休闲体育的框架条款,这不仅是因为全民体育是精英运动员的重要来源,而且还因为休闲体育有助于增强社会凝聚力。老年人体育健身方面的政策法规主要由各州制定，如《勃兰登堡州促进体育法》规定：促进体育的目的是保障、改善和扩大体育锻炼的机会，为勃兰登堡的所有居民提供体育参与机会，根据他们的倾向和能力从事体育活动，参加体育赛事，体验体育作为一种文化活动，特别注意残疾人、妇女以及老年人的体育需求[79]。这些体育法规为推进老年人体育活动参与提供依据和保障。而联邦一级的内政部主要负责资助和普及推广体育，德国奥林匹克体育联合会（DOSB）（以下简称"德国奥体联"）的任务是充当协调机构，扩展地方老年人健身的组织网络，加强与体育行业外组织的合作，如老年人社团组织，另一项重要任务是建立一个以互联网为基础的老年人体育组织网络信息交流平台。

2）实施老年人体育促进健康政策

第一，联邦部委推出的老年人体育促进政策。2012 年，德国奥体联与德国家庭、老年人、妇女和青年事务部实施了"50 岁以上人群健身组织网络计划"，旨在吸引更多 50 岁以上的人群参加体育运动，推动老年人体育运动的开展；2013年，联邦食品和农业部（BMEL）与联邦卫生部（BMG）联合颁布了《IN FORM：德国促进健康饮食和体育活动的国家倡议》（In Form：German National Initiative to Promote Healthy Diets and Physical Activity），旨在到 2020 年使德国人的饮食和运动习惯得到持久的改善，就老年人口而言，主要是鼓励老年人采取更健康的生活方式，享受更高质量的生活和拥有更健康的身体。

第二，联邦各州推出的老年人体育促进政策。北莱茵-威斯特法伦州体联推出"年轻人和老年人一起健身计划"，让体育成为两者联系的纽带，该州体联下属的 5 个单项协会的 19 家体育俱乐部参与了该计划，促进年轻人对老年人的了解和关心。下萨克森州体联把 50 岁以上老年人的体育活动安排结集成册，方便老年人了解体育俱乐部的活动信息，同时还尝试与保健机构和老年人组织合作，丰富老年人体育活动的内容。巴登-符腾堡州地区体联为老年移民创造运动健身条件。

第三，各体育组织推出的老年人体育促进政策。德国各体育协会也非常注重为老年人提供体育服务，依据德国法律，德国奥体联下属的部分单项协会和地区体联推出了各自的促进老年人体育发展计划。德国体操联合会推出"运动直至 100 岁"计划，动员居家或养老院里 80 岁以上的老年人积极参加体育运动，进行身体稳定性、平衡能力和灵活性的锻炼，以延缓身体机能的衰退，增强其生活自理能力；此外，德国体操联合会还推出了"健康老龄化：在体操运动中变强健"（Aging Fit-strong in the Gym World），旨在激励和促进老年人进一步发展促进健康的身体活动和体育运动。射击射箭联盟推出老年人射箭锦标赛；德国足球联盟推出"步行足球"项目，目的是让 50 岁以上的人参与足球运动，这项运动可以在室内和室外进行，为 50 多岁的人参加足球运动创造机会；另外还采取了一系列措施促进老年人体育参与，如创建"老年友好型健身俱乐部"竞赛、与大学合作创建新的老年人锻炼项目、建立联邦一级的跨部门网络促进老年人体育参与。

这些老年人体育健身政策，创新了老年人体育健身活动内容和形式，而且促进了多元主体参与老年人体育健身政策制定，建立了新的合作伙伴关系，完善了老年人体育健身组织网络。

4.1.4.2　加强老年人体育健身服务供给的多样性

1）"平衡变老"计划

德国联邦健康教育中心（BZgA）通过"健康和积极老年人"计划为促进老年人的健康做出了重要贡献，其中，"平衡变老"（Älter Werden in Balance）的全国性预防计划，针对 65 岁及以上人口，重点是鼓励和支持老年人体育运动，目的是通过身体活动和体育锻炼促进德国老年人保持健康，提高生活质量，并尽可能推迟需要护理的时间。为了让尽可能多的老年人运动起来，"平衡变老"计划在体育科学家、内科医生的支持下，专门针对中老年人的具体体育需求，采用有组织的体育运动项目开发出两种锻炼计划。这两种锻炼计划分别为：日常锻炼计划（ATP）和"吕贝克运动模式"（LMB）。

第一，日常锻炼计划。日常锻炼计划是一个预防课程，旨在通过向参与者传授如何使日常生活更加活跃，如走楼梯、做体操、骑自行车或徒步旅行，使老年人对锻炼更感兴趣，该计划向 60 岁以上老年人展示如何将更多的体育锻炼融入日常生活和休闲活动，旨在鼓励 60 岁以上的老年人多锻炼，并获得了"德国标准预防"的印章。ATP 设计了每周的团体课程，每周一次，在训练有素的锻炼领导指导下练习，课程时长 60 分钟，由德国各地的体育俱乐部推广，德国许多体育俱乐部已经在老年人或保健体育领域提供 ATP 课程服务[80]。ATP健康预防课程自 2017 年起获得德国奥体联的"运动促进健康"（Sport Pro Health）和德国体操联合会（DTB）的"预防测试"（Pluspunkt）质量印章认证，并在全国范围内广泛推广,面向 60 岁及以上的不活跃人群提供入门级课程。2017 年,由联邦健康教育中心资助的 800 个 ATP 课程为目标群体入学提供便利,俱乐部和参与者将免费参加该课程。ATP 的框架条款简单、设计明确,在运动服装和训练设备方面不做要求,穿着日常服装、在公园就能够实施锻炼计划。

第二,"吕贝克运动模式"。该模式是一个身体、精神和社会激活的预防计划,用于促进老年人运动,其目的是提高力量、耐力、协调性、敏捷性和记忆性能[81]。德国高龄人群需要护理的风险较大,截至 2017 年年底,德国有 341 万人需要护理,其中约 24% 的人住在全职疗养院。针对门诊和住院的老年人,联邦健康教育中心开发了"吕贝克运动模式"(LMB)与现有的门诊和住院护理结构联网,需要护理的老年人只要保持参加集体训练的能力和动机,即使轻度至中度痴呆症或其他认知障碍的老年人也能参与其中。LMB 小组训练每周进行两次,每次 60 分钟,由经过专门培训的健身指导员组织实施,LMB 采用整体方法,在一次练习中训练不同的功能区域和身体的不同部位。2015 年开始在 10 家吕贝克疗养院作为试点项目实施,2017 年以来,该计划已在几乎所有联邦州实施。

2)"让痴呆症患者运动起来"计划

截至 2021 年年底,德国有 160 万痴呆症患者,给社会和家庭造成沉重的负担,体育运动具有预防作用,可以提高痴呆症患者生活质量,甚至可以延缓疾病的发展。2020 年 10 月 1 日,德国奥林匹克体育联合会(DOSB)与联邦家庭、老年人、妇女和青年事务部资助的德国阿尔茨海默病协会合作,启动了"让痴呆症患者运动起来"的计划,北莱茵-威斯特法伦州体育联合会、下萨克森州体育联合会、德国乒乓球联合会、德国体操联合会与 DOSB 联合为痴呆症患者及其亲属在体育俱乐部提供新的体育服务项目,使体育成为实施国家痴呆症战略的重要伙伴。DOSB 希望通过"让痴呆症患者运动起来"的计划,进一步扩大老年人的体育锻炼范围。为了鼓励更多的体育俱乐部参与该计划,DOSB 与德国阿尔茨海默病协会合作,免费向有志于为老年人痴呆症患者提供体育健身服务的俱乐部提供有关运动和痴呆症主题的全面信息材料。为了扩大老年人体育参与,联邦家庭、老年人、妇女和青年事务部支持"让痴呆症患者运动起来"计划,促进痴呆症患者及其亲属将身体活动和体育锻炼融入日常生活,从而获得更好的生活质量,DOSB 致力于确保其 90 000 多家体育俱乐部中有越来越多的体育俱乐部针对这一目标群体的需求,提供合适的体育健身服务[82]。

3) 老年人《日常体能测试》

德国奥林匹克体育联合会(DOSB)针对 60～94 岁的老年人开发了《日常体能测试》(ATF),使 60 岁及以上的老年人能够检查在日常生活中的体能状况,同时了解与其他同龄和同性别的测试对象相比的表现。根据测试结果,推测受试者是否足以在 90 多岁时过上独立的生活。DOSB 支持各类体育俱乐部提供老年人体能测试服务,并为此向体育俱乐部和协会提供材料,如:测试操作方法、测试评价手册、运动领导者手册等,使从业人员了解《日常体能测试》(AFT)的测试背景、测试任务和测试结果的用途等,并能够正确和安全地实施日常体能测试工作[83]。此外,根据老年人个人测试结果,体育健身指导员可以按需设计课程内容,提供个性化锻炼建议。

4) 德国老年人体育徽章

体育徽章(DAS)是德国奥林匹克体育联合会(DOSB)颁发的奖项,也被称为"草根体育健身令"或"人人参与奥林匹克运动印",这是竞技体育之外的最高奖项,德国奥林匹克体育联合会针对 60 岁以上老年体育爱好者提供老年人体育徽章。为了获得体育徽章,老年人必须在力量、耐力、速度和协调 4 类身体素质中证明有一项素质高于平均水平,还必须证明自己会游泳。根据老年人的体能状况,60 岁以上的老年人可以获得铜牌、银牌和金牌 3 个等级中的一种体育徽章。老年人体育徽章对激发老年人参与体育运动的热情、推动老年人体育健身发挥了重要作用,2019 年,德国共颁发了约 186 000 枚成人体育徽章,仅巴伐利亚州就颁发了约 19 700 枚成人体育徽章。

4.1.4.3　多元主体协同供给老年人体育健身服务

1) 政府各部门协同参与

促进健康的生活方式是德国联邦政府、各州和地方社区的共同目标,在老龄化程度持续加深的背景下,健康促进和预防起着重要作用,政府采取了一系列应对措施,德国卫生部、联邦议院体育委员会、"家庭、老年人、妇女和青年事务部"都在老年人体育健身服务供给中起到重要作用,尽管其不直接提供老年人体育健身服务,但通过体育政策与经费资助调控和监督老年人体育健身服务供给。德国联邦议院体育委员会与奥林匹克体育联合会保持联系,从各种组织获得信息,并定期咨询外部专家,以刺激体育政策和启动立法程序。

2）政府部门与社会组织合作参与

德国健康积极老龄化战略由卫生部监督下的跨学科科学咨询委员会负责推进，其中包括形式多样的老年人体育健身服务供给，合作伙伴来自不同领域，包括德国全国老年人组织协会（BAGSO）、德国奥林匹克运动联合会（DOSB）、德国体操联合会（DTB）、德国科隆体育大学（DSHS）、德国成人教育协会（DVV）、德国盲人和视力障碍者协会（DBSV）、德国家庭医师和全科医生协会（DHÄV）、德国远足协会（DWV）以及几所大学和其他机构。通过政府主导，社会组织积极参与，各供给主体各司其职，充分发挥各自优势，形成了体育健身、养老服务和医疗保健服务融合发展的老年人健康促进格局，特别是在养老服务供给中采取多种形式供给老年人体育健身服务。德国内政部、联邦移民与难民局与德国奥体联共同出台了《借助体育促进融合计划》，帮助有移民背景的老年人融入德国社会。德国奥体联与德国"家庭、老年人、妇女和青年事务部"共同推出了《为70岁以上老年人提供运动机会计划》，以满足高龄老年人的体育运动需求。

3）各相关社会组织合作供给

当地与养老服务供给有关的老年组织、福利组织、社区部门、体育俱乐部组成了"法兰克福网络：活跃到100岁"（Frankfurter Netzwerk-Aktiv bis 100），目的是为从未参加过体育运动但仍住在家里的80岁以上老年人提供体育健身服务。法兰克福市的4个社区部门、5个福利组织、1个老年人专业合作伙伴以及11个体育和体操俱乐部都积极参与"活跃到100岁"计划。该计划是基于循证而由德国体操联合会（DTB）开发的，包括"预防跌倒"（Prevention of Falls）、"加强肌肉"（Strengthening of Muscles）、"保持活动能力"（Maintenance of Mobility）和"大脑训练"（Brain Training）等练习，由体操联合会培训合格的体育健身指导员执行这一锻炼计划。DTB是提高晚年生活质量的有力合作伙伴，超过100万60岁以上的老年人是各级体操健身俱乐部的会员，DTB也是德国最大的老年人体育健身计划的供给者，由26 000名受过特殊教育的健身指导员在11 000个体育俱乐部为老年人提供27 000多项特别课程[84]。此外，德国体操联合会正努力通过特殊项目和计划，接近难以接触到的不活跃老年人。

4.1.4.4　健全完善的体育社会组织

1）发展众多体育俱乐部

1949年颁布的《德意志联邦共和国基本法》第九条规定：所有德国人都有权

组建协会和社团。结社权和其他自由权使俱乐部能够在社区中建立创造性的自我组织,为德国体育俱乐部的蓬勃发展提供了制度保障。德国奥体联下属体育俱乐部在老年人体育健身服务供给方面发挥着重要作用,尽管近年来俱乐部数量有所下降,从 2010 年的 91 148 家下降到 2020 年的 88 134 家(见图4 - 3),注册会员数也从 2 700 余万人下降到 2 430 余万人,体育俱乐部的会员占总人口的比例从 34%下降到 29.5%,但无论从俱乐部数量还是从会员数来说,仍处于世界前列,体育俱乐部也在老年人体育健身服务和养老服务中扮演着重要角色。德国《财政法》规定对非营利体育组织免税,根据这项法案,体育俱乐部可以享受一定金额的免税,全年免税金额从俱乐部全部活动收入的 35 000 欧元提升至45 000 欧元,但是对于俱乐部营利性活动则必须交税[85]。德国拥有最多俱乐部的联邦州是北莱茵-威斯特法伦州(18 116),其次是巴伐利亚州(11 784)和巴登-符腾堡州(11 294)[86]。体育俱乐部由德国奥林匹克体育联合会(DOSB)领导,联邦州体育联合会代表体育俱乐部在政治上的利益,并向不同地区的体育俱乐部提供帮助和支持,就运动类型而言,足球俱乐部(25 641)数量最多,其次是体操(20 189)、射击(14 914)、乒乓球(10 685)和网球(9 506)(DOSB,2012)。各俱乐部都有针对老年人的体育项目,如足球俱乐部为 50 岁及以上的人提供"步行足球"健身项目。老年人群体在体育俱乐部参与所占的比例接近所有成员的五分之一(19%),至少有四分之一 60 岁以上的男性活跃在体育俱乐部[87],从 2009

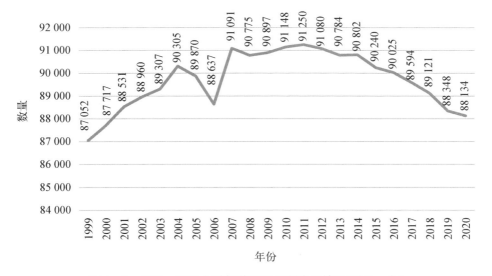

图 4 - 3 1999—2020 年德国体育俱乐部发展情况(单位: 个)

年到 2011 年,老年人在体育俱乐部成员中的比例显著增加[88],体育俱乐部在整合老年人方面通常比其他社会组织更为成功[89]。

2）注重老年人体育健身服务供给

德国的体育俱乐部对公民的医疗保健做出了重大贡献,约有 24 200 个(约 25%)体育俱乐部提供旨在促进健康、预防和康复的计划,为残疾人、老年人和慢性病患者提供体育健身服务。大约 75% 的体育俱乐部希望老年人能够参加体育活动,大约四分之一的体育俱乐部为老年人提供特别措施,仅有 8% 的俱乐部没有老年会员[90]。德国约 25% 的体育俱乐部开展促进身体健康和预防疾病的活动,例如针对老年人群体开展促进血液循环或者防跌倒的体育活动,超过 4% 的体育俱乐部开展康复和疾病三期预防的体育活动,如具有治疗性质的体育课程。根据德国 2011—2012 年体育发展报告,体育俱乐部中 60 岁以上老年会员的比例达到 18.9%。德国越来越多的老年人参加体育俱乐部或商业体育活动,德国咨询机构德勤 2013 年的研究调查显示,德国全境有超过 7 500 个健身俱乐部,近 800 万名会员,其中,1/3 的会员年龄在 50 岁以上,13% 的会员为 60 岁以上的老年人,表明 60 岁以上的人在健身房和体育俱乐部接受训练的比例呈逐年增加的趋势。德国体操联合会是最受老年人青睐的体育社会组织之一,由于其注重老年人体育需求,提供精准的体育健身服务,老年会员逐年增加(见图 4-4)。

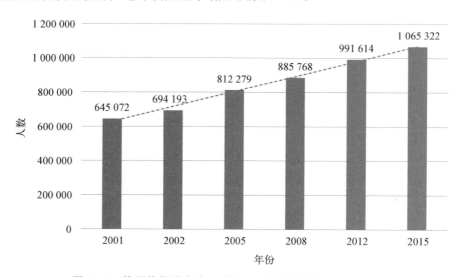

图 4-4　德国体操联合会 60 岁以上会员发展情况(单位：人)

资料来源：Aging Fit-Strong in the GymWorld(https://www.scforh.info/content/uploads/2017/05/1B-Aging-Fit.-DTB.pdf)。

3）注重吸纳发展老年会员

德国体育俱乐部为老年人提供了丰富多彩的活动，主动采取各种措施留住老年会员：一是对俱乐部的老年会员进行运动意愿调查，根据调查结果以需求为导向提供老年人体育健身服务；二是规划专门针对老年会员需求的活动方案，满足老年人多元化、差异化的体育需求；三是开展"结伴同行活动"，请老会员带熟人、朋友或老伴一起参加体育活动，俱乐部会因此给予老会员一定的优惠，如免除会费；四是调整活动时间，有意识地将体育活动与社交活动结合起来，举办一些有针对性的活动（如信息交流会、报告会、老年活动日），增加老年人对体育活动的兴趣，吸引新会员。

4.1.4.5　发达的体育志愿服务体系

德国在各个层面推广体育志愿服务，例如通过 DOSB、基金会、市政府、欧盟层面等。2007 年通过了"帮助帮助者"的立法，在体育志愿服务领域具有里程碑意义，通过这项立法，每年向志愿组织提供 23 亿欧元，其中很大一部分提供给体育组织，约占德国志愿者总数的 11%，是德国最大的开展志愿工作的部门，德国政府对志愿者工作高度重视，把引导和支持志愿者提供社会服务作为一项国家基本战略。

1）立法保障志愿服务

2002 年，联合国在《奥尔胡斯体育志愿工作宣言》中承认了志愿活动对体育的重大贡献及其经济价值，志愿活动也是欧盟委员会 2007 年《体育白皮书》中的一个关键问题，白皮书发现志愿服务是一项有助于提高体育活动的质量和效益的活动。德国分别于 2008 年通过了《促进青年志愿服务法》（Act to Promote Youth Voluntary Services）、2011 年通过了《联邦志愿服务法》（Federal Volunteer Service Act）、2013 年通过了《志愿活动和地位促进法案》（Promotion of Voluntary Activities and Positions Act），这些法案促进和保障了德国体育志愿服务的发展，2017 年，德国 14 岁及以上的居民中有 43.6% 的从事过志愿工作，自 1999 年以来，从事志愿工作的人口比例上升了近 10 个百分点，从 34.0% 上升到 43.6%，在 2009 年至 2014 年间，志愿服务的增长尤其强劲，增长速度比早期更快。志愿服务率的提高可追溯到社会变革，如扩大教育机会和加强对公众志愿工作的重视，志愿者参与到各种不同部门的志愿活动中，其中投入体育锻炼的比例最高（16.3%），其次是学校或托儿所（9.1%）、文化和音乐领域

(9.0%)[91],体育志愿者为老年人体育健身活动参与提供了大量人力资源。

2) 多举措激励体育志愿服务

根据德国奥体联数据,2012 年德国体育志愿者数量就已达到 885 万人,185 万人担任某种职务,其中 85 万人在领导层面从事志愿服务,100 万人在执行层面任职,例如教练员,其余 700 万人无偿进行体育志愿服务。这 185 万担任一定职务的体育志愿者中,每人每月平均志愿工作 20.1 小时,总计相当于每月 3 720 万工时,以每小时劳务费 15 欧元计算,每月劳务价值 5.58 亿欧元,每年劳务价值 67 亿欧元。德国体育俱乐部中设有大约 170 万个志愿服务岗位,其中男性任职的岗位约 120 万个,女性任职的约 50 万个。平均每位志愿者每月工作 13.4 个小时,德国体育俱乐部志愿者总计工作时间为 2 290 万小时/月,相当于每年新创造价值 41 亿欧元[92]。发达的体育志愿服务得益于各种激励措施,一是志愿服务奖励。为了鼓励体育志愿服务工作,德国奥体联从 2000 年起,设立了"支持体育志愿服务奖",以表彰那些在政治、经济、媒体等领域积极支持体育志愿服务工作的人和机构。此外,德国还通过为志愿者购买意外事故保险等措施大力支持志愿服务。二是税收政策激励。德国国家税法赋予体育俱乐部优惠政策,会员收入免税,资产管理收入按 7% 缴纳,商业活动按 19% 的正常税率缴纳,作为教练、体育指导员或管理员为俱乐部工作的志愿者,每年可获得 2 400 欧元的一次性免税收入,在董事会层面工作的志愿者每年可获得 720 欧元的一次性免税额度,但同一个人不能同时获得两种类型的一次性免税额度,就志愿者由俱乐部支付的程度而言,这种间接补贴相当可观,对志愿者参与体育志愿服务起到重要的激励作用。

4.1.4.6 "体医融合"促进老年人体育健身服务供给

1) 积极开展预防领域的"运动处方计划"

德国是较早开始"体医融合"健康促进模式的国家。《德国社会保障法》要求医生提供的初级保健服务包括"启动或实施预防和康复措施,以及将非医生支持和伴随服务纳入治疗",尽管没有具体说明这些措施和服务的性质,但体育运动已被医生作为一种治疗手段,医院可以进行体育活动咨询和运动预防转介。德国在预防领域的"运动处方计划"(German Exercise on Prescription Scheme)又被称为"green prescription",可以追溯到 20 世纪 70 年代末,德国医学会、德国运动医学与预防协会和德国奥林匹克体育联合会共同制定了规范的国家体育运动处方质量标准,建议联邦各州医学协会实施运动处方,鼓励初级保健医师将他们的健康但体育运动不足的患者推荐给当地带有"运动促进健康"优质奖章的体育俱乐部参与团体运动。经认证的"体育促进健康"俱乐部必须满足以下标准:开设目标群体导向课程、有限的群体规模、合格的讲师、标准化的组织结构、参与者预防性健康检查和永久性质量控制。目前,德国 16 个联邦州中有 10 个实施了运动处方计划,分别是巴伐利亚州、柏林、不来梅州、汉堡、黑森州、莱茵兰-普法尔茨州和梅克伦堡-前波美拉尼亚州、北莱茵-威斯特法伦州、石勒苏益格-荷尔斯泰因州和图林根州。

德国在预防领域的运动建议计划完全是自愿的,医生的建议不收取任何费用,根据患者选择的体育健身服务项目,按照《社会保障法》的规定,医疗保险基金可能会支付高达 80% 的费用。2011 年,法定健康保险基金(Gesetzliche Krankenkasen)在初级预防课程上花费 2.04 亿欧元,包括运动、饮食、压力管理和成瘾预防(MDS 2012),大约四分之三的初级预防课程是集体锻炼课程,目前,健康保险基金每年最多为每人提供两门课程。为了有资格参加保险,课程必须有一个确定的持续时间,通常不超过 12 周,德国在联邦、州和地方各级政府开展了各种促进健康的体育活动、计划和倡议,其中体育活动是促进和预防健康的关键要素。在"体医融合"方面,德国奥林匹克体育联合会(DOSB)与德国医学协会共同建立了"体育促进健康"(Sports for Health)计划,旨在促进专业领域的卫生管理和预防,被作为德国 11 家体育俱乐部开展健康促进体育活动(HEPA)的优质印章,代表由德国体育俱乐部提供的高质量、有效的全国预防性体育计划,主要针对那些不运动的人,目的是通过确保各种健康相关体育活动所有重要方面的质量控制,加强身体和心理健康资源,并减少健康风险因素,健康体育印章还参与实施欧洲健康促进体育活动(HEPA)俱乐部健康指南网络。

2) 医疗健康组织参与老年人体育活动政策

德国医疗健康组织是老年人科学健身政策的主要推进者,卫生部门、社会组织和体育组织协作制定老年人身体活动指南或建议,指导老年人进行科学健身,如:德国事故外科协会(DGU)和德国老年医学会(DGG)合作就如何避免老年跌倒提供建议,提出平衡、肌肉力量、耐力和行动能力从 50 岁开始下降,随着年龄的增长,跌倒和受伤的风险增加,老年人每周至少进行两到三次有针对性的、定期的力量和平衡训练,这样可以减少跌倒风险。联邦预防和健康促进协会

(Federal Association for Prevention and Health Promotion)、联邦健康教育中心(Federal Centre for Health Education)、德国运动医学与预防联合会(German Federation of Sports Medicine and Prevention)、德国体育科学学会(German Society of Sport Science)、国家残奥委员会(National Paralympic Committee)、德国奥林匹克运动联合会(German Olympic Sports Confederation)、德国健康相关健身和运动疗法协会(German Association for Health Related Fitness and Sport Therapy)、黑森州内政和体育部(Hessian Ministry of the Interior and Sports)等共同研制了《国家身体活动和身体活动促进建议》(National Recommendations for Physical Activity and Physical Activity Promotion),这些建议适用于成人和老年人以及慢性病患者,其特点是具有坚实的科学基础和多学科性,来自体育科学、运动医学和公共卫生领域的科学家参与了起草工作,联邦卫生部的体育活动促进工作组也将密切跟进这些建议的制定和实施。

4.1.5 日本

1971 年,日本 65 岁以上老龄人口占总人口的比例达到 7.1%,突破 7%的门槛标准,开始步入老龄化社会;到 1994 年,这一比例超过 14%,日本转型为高龄化社会;到了 2007 年,比例上升到 21.5%,标志着日本已经进入超高龄化社会。此后,日本连续多年处在超高龄社会,老龄化速度也呈急剧上升的态势,2020 年厚生劳动省统计数据显示,日本全国 65 岁以上的老年人首次超过 3 614 万人,占全国总人口的 28.8%,这就意味着平均每三个日本人中就有一个 65 岁以上的老年人,到 2060 年该比例将高达 40%。同时,日本也是世界上最长寿的国家之一,2020 年,厚生劳动省的统计数据显示,日本人预期寿命为 85 岁,女性为 88.1 岁,男性为 81.9 岁。日本女性平均寿命连续 5 年排名全球第二,男性平均寿命连续 3 年位列全球第三,日本人平均寿命延长的原因除了医疗技术的进步,关键在于健康意识的提高,包括科学合理的体育活动参与。这与日本政府重视体育、促进老年人健康和积极推进健康政策分不开,早在 1978 年日本就从政府层面对国民健康加以管理,当时日本厚生劳动省就推出了国民健康运动计划,其中,推广健康体检、增加保健护士和营养师人数、促进体育活动等成为该计划的重点;另外,日本注重培养国民的体育运动习惯,制定运动健身指南,推进运动健身设施建设等。

4.1.5.1 全方位的政策法规保障老年人体育健康权益

1）体育政策法规保障老年人体育服务

1946 年公布的《日本国宪法》第 25 条规定：所有公民都有权过上享有基本健康、文化服务的生活，国家必须在日常生活的各个方面努力改善和提高社会福利、社会保障和公共健康。体育健身是老年人保持和增进健康、丰富文化生活的重要手段，按照《日本国宪法》，国家应该通过政策、管理、资金等方面为不同体能和健康状况的老年人提供合适的体育健身服务。

日本非常重视应对老龄化问题，国会与政府分别成立了应对老龄化对策委员会和应对老龄化问题专家委员会，为解决老龄化问题提供决策支持，日本政府从社会稳定及提高人民生活质量的高度出发，加强了对老年人权益的保障，并通过立法严格规范政府的行为。二战后，随着生活水平的提高和产业现代化带来的余暇时间的增加，国民对体育运动的关注度增加、需求扩大，以东京举办 1964年奥运会为契机，日本于 1961 年颁布了《体育振兴法》，其第三条规定：国家和地方各级人民政府在实施促进体育的措施时，应当配合国民开展体育自愿活动，努力创造条件，使国民能够根据自己的体能和健康状况，在一切场合和任何地点自主开展体育运动。这一规定有力保障了老年人依法享有参与体育活动的权利，为"体养融合"的依法供给提供依据。2000 年文部科学省制定了《体育振兴基本计划》，旨在通过为期 10 年的体育促进计划实现两个目标：一是建立终身体育社会，使每一个人都能根据自己的体能、年龄、技术、兴趣和目的，随时随地参与体育活动；二是尽快使成人每周至少参加一次体育锻炼的实施率提高到50％。为了实现目标，计划在全国推广综合型社区体育俱乐部，作为公众日常体育活动的场所，对当地老年人，无论性别、年龄或残疾情况，都提供各种体育设施，定期和持续地开展体育活动，根据个人体育需求提供高质量的体育指导，大大提高了老年人体育参与的积极性。

2001 年日本体育协会制定了《21 世纪国民体育振兴政策》（以下简称为"体育振兴 2001"），朝着"促进国民体育参与"和"提高国际竞技能力"两个目标迈进。此后，该政策于 2008 年和 2013 年分别进行了修订，修订版称为"体育振兴2008"和"体育振兴 2013"，得到了加盟团体、相关机构、社会团体等的协助。平成二十年（2008）的修订版"体育振兴 2008"为实现日本体育协会的"生涯体育社会"目标，对"体育振兴 2001"的达成情况进行确认和评价，而"体育振兴 2013"进一步明确了体育对个人和社会的价值,指出:体育在追求幸福、健康、文化生活中不可缺少,作为个人价值自不必说,而是更需要作为社会价值来构筑。在体育振兴基本计划的收官之年即 2010 年,文部科学省制定并颁布了《体育立国战略》,旨在建立一种"新的体育文化",使公众能够广泛理解体育的意义和价值,让更多的人分享体育的乐趣和愉悦,并相互支持。《体育立国战略》指明了今后日本体育政策的基本方向,主要是以综合型社区体育俱乐部为中心的运动环境建设,利用顶级运动员提供有吸引力的体育指导服务,推进担负着"新公共服务"的社区体育俱乐部等。同时,《体育立国战略》提出根据生命不同阶段促进体育活动,支持老年人体育健身,建立老年人体能测试系统,使其能够掌握自身的体能状况,开发适合老年人的体育运动项目,能让老年人在日常生活中轻松参与,并加强老年人体育的宣传教育,以便持续实施该计划。基于 2010 年的《体育立国战略》,2011 年,日本对《体育振兴法》(1961)进行了全面修订,制定了《体育基本法》(2011),旨在振兴地区体育运动,再扩充综合型社区体育俱乐部,提出通过体育过上幸福而丰富的生活是所有人的权利,必须确保所有公民都有机会根据自己的兴趣、体能等,在安全和公平的环境中每天参与体育、享受体育或支持体育活动。2011 年,在日本体育协会与日本奥委会(JOC)成立 100 周年之际颁布了《日本体育宣言:21 世纪体育使命》,宣言指出:体育是一种以享受自发运动为基础的人类共同文化,体育已经成为追求幸福和过上健康文化生活不可或缺的一部分,21 世纪的体育有助于创造公平和福利丰富的社区生活,努力使许多人能够不受歧视地享受体育运动。

日本内阁府颁布的《平成二十五年版高龄社会白皮书》表明,今后日本少子高龄化社会将进一步发展,国家的活力与需要护理的老年人数和健康独立生活的老年人数关系密切,如何增加精力充沛的老年人数量被认为是未来的关键问题之一。《体育基本法》规定,"根据生活阶段促进体育活动,包括支持老年人体能发展",并明确指出,"国家将制定各种体育和娱乐方案,以扩大老年人参与体育的机会"。根据《体育基本法》的理念,2012 年文部科学省制定了《体育基本计划》,计划通过促进与生活各阶段相关的体育活动,改善居民自主参与的区域体育环境,实现健康、充满活力的长寿社会。计划提出今后 5 年要采取促进老年人体育参与的措施,包括:为了扩大老年人参与体育的机会,国家将制定各种体育和娱乐方案,包括利用日常生活行为的运动,使老年人能够根据环境、喜好和健身情况,不费力地每天开展体育活动,并开展宣传和提高认识;在社区体育俱乐部(如综合俱乐部)中,应针对特定年龄组和性别,如敬老日和老年人周,举办体育项目、体育课程、体育赛事等;地方政府应努力确保公共体育设施的安全,如进行无障碍和抗震改造,使所有当地居民(包括儿童和妇女、老年人和残疾人)能够愉快、安全地参与体育和娱乐活动。2015 年 10 月,日本成立了体育厅,以《体育基本法》的宗旨为基础,最大使命是实现体育立国,通过体育运动促进国民一生的身心健康,丰富文化生活。

2017 年文部科学省制定出台的《体育基本计划(第 2 期)》提出:在本计划期间,将扩大体育参与人口,推进体育界与其他领域的协作、共生,国家、地方公共团体及相关团体等将共同推进政策,致力于实现"1 亿总运动社会"。该计划致力于创造一个老年人和残疾人在地区能随时参与体育的环境,为了应对超高龄化和人口减少的社会,通过体育来增进健康,从平成二十七年(2015)开始,对地方公共团体实施的通过体育来增进健康的措施进行支援,资助了约 3 亿 6 500 万日元用于开展"通过运动创造健康长寿社会"。

2) 养老政策法规中的老年人体育服务政策

日本完善的老年人体育健身服务体系与半个多世纪以来逐步完善的养老政策体系密不可分。日本为应对人口老龄化,注重立法保障老年人权益,20 世纪 60 年代以来,日本已出台多部关于老年人健康促进方面的法律,1963 年,日本颁布了被称为"老年人宪章"的《老年人福利法》,旨在保护老年人的身心健康,稳定其生活,为老年人提供福利,该法第一次对社区养老服务的内容做出规定,并把体育健身服务供给融入养老服务。该法第十三条规定:地方公共团体供给养老服务时,为了有助于保持老年人的身心健康,必须致力于开展教养讲座、娱乐活动以及其他能让老年人自主且积极参加的活动。此外,该法第二十七条规定:老年人福利中心以免费或者低收费对老年人开展包括体育健身在内的各种咨询,为老年人提供促进健康、改善教育、体育娱乐的便利[93]。1982 年颁布的《老年人保健法》全面推广老年人保健设施,将老年保健从公共负担的保健转变为社会保险制度。2000 年日本出台了《长期护理保险法》,规定老年人应享受护理保健服务。这些法律构成了日本老年社会保障和社会福利的基础,分别从经济、医疗保健、社会福利、休闲娱乐和生活护理等方面为老年人提供全方位、多层次、强有力的制度保障。

在强有力的养老法律支持下,日本制定了相关规划战略,主管福利事业的厚生省根据财政预算,还将 1970 年定为"调适老龄化社会年",并组织召开讨论老龄化问题的国民会议,1973 年,政府有关省、局组成了"老年人对策计划小组"。1986 年日本政府制定的《长寿社会对策大纲》,明确了政府的高龄社会对策方针,为应对 21 世纪初真正的高龄社会的到来做好了充分准备。1995 年 11 月颁布了《高龄社会对策基本法》,把积极应对人口老龄化上升到法律层面,受该法的影响,日本内阁府于 1996 年制定了《老年社会对策纲要》,并于 2001 年和 2012 年进行了修订。随着日本人口老龄化不断加剧,2018 年 2 月,日本政府召开内阁会议,制定了新的《老年社会对策纲要》,作为政府应对老龄化社会措施的中长期基本综合指导方针,实施可持续的长期护理保险制度,加强护理服务,实施可持续的老年人保健体系,促进支持痴呆症老年人健康对策,并建立以居民为中心的社区支持机制。

在 1986 年内阁通过《长寿社会对策纲要》和 1988 年制定《实现长寿和福利社会对策的基本思想》的背景下,1989 年根据卫生、劳动和福利部,财政部和自治省达成的协议制定了《促进老年人健康福利十年战略》(即"黄金计划"),旨在给低收入老年人提供保健和养老服务,为老龄化社会做好准备。"黄金计划"设定了老年人健康和福利领域的发展目标,提出了在社区为老年人开设预防中风和骨折的健康班并计划性地配置保健师和护士等目标。为保证黄金计划的顺利进行,1991 年修订了《老年人福利法》,要求各市町村制定老年人保健和福利计划。尽管"黄金计划"促进了老年人健康福利,但在市町村的老年人保健福利计划中,由于高龄化的发展比预测的还要迅速,所以在 1994 年设定了重新评估黄金计划的"新黄金计划",又名《审查促进老年人健康福利的十年战略》。1999 年"新黄金计划"结束,2000 年日本的高龄化率预计将达到世界最高水平,受此影响,1999 年 12 月制定了"黄金计划 21",又名《未来五年老年人健康和福利政策方向》[94]。

2000 年 3 月厚生劳动省颁布了"第三次国民健康运动(2000—2010)",又名"健康日本 21",成为日本在 21 世纪的全民健康计划,其中身体活动和体育运动是"健康日本 21"计划的主要内容。在计划的目标中设定了老年人有意识参加体育锻炼的目标值和身体活动的目标值,对各相关领域促进老年人体育服务供给起到重要推动作用。要在少子老龄化社会背景下实现"健康日本 21"的战略目标,营造老年人身体活动和体育运动参与的社会环境至关重要,日本当局采取多种措施:一是提高学校和企业建造的体育设施的开放率,扩大公共体育设施的利用时间等;二是培养健康运动指导员、健康运动实践指导员等拥有健康、身体活动、运动相关知识和技术的指导者;三是促进社区体育俱乐部、以娱乐为目的的集会等自主活动;四是加强运动与健康的关系、体育设施的利用状况等与身体活动、运动相关的信息提供;五是为了增加日常生活中的身体活动量,在人行道、自行车车道、设施内的楼梯等处进行必要的无障碍化改造或建设,创造促进老年人外出的环境。"健康日本 21"非常注重老年人身体活动和体育运动目标的具体化,如根据老年人的年龄和能力进行以下运动中的一项以上:① 一天做 10 分钟左右的拉伸运动和体操;② 每天散步 20 分钟左右;③ 一周进行 2 次左右下肢和躯干部的肌肉力量训练;④ 一周进行 3 次休闲体育活动和中低强度运动。

2012 年 7 月,为了延长健康寿命和缩小健康差距,颁布了"健康日本 21(第 2 期)",周期为 2013—2022 年,指出定期进行作为积极健康活动的体操、步行、中低强度运动等,可以预防影响老年人生活质量的日常生活活动作能力(ADL)障碍的发生,延长活动寿命。"健康日本 21(第 2 期)"根据政策制定时的现状,提出了老年人身体活动和体育运动的发展目标,第一,日常生活中的健康锻炼步数。制定政策时的 2010 年,日本 65 岁以上男性日常生活中健康锻炼步数为 5 628 步,女性为 4 584 步,政策发展目标是到 2022 年,65 岁以上男性日常生活中健康锻炼步数为 7 000 步,女性为 6 000 步。第二,经常参加体育运动的比例。2010 年,有运动习惯者的比例为:65 岁以上男性为 47.6%,女性为 37.6%。到 2022 年,该比例要达到:65 岁以上男性为 58%,女性为 48%。第三,创造有利于居民锻炼的社区和环境的地方政府数量。2012 年是 17 个都道府县,到 2022 年要达到 47 个都道府县[95]。

21 世纪前后日本制定了 4 期国民健康促进对策:第一次国民健康促进对策(1978—1987 年);第二次国民健康促进对策(1988—1997 年),亦称"积极 80 健康计划"(Active 80 Health Plan);第三次国民健康促进对策(2000—2012 年),亦称"健康日本 21";第四次国民健康促进政策(2013—2022 年),亦称"健康日本 21(第 2 期)"。这四个健康促进政策都强调了体育运动在健康促进中的重要性,如:第二次国民健康促进对策侧重于体育锻炼,提出培养锻炼领袖促进健康,其措施包括建立健康运动指导员资格认证制度(1988 年 3 月)、建立健康运动实践领袖资格认定制度(1989 年 6 月)、开展运动推广促进者培训项目(1988),此外,还注重健康促进设施的建设以及制定了《健康促进运动指南》,为老年人身体活动和体育参与创造了制度环境。

除了相关法律政策外,日本还出台了相关条例、法令。比如:对养老护理机构的设置、申办、营运和管理等建立了系统化和规范化评估体系;为应对人口老龄化,建立了包括"养老保险、劳动保险、医疗保险、介护保险"在内的社会保险,形成了较为完善的社会保障体系。不仅日本中央政府对养老事业发展有相关规划,每个地方政府也有相关的规划,形成了完善的保障"体养融合"服务发展的政策法规体系。

4.1.5.2 采取多种措施促进老年人体育参与

1) 通过节庆活动促进老年人体育参与

日本 1963 年颁布的《老年人福利法》将每年的 9 月 15 日定为日本的"老人节",到同月 21 日为止的一周是"老人周"。"老人节"在昭和四十一年(1966)发展为国民节日"敬老日",内阁办公室,卫生、劳动和福利部以及全国老年人俱乐部联合会在内的福利和医疗组织每年都在全国范围内开展"老人节和老人周"活动,展示老年人的活力,通常会开展丰富多彩的体育活动。此外,在敬老日、老人周和老人节免费开放体育设施、游泳池、健身俱乐部和体育俱乐部,以及其他免费活动场地,如公共浴池和温泉浴池。自 1988 年以来,东京卫生部每年都举办"Nenrinpic"狂欢节,老年人在全国范围内参加诸如网球、地掷球和门球等的体育比赛。

2) "FUN＋WALK PROJECT"

日本《体育基本计划(第 2 期)》的政策目标是成人运动实施率每周 1 次以上达到 65％左右(残疾人为 40％左右),每周 3 次以上达到 30％左右(残疾人为 20％左右),而据 2016 年的统计数据,日本成年人运动实施率每周 1 次以上比例仅为 42.5％(残疾人为 19.2％),与此同时,日本国民医疗费用也已经超过 43 万亿日元,政府希望通过加强体育活动促进健康来控制国民医疗费用和延长健康寿命。因此,日本体育厅发起了官民合作项目"FUN＋WALK PROJECT",以快乐、有趣、健康的步行为切入点,扩大体育参与人口来增进国民健康。步行活动很容易融入人们的日常生活,该项目致力于将"走路"和"玩得开心"结合起来,自然而然地养成步行习惯,以增加国民体育参与率,特别是增加有轻体力活动习惯的老年人口体育参与率。

3) 建立健康积分制度

日本通过建立健康积分制度来鼓励没有锻炼习惯和对自身健康不太关心者

改变行为,为保持和促进健康的活动的人提供积分,如散步、去健身房锻炼或定期接受健康检查和健康指导等都可以获得积分,并可兑换成礼券。从本质上看,健康积分制度就是一种促进体育活动参与和提高健康意识的制度,通过体育锻炼和健康检查来获得积分。日本许多地方政府开始实施"健康积分制度",以激励居民的健康促进活动,其目标是采用体育来改善居民的健康,降低日益增长的医疗费用。在日本内务和通信部,卫生、劳动和福利部以及教育、文化、体育、科学和技术部的资助下,从 2014 年开始在 6 个城市(福岛县伊达市、东芝县大田原市、千叶县乌拉亚苏市、新潟县米苏米市、大阪府高石市、冈山县冈山市)和筑波大学以及几家私营公司共同实施的"多个地方政府合作的大型健康积分项目"对健康积分系统的大规模示范实验。该实验首次证明,"健康积分制度"对抑制医疗费用有积极影响,能够提高人们对体育运动习惯的认识。地方政府、企业和保险人通过健康积分系统进行合作,健康积分制度目标是通过步行促进健康,因此,如果每天使用智能手机或计步器步行超过 1 000 步,就可获得积分。各地方政府正在积极采取措施,通过支援地方公共团体实施"健康积分制度"推动体育运动,谋求通过体育来增进健康。

4.1.5.3　科学完善的体育场地设施发展和管理制度

1) 建立科学的体育场地设施普查制度

体育场地设施是老年人开展体育健身活动的物质基础。日本政府要求每隔几年(一般是 5～7 年)对体育场地设施进行一次普查,根据普查结果,有针对性地提高体育设施的数量和质量。1969—2018 年,日本共进行了 9 次体育场地设施普查。从普查结果看,1985 年日本体育设施数达到最高峰,数量为 292 117 个,平均每 1 万人拥有 24.11 个,此后发展速度下降,整体呈现先升后降的倒"U"形发展趋势(见图 4-5)[96]。

2) 制定完善的政策,促进体育场地设施的供给

1989 年,日本文部省发布《关于面向 21 世纪的体育振兴策略》,其中包括《体育设施建设方针》(以下简称《方针》),《方针》明确指出,要以使用者的实际需求为出发点,根据地区实际需要有计划地完善体育设施,加强体育场地设施的公共服务能力。为了更精准地提供体育场地设施服务,日本相关部门不定期地进行公共体育服务需求调查,在调查结果的基础上,制定政策进行改善。2013 年有关推进基础设施老化对策的相关省厅联络会议制定了《基础设施长

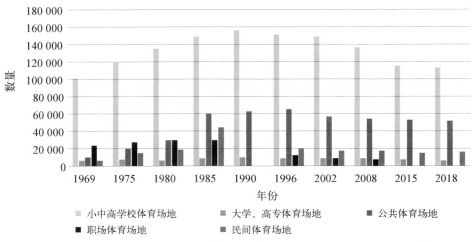

图4-5 1969—2018年日本各类管理主体体育场地设施数量情况（单位：个）

注：1990、2015、2018年有几项指标未被统计，故无相关图标。

寿化基本计划》，促进了体育场地设施的修缮和无障碍化升级改造。日本体育厅根据《体育基本法》，于2018年制定了《体育设施库存合理化指南》，旨在可持续地提供安全的体育设施，并改善公众熟悉体育的环境。此后，各地政府根据《基础设施长寿化基本计划》和《体育设施库存合理化指南》纷纷制定本地区的体育设施长寿化计划，如《东乡町体育设施等长寿命化计划》从中长期的视野出发，对町内体育场馆进行调查、评估以及升级改造，完善体育设施功能和延长使用寿命，确保町民能处在安全安心使用体育设施的环境中。另外，考虑到《体育设施的库存合理化指南》（2018年3月），地方公共团体表示将持续提供安全的体育设施，以完善国民可以亲近体育的环境。为了推进战略的维持管理、更新等，各个基础设施管理者制定每个类别设施的具体对应方针的计划，因此，2015年4月，文部科学省颁布了《关于制定学校设施长寿计划的指导方针》。此外，日本在体育设施的管理方面导入了指定管理者制度，根据小泉内阁2003年颁布的《地方自治法（修订）》，决定废除行政委托制度，建立指定管理者制度，将公共设施（体育设施、城市公园、文化设施、社会福利设施等）的管理权委托给私营公司和非营利组织等，由地方政府委托管理，指定管理者包括地方政府的资助公司、公共团体和公共组织、私营企业等，而综合性社区体育俱乐部、游泳池、健身房、市民体育场、田径场、体育场、网球场等体育设施也都被纳入指定管理者制度范畴，目标是通过引进私营部门的专有技术来提高公共设施的管理和运营效率,东京的大多数体育设施都实行了这种指定管理制度。

3) 立法敦促和鼓励学校体育场地设施的对外开放

日本的《体育振兴法》(1961)第十三条规定:根据 1947 年《学校教育法》中规定的国立学校及公立学校的设置者,在不妨碍其所在学校正常教学的情况下,应努力将学校体育设施用于对社区居民开放进行一般体育活动。2018 年,文部科学省颁布的"体育•体育设施现状调查"中期报告表明,日本全国体育设施的设置数量是 187 184 个,其中各级各类学校体育设施 119 176 处(63.7%),按调查类别设置的中小学校体育设施有 113 054 处(60.4%),大学和高等专门学校的体育设施有 6 122 处(3.3%)[97]。日本学校体育设施开放率较高,2019 年 9 月30 日,日本体育厅发布的《2018 年度体育设施现状调查中期报告》显示,9 成以上(94.9%)学校体育设施对社区居民开放。这为社区老年人参加体育锻炼提供了基本保障。为了提高学校体育场地设施的利用效率,日本体育政策鼓励学校体育设施在不影响学校正常教学秩序的情况下对外开放,在《体育振兴计划》及各地的具体实施细则中都要求所有公立学校必须在每天放学后对社区居民开放体育设施,同时政府给予专项补贴。2011 年,文部科学省出台《学校设施环境改善交付金纲要》,明确规定要对学校体育场地设施的维修改造进行补助,大大提高了学校体育场地对外开放的积极性。

4.1.5.4　健全的老年人体育社会组织

1) 全国老年人俱乐部

老年人俱乐部是根据 1963 年生效的《老年人福利法》和 2001 年颁布的《老年人俱乐部活动等事业的实施》而设置的有助于维护和促进老年人身心健康的团体。该俱乐部以社区为基础,是老年人自愿聚集和参与活动的社会组织,主要面向 60 岁以上的老年人,以约 30 至 100 人为标准,基本活动经费由成员的会费支付,并在国家和地方政府的资助下运作。通过促进健康、预防护理、志愿服务、传承活动等一系列举措为当地社区做出贡献。截至 2018 年年末,日本全国的老年人俱乐部数量为 95 823 家,会员约 5 245 723 人(见图 4 - 6)。根据1963 年 8 月生效的《老年人福利法》,老年人俱乐部被定位为促进老年人福利的组织,该法第十三条规定:"地方公共团体应致力于开展有助于保持老年人身心健康的教养讲座、娱乐活动以及其他能让老年人自主且积极参加的活

图 4 - 6 　日本 2013—2019 年老年人俱乐部发展情况（单位：个）

资料来源：根据厚生劳动省"令和元年度福祉行政报告例の概況"加工制作。

动。"地方公共团体规定："在振兴以增进老年人福利为目的的事业时，必须努力为老年人俱乐部及其他从事该事业的人提供适当的援助。"老年人俱乐部开展的活动因俱乐部而异，活动种类繁多，其中体育健身和体育休闲活动是老年人俱乐部开展的主要活动内容之一，如面向老年人开展体能测试运动会、健康步行、轻运动大会（趣味运动会、高尔夫、门球）、健康麻将大会等，以维持和检查老年人的体力，促进健康。然而，近年来老年人俱乐部活动面临的最大挑战是俱乐部数量和加入人数的减少，主要是因为受新修订的《老年人就业法》的影响，60 岁后的老年人就业率呈明显上升的趋势，74% 的男性和 48% 的女性在 60 多岁后仍继续工作。

　　2）综合型社区体育俱乐部

　　日本政府用 20 多年的时间打造了发达的综合型社区体育俱乐部，加强了日本全民健身的组织服务。所谓综合型社区体育俱乐部是一种以社区为基础、满足居民基本健身需求的体育俱乐部，由当地居民积极、自发形成，以周边学校和公共体育设施为基地，社区居民独立自主运营，促进实现终身体育社会，从儿童到老年人（多代）都能根据自己的兴趣和体能状况在综合型社区体育俱乐部进行体育锻炼。设立综合型社区体育俱乐部对社区老年人的影响效果明显，体现在四个方面：第一，健康的老年人增加了；第二，社区老年人参加体育运动的机会增加了；第三，促进了社区老年人之间的交流；第四，促进了社区代际交流。到2019 年 7 月，已经培育了 3 604 个综合型社区体育俱乐部（见图 4 - 7），全部市町村的建成率达 80.5%(1 407 市町村)[98]。日本主要通过四个措施促进综合型社区体育俱乐部发展。

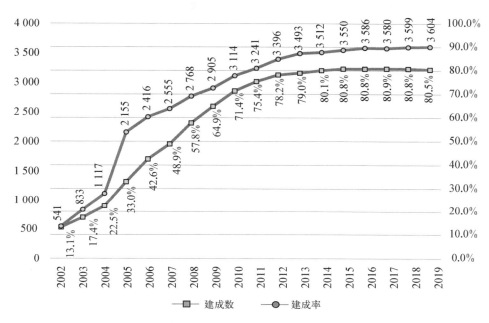

图 4-7　2002—2019 年综合型社区体育俱乐部建设情况(单位: 个)

一是政策推动。1995 年,文部科学省开始构想综合型社区体育俱乐部,同时,启动了创建试点工作。2000 年 9 月,文部科学省制定《体育振兴基本计划》,明确将培育综合型社区体育俱乐部作为实现终身体育社会的重点,提出在 2010 年前,每个市区町村至少要培育 1 个综合型社区体育俱乐部,每个都道府县至少要建立 1 个支援所辖市町村综合型社区体育俱乐部的广域体育中心[99]。综合型社区体育俱乐部发展速度快,2014 年度日本全国市区町村综合型社区体育俱乐部的设置率为 80.1%,秋田县、富山县、兵库县、山口县、长崎县、大分县、鹿儿岛县等地设置率为 100%(文部科学省,2015)[100]。

二是多元化资助提供经费保障。综合型社区体育俱乐部发展资金主要来源于体育彩票、会员会费、捐赠者捐款、企业补助金等,此外,还设立专项资助,专门用于综合型社区体育俱乐部的创建、活动和管理等[101]。

三是灵活多样地提供体育公共服务。为了吸引更多会员,扩充会费收入,本着让"任何人"在"任何时间""任何地点"都能满足身体锻炼的原则,综合型社区体育俱乐部根据老年人需求提供多元化的体育公共服务，大大满足了老年人身体锻炼和康复娱乐的需要。除了提供一般的体育活动外，综合型体育俱乐部还创设有户外游戏项目，鼓励不喜欢参与体育运动的老年人积极参与进来。此外，在拥有丰富活动基础的体育俱乐部中，配置了顶尖运动员等作为体育指导员，用于提高综合型社区体育俱乐部的体育服务质量和吸引力。

四是导入指定管理者制度。2003 年修订的《地方自治法》引入了指定管理者制度，该制度对于发挥管理者的专业性优势，提升服务质量，增强老年人体育公共服务质量具有重要意义[102]。在传统的管理外包系统中，地方政府只能将公共设施的管理外包给由地方政府资助的公司或公共组织，但是，修订的《地方自治法》生效后，包括私营企业在内的各种组织可以管理和运营公共体育设施，这有效应对了老年人多样化体育需求，改善了服务水平并降低成本。

4.1.5.5 老年人体育指导员队伍建设的科学化与多样化

1）社会体育指导员培养的科学化和制度化

日本社会体育指导员以传播运动知识、传授运动技能、开展运动指导为己任，是社区体育公共服务中不可或缺的指导力量，也是社区体育俱乐部服务质量的重要保障，日本体育指导员制度已实施 30 多年，截至 2020 年，各级各类体育指导员达到 60 8986 人，在日本体育协会登记的体育指导员人数已达 192 787 名，其中获得初级资格的指导员有 416 199 人，占全体指导员总数的68.34%[103]。日本在老年人体育指导员队伍建设方面呈现三个特征，一是科学化培养社会体育指导员。为了确保体育指导员指导工作的精准化，提高指导效率，日本社会体育指导员被细分为社区、竞技、商业、体育活动、青少年和休闲 6 类，其中，社区、体育活动和休闲类社会体育指导员的培养针对服务老年人群体，有明确的分级分类培养体系，增强了体育指导员指导工作的针对性和有效性[104]。二是培养的制度化。老年人体育的开展需要指导者，体育指导员的数量和质量是保证老年人体育健身活动科学开展的重要因素之一。1987 年，日本文部省出台的《社会体育指导员的知识、技能审查认定制度》加强了社会体育指导员培养的力度。1987—2005 年，日本社会体育指导员的数量不断增加，从 33 012 人到 120 812 人，增加了近 3 倍[105]。特别是 2005 年废除《社会体育指导员的知识、技能审查认定制度》，2006 年日本体育协会制定了一项《体育指导员培养制度》，内容包括体育指导员的类别、级别、培训课程、考核标准、评比表彰等,新制度实施以来体育指导员注册人数一直呈上升趋势(见图 4 - 8)。三是以志愿性为导向。日本社会体育指导员分为职业和非职业 2 种,其中非职业性体育指导员居多,占 90％左右,这类指导员一般都有稳定的职业和收入,他们大多以志愿者的身份加入俱乐部,利用休息时间参与到体育俱乐部活动指导中,服务期间,俱乐部会给予适当的交通费用补助。此外,日本社区还配备有运动医生,运动医生也是以志愿者的身份为参加体育运动的老年人提供身体检查、制定运动处方等。四是注重激励社会体育指导员。为了鼓励更多的志愿者参与到社区体育俱乐部当中,日本政府先后出台了《体育功劳奖制度》《体育·体育设施功劳者表彰规程》《社会体育优秀团体表彰制度》等,给予对社区体育做出贡献的体育指导员一定的表彰和奖励[106]。同时建立了"终身体育成就奖和终身体育优秀团体奖制度"来表彰优秀的社会体育指导员和社会体育指导员协会,奖项分为体育和体育设施成就奖、终身体育成就奖、终身体育优秀组织奖 3 种。

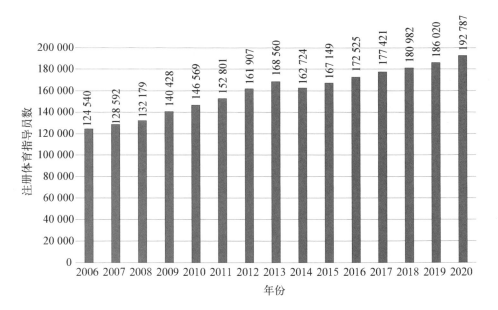

图 4 - 8　2006—2020 年日本注册体育指导员发展情况(单位: 人)

2) 老年人健身指导员培养的多样化

随着人口老龄化的迅速发展,日本开始把重点放在老年人预防护理上,使老年人能够健康地生活。基于此,日本加强了对老年人健身指导员的培养,在政府的主导下社会组织和健康研究机构积极参与老年人健身指导员的培养,参与培养的社会组织包括日本健身指导协会、日本护理预防协会、健康与健身事业基金会、东京都健康长寿医疗中心研究所等,其培养的老年人健身指导员有"老年人健身支持师"、护理预防运动指导员、健康运动指导员等。

第一,老年人健身支持师。"老年人健身支持师"是在《长期护理保险法》保障下,为日本老年人提供"健康促进指导"的资格,属于社会体育指导员的类别,通过专业体育指导人员帮助老年人养成运动习惯、护理预防和抗衰老,提高老年人的生活质量,支持老年人的自力更生,预防他们以被"护理"的形式生活。作为老年人的健康促进支持专业人员,旨在指导健康管理方法,并支持老年人的体能发展。"老年人健身支持师"的资格要求为具有体育教育、运动和医疗背景的人,在体育和健身行业工作的人获得"老年人健身支持师"的资格,将可以扩大其指导老年人的技能和提供服务的范围。为了保持健康,越来越多的老年人在健身房、体育俱乐部、疗养院、康复机构锻炼,以预防疾病和实现康复,"老年人健身支持师"能够提供在健身、医疗、福利和护理行业即可实施的健身计划,在高度老龄化的背景下,日本的体育、健身、护理、娱乐等行业都非常需要这类人才为老年人提供健身指导,因此对"老年人健身支持师"的需求量日益增多。为了加强"老年人健身支持师"的培养,日本国家健身指导协会于 2000 年 4 月启动了老年人运动指导项目,并成立老年人运动习惯养成事业部,负责"老年人健身支持师"的培养与管理。

根据"健康日本 21(第 2 期)"的理念,"老年人健身支持师"由国家健身指导协会的老年人运动习惯养成事业部实施资格认证计划,申请人应参加由健康促进指导协会举办的"老年人健身支持师资格研讨会",学习老年人健身指导的基本内容,并通过考试获得"老年人健身支持师"的资格。日本对参与"老年人健身支持师"培训的人员有严格的要求,其必须符合以下条件之一:① 体育院校和医学院校的毕业生或即将毕业的学生;② 合格护士、公共卫生护士、注册营养师、理疗师、针灸师、护理员、营养学家等;③ 已取得运动相关资格并有 2 年以上教学经验者;④ 从事运动指导工作 3 年以上的人;⑤ 参与促进老年人健康的其他人员。老年人健身支持师有两种资格:"中级"和"高级"。"中级"资格课程有理论和实践技能,理论课程包括老年人运动生理学、老年人运动与营养、预防生活方式相关疾病的运动、老年人的心理、认知功能和运动,实践技能包括老年人身体活动支持、老年人步行练习、老年人的椅子锻炼、老年人的水上运动、老年人的水中舞蹈练习、老年人的体能测量等。"高级"资格课程仅限于获得"中级"资格的人参加，在获得"高级"资格之前，必须先获得"中级"资格。"高级"课程的理论课程有老年人力量训练理论、老年人的运动健康支持、活力老化运动、老年人的残疾和运动；实践技能课程包括老年人伸展、预防老年人生活方式相关疾病、运动实践、老年人身体控制基础、老年人水中身体调节运动、老年人阻力训练[107]。获得"老年人健身支持师"资格后，国家健身指导协会将提供持续的支持和信息，根据定期召开的更新研讨会和协会的报纸，经常提供获得最新信息的机会。此外，协会致力于开发锻炼计划，并将研究成果回馈给"老年人健身支持师"。

第二，护理预防运动指导员。卫生健康组织机构也积极参与培养老年人运动健康指导员，当前日本卫生健康组织机构组织认证的护理预防资格分为两种：护理预防运动指导员和护理预防指导员。两者都是由私立机构认证，但认证机构不同，护理预防运动指导员由东京健康长寿医疗中心研究所认证，护理预防指导员由日本护理预防协会认证。两者都掌握了指导老年人从事体育锻炼的技能，通过运动指导促进老年人进行科学健身。

护理预防运动指导员是专门从事护理预防的私人资格，他们提供运动健康指导，如护理预防计划和力量增强培训，预防老年人进入护理状态，使老年人保持独立生活能力。护理预防计划因老年人身体状况而异，例如，对腿部肌肉衰弱的人进行步行训练等。护理预防运动指导员的作用是帮助老年人保持或增强他们的运动功能[108]。东京健康长寿医疗中心研究所制定了培养护理预防运动指导员的课程方案，包括理论和实践课程，总共需要 5 天至一个月的时间完成累计 31.5 小时课程，通过参加培训，护理预防运动指导员可以学到制定护理预防计划、器械和体操等的运动指导、护理预防的事前和事后评估方法。全国约有35 000人参加了该课程，其中约 7 400 人参加了中央体育有限公司健康支持部的课程。参加培训的人员主要是护理、医疗和运动指导的合格人员，包括保健护士、护理支持专业人员、社会福利工作者、护理工作者、健康运动指导员、健康运动实践指导员、各种健美操教练、各种个人健身教练以及体育大学、体育学院和社会体育专业学院毕业生等。通过参加培训课程，护理预防运动指导员掌握了老年学、老年人社会参与和社区发展、提高运动器官的功能、老年人个体风险管理、痴呆症预防、营养改善和口腔功能改善等方面的技能和知识[109]。在研究所指定的学校或组织参加所有课程后，通过一小时的结业考试即可获得资格。获得资格后,护理预防运动指导员将能够实施老年人的肌肉增强计划,指导培训,并衡量护理预防计划的效果,注册需要每三年更新一次。具有护理、医疗和福利相关资格人员需要有工作经验才能获得资格。护理预防运动指导员的工作场所主要在养老院、日间照料中心、居家养老服务中心、医疗机构、体育中心、健身俱乐部等,其主要在护理、医疗和健康运动指导领域发挥积极作用,其工作内容是制定适合老年人特点的护理预防计划,并实际进行力量训练指导[110]。

护理预防指导员则是由日本护理预防协会认证其资格的,旨在培养促进护理预防的相关人员。要求三天内参加总共 21.5 小时的课程,课程内容包括力量训练、拉伸、预防跌倒、康复、紧急复苏、测量和评估等指导,不用考试即可获得资格。获得资格人员,可以为老年人提供力量训练、伸展和预防跌倒等指导。日本护理预防协会自 2005 年以来举办护理预防指导员课程,培养了大量促进护理预防活动的人力资源,截至 2019 年 6 月,该协会已培养了 5 000 多名毕业生,毕业生的活动场所多种多样,获得资格后,其作为护理预防的承担者主要进行"力量训练指导""伸展""预防跌倒""营养护理"等指导。[111] 护理预防指导员不需要任何实践经验也可以获得资格,获得资格后可以担任物理治疗师、健康运动指导员、健康运动实践指导员等。

第三,健康运动指导员。日本为建立提供优质医疗服务的体制,修改医疗法等部分条款内容,根据 2005 年 12 月 1 日制定的《医疗体制改革纲要》,政府和执政党医疗改革委员会对国民的医疗体制进行了改革。此次的医疗制度改革指出,生活习惯病预防不仅贯穿个人一生的健康,而且是中长期医疗费优化对策的一个支柱,在推出的全面预防生活方式相关疾病对策中,不仅需要初级预防,还需要专家指导促进健康运动的二级预防,特别是从 2008 年开始实施的特定健康检查、特定健康指导中,对于担负运动、身体活动指导工作的健康运动指导员的需求越来越多。健康运动指导员是 2007 年健康与健身事业基金会新设立的运动指导专家资格,他们是负责制定运动计划和协调实践指导计划的人员,以便与医疗保健专业人员合作,实施安全有效的锻炼。

健康运动指导员的培养事业是自 1988 年起作为厚生大臣的认证事业开始的,从当时起健康与健身事业基金会就开展了指导者的培训事业,为促进终身健康做出贡献,以防止与生活方式有关的疾病,保持和提高健康水平。2007 年实施了新的健康运动指导员认证,重新启动的认证制度扩大了健康运动指导员活动场所,成为对高风险者进行安全高效体育运动指导专家应具备的标准资格。获此资格者可以在体育设施和健身俱乐部担任顾问,也可以在护理设施和医院任职。健康运动指导员是厚生劳动省提出的"健康日本 21""健康前沿战略""医疗制度改革"的中心课题,作为承担生活习惯病预防和护理预防的专家资格,主要工作包括:创建单独的锻炼计划、调整实际指导计划、直接参与运动指导。根据健康与健身事业基金会公布的数据,截至 2020 年 3 月 1 日,日本全国共有18 332 名健康运动指导员在健康与健身事业基金会注册为健康运动指导员,其中,男性 6 644 人,女性 11 688 人。他们的主要工作场所人数分布如下:运动俱乐部和健身俱乐部,4 124 人;诊所、医院等,2 930 人;自由活动等,2 343 人;保健所等,1 418 人;老年保健、福利设施等,1 223 人;学校,1 113 人;健康协会、卫生管理部门,329 人;其他[112]。

　　与健康运动指导员相近的是健康运动实践指导员。健康运动实践指导员是健康促进运动领导者的称号之一,是日本第二次全国健康促进对策(积极80 健康计划)的组成部分,主要职能是进行实际体育技能指导,并特别擅长为群体提供运动指导,指导不同年龄段的人进行锻炼以创造健康,所指导的运动项目包括有氧运动、瑜伽、慢跑、散步、游泳、伸展和锻炼。健康运动实践指导员具备医学基础知识、运动生理学知识、健康运动指导知识和技能,并根据为促进健康而制定的锻炼计划提供实践指导,包括预防与生活方式相关疾病和维护老年人健康。健康运动实践指导员的就业去向主要有体育俱乐部、健身俱乐部、医疗机构、福利机构、公共体育设施、学校、卫生院、老年人健身俱乐部等。

　　从 1988 年到 2005 年,"健康运动指导员"和"健康运动实践指导员"都作为国家认证项目存在,2005 年废除了该认定制度,从 2006 年开始,这两项认证仍是健康与健身事业基金会认证的私人健身指导资格,获此两种资质者都活跃在私立医院、健身俱乐部、老年人护理中心和保健福利设施等与健康相关的场所。两种资格在促进国民健康的运动指导方面都扮演着关键角色,但在实际工作内容上存在差异:健康运动指导员通常制定锻炼计划,并实际指导体育运动按计划进行,支持体育活动,指导特定健康,并协助促进和传播体育局提倡的公众体育习惯,为促进公众健康做出贡献。而健康运动实践指导员则根据健康运动指导员等制定的锻炼计划指导人们进行锻炼。自 1989 年开始实施健康运动实践指导员培训计划以来,截至 2020 年 1 月,日本全国健康运动实践指导员人数为

19 763 人(女性 11 314 人,男性 8 449 人),其主要工作场所的人数分布如下:运动俱乐部、健身俱乐部等,4 442 人;诊所、医院等,1 955 人;老年人健康护理、福利设施等,1 379 人;保健所等,729 人;保险协会、公司,98 人;与学校有关场所(含学生),540 人;免费活动,1 690 人;其他人。在医院、老年护理机构和保健中心工作的健康运动指导员总数为 4 063 人,与在体育俱乐部工作的 4 442 人大致相同。到 2021 年 8 月,健康运动指导员数量为 18 401 人,健康运动实践指导员的数量为 18 845 人,两者数量相当[113]。

4.1.6　北欧

北欧是政治地理名词,特指北欧理事会的五个主权国家:丹麦、瑞典、挪威、芬兰、冰岛,也称为斯堪的纳维亚国家。北欧五国历史背景紧密相连,生活方式、宗教、社会和政治制度相近,总面积约 1 322 710 平方英里,总人口为 2 733 万,人口密度全球最低,根据《2021 世界人口状况》统计数据,北欧人口最多的国家是瑞典,人口数为 10 160 169 人,最少的国家是冰岛,人口数为 343 353 人。[114]北欧五国的经济水平高,挪威、丹麦、瑞典等国的人均国民生产总值均位居世界前列,高收入高福利,在全球最幸福国家、全球福利最好国家、全球最宜居城市排名中均位列前茅。芬兰、丹麦、挪威和瑞典在推行基本社会保障改革方面蜚声世界,建立了完善的社会福利体系,在社会保障、幸福与信任指数、财富水平、平等和减贫等方面排在世界前列。北欧国家较早进入人口老龄化社会,65 岁及以上人口比例为:芬兰,22.1%;瑞典,20.2%;丹麦,20%;挪威,17.2%。老年人口占总人口比例上升引起老年人口抚养比上升。[115]根据世界银行统计,自 2010 年以来,瑞典、芬兰、丹麦的老年人口抚养比以每年 1% 的速度上升,目前已达到 30% 左右,即平均约三个劳动年龄人口负担一个退休人口的支出。第二次世界老龄问题大会强调,老年人应平等受益,能够参与发展成果,促进其健康和福祉。[116]

北欧五国在长期应对人口老龄化过程中积累了丰富的经验,尤其是在积极老龄化和健康老龄化方面,而体育作为健康促进的重要手段,受到北欧国家的普遍重视,这与欧盟实施的一系列政策密切相关。2007 年欧盟委员会通过的《体育白皮书》改善和加强了欧盟在体育领域的合作与对话,通过体育增进健康是其重要内容,这是欧盟发布的第一份体育政策文件,《体育白皮书》提出的"皮埃尔・德・顾拜旦行动计划"(Pierre de Coubertin Action Plan)建议:制定关于体育活动的指导方针,并建立一个欧洲身体活动网络以促进体育作为增进健康的活动。2009 年年底,随着《里斯本条约》的批准,体育成为欧盟重要议题之一,欧盟首次积极致力于在政策层面促进体育和身体活动,这不仅是为了改善整个欧盟人口的健康,也是为了加强体育在促进社会凝聚力和教育价值方面发挥的作用。2011 年年初,欧盟委员会通过了关于体育的通讯,重点讨论体育在社会中的作用,在此基础上,理事会颁布了 2011—2014 年欧盟第一个体育工作计划,体育被成员国和欧盟委员会确定为优先事项,加强了欧盟层面的合作;2014 年欧盟制定了第二个体育工作计划(2014—2017),加强了欧盟成员国体育健身环境的建设。2013 年理事会发布的《关于健康促进身体活动的建议(HEPA)》旨在鼓励体育与健康、教育、城市规划和工作环境之间更有效的政策合作,为公众体育参与创造更好的环境,鼓励促进健康体育活动。欧盟委员会从 2015 年起设立了欧洲体育周,成为鼓励人们更多地参与体育和身体活动的重要举措,以促进整个欧洲的体育和身体活动开展。2017 年 5 月通过的《欧盟体育工作计划》(2017—2020)将体育的完整性、体育的经济层面和"体育与社会"确定为这一时期的三大优先事项。欧盟出台的一系列体育政策对成员国加强老年人体育和身体活动提供了参照依据(见表 4 - 3)。本节将重点分析芬兰、瑞典、丹麦三国的"体养融合"发展经验。

表 4 - 3　2014 年北欧五国各年龄段国民每周至少进行体育、健身或娱乐活动一次的比例(%)

	总计	15~24 岁	25~34 岁	35~44 岁	45~54 岁	55~64 岁	65+岁
丹麦	74	81	74	73	75	71	70
芬兰	74	82	80	76	75	73	64
瑞典	71	81	73	74	72	72	61
冰岛	70	81	73	72	70	67	58
挪威	70	78	74	73	73	71	55

4.1.6.1　芬兰

芬兰是欧洲老龄化速度最快的国家之一,2019 年,芬兰 22.1%的人口年龄在 65 岁以上,估计到 2030 年,人口老龄化程度将达到 26%。芬兰每年有 1.3 万名老年人出现记忆障碍,12万名老年人患有轻度认知障碍,定期的体育活动与社交生活方式相结合可以预防记忆障碍。芬兰现行的保健指南中明确了身体活动在预防和治疗疾病中的作用,随着人口老龄化的加剧和居家老年人的增加,身体活动将发挥越来越重要的作用。

1) 芬兰老年人体育管理体制

在国家层面,芬兰的教育和文化部负责全面管理、协调和制定国家体育政策,并为从事体育活动创造有利条件,重视体育和身体活动在加强公民社会和包容方面的作用。体育政策旨在促进体育和身体活动,提高人民的福祉,以及组织竞技和表演体育与相关的公民活动。教育和文化部在履行体育法规定的职责时,与市政当局、非政府组织和体育运动领域的其他行动者进行合作,例如:教育和文化部与社会事务和卫生部合作设立了促进健康和福祉的运动指导小组,鼓励芬兰人多锻炼、少坐。此外,教育和文化部通过发放可自由支配的政府赠款,资助促进体育和身体活动的区域组织,每年约有130个此类组织接受援助。

在地方层面,地方当局有责任为地方一级的体育活动创造机会和设施,主要方式包括:① 提供体育锻炼服务和组织体育活动,以促进一般健康和福利,并适当顾及各目标群体;② 支持公民行动,包括俱乐部活动;③ 建造和维护体育活动设施;④ 根据《健康保健法》规定,评估居民的身体活动水平,作为促进健康和福利的一部分。地方当局在对体育活动有关的问题做出关键决定时,必须征求居民的意见,这是《地方政府法》(1995) 第27节规定的义务之一,为当地居民提供参与和施加影响的机会。

2) 注重身体活动促进立法

第一,一般法律中身体活动促进。芬兰非常注重立法保障公民的体育权利,在现有的多部法案中都包含促进健康和福祉的身体活动条款,如《芬兰宪法》(Constitution of Finland)规定,身体活动是公民一项基本的文化权利;《健康保健法(2010)》(Health Care Act)指出,市政当局必须将健康咨询纳入所有保健服务,并为所有年龄人群安排健康检查和咨询,市政决策者必须监测居民的健康和福祉以及影响他们的因素,并采取增加身体活动的机会等措施;《地方政府法》(Local Government Act)(1995)指出,身体活动是制定福利政策的工具之一,对维护城市居民的健康、工作能力和功能能力具有重要意义,市政当局必须促进其地区居民的福祉和可持续发展;2013年7月1日生效的《老年人功能支持法》和《老年人社会和保健服务法》都指出,老年人有权根据个人需要获得社会和保健服务。此外,《老年人护理服务法》(Act on Care Services for Older Persons)和《教育和文化资助法》(Act on the Financing of Education and Culture)(2009)都有关于促进身体活动的规定。这些法案保障了老年人身体活动参与和体育服务的供给。

第二,制定专门体育法保障公民身体活动。芬兰于 1979 年 12 月 28 日在赫尔辛基颁布了首部《体育和身体活动促进法》(Decree on the Promotion of Sports and Physical Activity)(以下简称《体育法》)(2015),提出了关于体育和身体活动组织的财政援助、政府支持等事项的更详细规定。[117]此后经过两次修订,分别是 1983 年 12 月和 2015 年 5 月。《体育法》的颁布使得体育活动政策的制定和实施有法可依,保障了公民体育活动的参与权,以全民健身加强全民健康,提高了公民的生活质量和健康水平,降低了医疗支出。2015 年芬兰颁布了新修订的《体育法》,包含了 5 大目标:① 增加不同人口群体参与身体活动的机会;② 提升人口的福祉和健康;③ 保持和提高身体活动能力;④ 推进体育活动领域的公民行动,包括俱乐部活动;⑤ 促进体育和身体活动方面更加平等。

3) 全面加强老年人体育健身服务供给的政策

第一,《特殊群体体育发展方案(2003—2005)》。芬兰福利政策的一个关键目标是扩大体育活动群体,为了增加残疾人和老年人体育活动的参与,芬兰教育和文化部、国家体育委员会、特殊体育部合作制定了《特殊群体体育发展方案(2003—2005)》(Programme for the Development of Physical Activity for Special Grous 2003 - 2005),方案提出:加强地方一级针对特定群体的体育活动,特别关注老年人体育活动的开展,并加强体育与其他文化组织之间的合作。加强地方能力的目的是通过将增加的体育活动拨款分配给关键组织,加强对包括老年人在内的特殊人群体育活动的支持,这些提供体育健身服务的关键组织包括地方政府体育部门、地方残疾人和特殊体育协会、当地体育组织或体育俱乐部、应用体育教育与特殊体育指导员、社会和卫生组织。在不同的行动组织中开发老年人体育活动计划,重点是为残疾老年人提供体育活动服务。[118]

第二,《国家老年人体育活动政策方案》。2012 年,芬兰教育和文化部制定了《国家老年人身体活动政策方案》(National Policy Programme for Older People's Physical Activity),旨在独立或指导增加老年人的日常活动和身体活动。该方案的目标群体是体育锻炼不足的老年人,包括 60 岁以上的退休人员、75 岁以上独立生活和有早期行动问题的人、养老机构中的老年人,政策方案采用联网的方法,围绕目标群体建立国家、区域和地方网络。该政策方案在 6 个领域提出了建议,一是跨部门合作和活动分工:① 促进老年人健康的运动已经列入老年人立法、政府战略、国家相关部门的战略、行动计划和预算中;② 老年人的健康促进锻炼被纳入城市卫生战略以及地方组织的战略和行动计划,以达到目标群体;③ 在市政当局中,应设立一个跨部门合作小组,促进老年人的健康和福祉,并处理体育锻炼问题。二是环境和设施:① 增加安全无障碍的步行和骑行路线以及户外锻炼设施;② 为老年人建造、翻新室内锻炼设施。三是运动咨询和活动:① 增加城市老年人的锻炼咨询;② 增加城市中活动量低或减少的老年人身体活动。四是公众认识、态度和专门知识:① 鼓励各种教育和其他组织在其培训方案中增加老年人的锻炼;② 确保维护老年人健康锻炼培训网络;③ 为老年人举办关于体育锻炼和志愿工作的市政学习活动;④ 组织宣传对具有不同功能能力的老年人积极态度的活动。五是研究与发展之间的对话:① 启动研究和协调发展项目,以应对老年人健康促进锻炼的挑战和需要;② 定期组织关于锻炼和老年人的国家论坛。六是方案的协调、后续和评价:① 协调和评价方案的行动方法;② 为老年人的引导性健康锻炼制定质量标准,并根据这些标准评估锻炼活动。[119]

第三,《行动中:身体活动促进健康和福祉的国家战略 2020》。21 世纪初,芬兰在推动健康、促进身体活动的行动方面,已经实现了密集和有效的跨部门合作,而且随着国家战略的制定,这种合作将进一步加强。芬兰政府关于发展增进健康身体活动的政策的决议(2002 年和 2008 年)为促进增进健康身体活动的国家行动提供了良好的基础。2013 年,芬兰社会事务和卫生部与教育和文化部共同通过了《行动中:身体活动促进健康和福祉的国家战略 2020》(On the Move:National Strategy for Physical Activity Promoting Health and Wellbeing 2020),战略提出了 6 个目标:① 锻炼和身体活动作为个人和社会健康、福祉和竞争力的基本前提的重要性得到理解;② 不同的行政部门和组织将加强合作创造身体活动的机会;③ 促进身体活动的基础是利益攸关方之间的伙伴关系、有效的结构和良好的领导;④ 注重平等对待;⑤ 个人将利用改善的机会增加他们的日常体育活动;⑥ 芬兰将成为欧洲日益强大的身体活动文化示范国。该战略旨在寻求多部门合作,通过教育、分享和传播最佳做法来改革不活跃的生活方式,解决整个生命过程中的身体活动不足问题,特别是久坐问题。

第四,全国老年人户外日。"全国老年人户外日"(National Outdoors Day

for Older Adults)鼓励人们在晚年保持积极的生活方式,这项活动与持续的"老年人力量计划"(Strength in Old Age)以及"与老年人一起散步"(Take a Walk with an Elder)运动一起举办,旨在为老年人创造经常锻炼的机会,并提高人们对促进老年人健康的益处的认识。

4)注重老年人体能监测和运动处方

体能监测是运动处方的科学基础,UKK 2 公里步行测试(UKK 2 km Walk Test)是一种简单而安全的体能测试,旨在测量成人的心肺健康,是为 20 至 65 岁的没有疾病或残疾限制的快走的成年人进行的体能测试。此外,UKK 还开发了 UKK 6 分钟步行测试(UKK Six-minute Walk Test),是在野外环境中预测健康成年人心肺功能的一种简单而安全的工具,在 15 米跑道上进行的 UKK 6 分钟步行测试是为 18～70 岁的健康成年人设计的,让参与者在没有心肺或肌肉骨骼限制的情况下快速步行 6 分钟,再根据获得的健身水平提供个人健身分类和锻炼处方。[120]

为了有助于老年人疾病康复,芬兰制定了《国家身体活动处方计划(2001—2004)》[National Physical Activity Prescription Program (2001 - 2004),PAP],目的是增加医生身体活动咨询,特别是在初级保健中。该计划与 2 个研究组织、2 个患者协会、芬兰医学会和一个政府资助的 PAP 计划合作实施,包括教材开发、医生培训以及向保健和运动专业人员与利益相关者传播有关身体活动咨询的信息。PAP 是医生与患者讨论身体活动的工具,并根据情况将患者转介给其他健康或运动专业人员,以便进行更详细的行动计划和随访。PAP 是基于 5A 的原则,这已被建议作为一个简短的行为改变咨询临床实践指南。在芬兰 24 个初级保健单位进行的一项随机试验表明,PAP 能有效地增加身体活动不足患者的中等强度身体活动,社会事务和卫生部还提倡在国家增强健康身体活动战略中使用 PAP。[121]

5)注重体育场地设施的供给

体育参与对整个生命周期的积极影响已得到芬兰当局的认可,当局把体育作为老年人积极发展的途径,教育和文化部通过指导体育设施的建设并提供资助,为从事体育和身体活动创造了有利条件。芬兰约有 36 000 个注册体育设施,其中约 75％由市政当局建造和维护,而位于城镇的私营体育设施也有效地补充了城市体育设施供应,这些体育设施非常注重无障碍化,以方便老年人和残疾人使用。教育和文化部以及区域国家行政机构为建设体育设施和相关娱乐设施的项目拨款,大部分财政拨款用于为大众体育项目提供服务的设施,如游泳池、健身房和溜冰场,以及建造、翻新或修理当地的体育活动设施。芬兰拥有健全和完善的国家养老金与社会保障计划,能够确保养老金领取者享受较高的社会福利,地方政府则提供无障碍设施和各种优惠,如公共交通工具和体育场馆设施都无障碍化,老年人可以轻松、便利地使用游泳池、健身房和健身中心进行体育锻炼;此外,体育设施和体育空间配置等是养老服务供给标准化的重要元素,芬兰养老公寓和养老社区里都普遍配备有小型健身房和游泳池等。

6) 大力推广老年人身体活动促进方案

第一,《老年力量计划(2005—2014)》。芬兰退休年龄的人达到力量和平衡训练身体活动建议要求的比例较低,而力量和平衡能力对老年人保持健康非常重要,老年人应该做更多的力量和平衡训练。2010 年,芬兰因跌倒而引起的急性治疗费用为 4 500 万欧元,被列入预防跌倒行动计划的力量和平衡训练可以防止三分之一的臀部骨折。运动在促进老年人健康、行动能力、幸福感和记忆力方面发挥着重要作用。研究表明,芬兰老年人的身体活动正在减少,只有少数人根据健康锻炼建议进行锻炼,尤其是力量和平衡运动方面不够,健康运动一直是国家体育政策的中心主题,但体育咨询和活动以前并未以具体计划为指导,因此,健康体育锻炼咨询委员会提出了一项关于芬兰老年人体育锻炼的国家政策计划《老年力量计划(2005—2014)》(Strength in Old Age Program 2005 - 2014),该计划由年龄研究所协调,芬兰老虎机协会、社会事务和卫生部以及教育和文化部资助,为功能衰退风险增加的独立生活的老年人(75 岁以上)开展循证健康运动,目标是通过开发和增加运动咨询、有专门指导的力量和平衡训练、日常锻炼和户外锻炼等服务来降低老年人因功能衰退而带来的风险。该方案的活动在非政府组织和公共部门的合作下开展,通过执行方案中的良好做法为老年人体育锻炼服务。年龄研究所为各自治市提供量身定制的辅导支持、协调和评估,该计划经历了三个阶段:第一个阶段(2005—2009 年),非政府组织积极参与,在 35 个保健和社会护理组织中实施了老年人健康锻炼计划;第二个阶段(2010—2015 年),年龄研究所在 38 个自治市的合作指导下,支持健康锻炼良好的实践实施,自治市协作小组的主要部门包括自治市的体育、社会和保健当局以及非政府组织;第三个阶段(2016—2021 年),48 个市政当局参与了老年人力量锻炼计划。[122]该计划通过促进公共部门、非政府组织和私营部门之间的地方合作,并借助培训和学习材料加强专业人员和同行的技能。[123]根据广泛的内外部评价,该计划增加了跨部门合作,改进了行为人的专门知识,增加了对功能能力下降的老年人的锻炼服务,并改善了目标群体的身体状况,根据老年人的反馈,参加锻炼活动提高了功能能力,增加了社会交往,改善了情绪。

第二,国家"健康生活"计划(Fit for Life)。国家"健康生活"计划是全国性战略资助地方项目,其目的是降低 40 岁以上的人参加体育活动的门槛,创造易于获得的体育活动服务,并为芬兰各地的初学锻炼者提供支持。教育和文化部与社会事务和卫生部资助这项全国性倡议,此外,交通和通讯部、经济和就业部、环境部和国家林业委员会也积极支持该计划,体育和公共卫生促进基金会(LIKES)负责管理。该计划的运作模式包括为身体活动项目举办研讨会和活动、提供信息资料、指导和资助。在项目资金的帮助下,全国各地已经实施了4 000 多个地方项目,提供有指导的团体锻炼、不同项目的入门课程、体能测试、个人健身指导等机会,降低进行体育锻炼的门槛。同时,"健康生活"计划提供有关体育活动的重要性、效果和适当剂量的信息,计划目标是激活和帮助久坐的成年人开始身体活动的生活方式,减少久坐,增加身体活跃的通勤(步行和骑自行车)。跨部门合作是纳入该方案的一项关键原则,其目的是加强在健康促进体育活动方面开展活动组织之间的合作和联系。[124]

第三,KKI 计划。退休后在闲暇时间锻炼和增加日常锻炼有助于老年人过上积极健康的生活,KKI 计划在全国范围内实施"移动变化"促进健康和福祉的身体活动政策。计划的主要行动是建立、维护和发展促进健康的运动网络,提高老年人对身体活动积极健康影响的认识。KKI 方案是由教育和文化部以及社会事务和卫生部资助的行动方案,交通和通讯部、经济事务和就业部、环境部和大都会部也参与了该计划。各部委以各自的行政部门运作,并与 KKI 行为者以跨部门方式合作,例如促进日常、通勤和自然环境中的身体活动。

第四,专业组织支持老年人身体活动。芬兰 Physiotools Oy 是世界领先的运动指南研制者,为芬兰全国 1 000 多个组织提供康复和身体活动指导服务,这些组织包括:医院、保健中心、治疗设施、私人物理治疗师、健身中心和教育机构等。针对老年人群,Physiotools Oy 研制了《健身指南 60＋》,为 60 岁以上老年人保持和发展日常体能和防止衰老带来的变化提供锻炼技巧。练习重点是发展下肢肌肉力量和平衡,练习简单,容易在家里独立完成,非常适合独立训练。这些练习使初学者能够轻松、安全和有趣地参加身体活动。此外,芬兰也制定了《65 岁以上人群身体活动建议》,为芬兰老年人参与体育健身提供了科学指导。

4.1.6.2 瑞典

瑞典是斯堪的纳维亚福利体系的代表国家之一,其在平等主义文化的影响下形成的养老服务体系在国际上广受赞誉,老年人保健和社会护理是瑞典福利政策的重要组成部分。瑞典人口老龄化率在北欧五国中排名第二,达到 22.2%,预计到 2040 年,这一数字将上升到 23%,瑞典人的预期寿命也位居世界前列:男子 81 岁,女子 84 岁。[125]"瑞典福利模式"将包括老年人、残疾人等所有社会弱势群体在内的全体社会成员看作完全平等的权利主体,均以公民权利为基础面向全体社会成员提供社会福利,通过无差别福利的供给使得社会权利得到确认与保障,以确保社会公平在不同社会群体之间最大限度得以实现。瑞典没有体育部或特别体育当局,国家体育拨款的管理和分配已下放给瑞典国家体育联合会(RF),在向瑞典国家体育联合会移交行政任务的《法案》(1995:361)的支持下,瑞典体育联合会每年向体育协会(IF)、体育联合会和体育教育联合组织(RF-SISU)以及特别体育联合会(SF)分配大约 18 亿瑞典克朗的赠款,老年人体育健身作为社会福利的组成部分受到体育部门、健康部门的重视。瑞典是"世界上体育运动最多的国家之一",体育联合会下属的 70 个体育协会拥有 19 000 个体育俱乐部,大约三分之一的瑞典公民是体育俱乐部的成员,老年人也不同程度地参与体育俱乐部活动。瑞典非常重视老年人预防保健,为老年人引进了多种新的有效预防保健形式,身体活动被瑞典当局认为是最佳的预防保健形式,老年人体育健康促进引起了越来越多的关注,处方上的身体活动既有预防目的也是治疗形式,老年人不仅要进行一般的锻炼,还要进行某种特定形式的身体活动,有时还要配合药物治疗,以促进健康。

1)分层的养老服务管理网络

瑞典国家层面的养老服务管理机构是卫生与社会事业部(Ministry of Health and Social Affairs),区域层面的管理机构是 21 个郡议会,负责中级和初级护理,居家养老等社会服务由地方层面的 290 个市养老相关部门提供,瑞典养老服务管理的权力由国家下放到了地方,中央政府并不直接提供具体的照护服务,而是制定政策以及监督地方政府相关照护服务的提供与实施。瑞典的卫生与社会事务部统筹全国养老服务事务,其下属部门全国卫生与福利委员负责协调《社会服务法案》(Social Service Act)和《健康与医疗服务法案》(The Health and Medical Service Act)这两个纲领性的养老法案。[126]

2) 注重体育健身服务的组织化

瑞典的休闲和体育政策在福利社会的公共领域中占有重要地位,在第二次世界大战后的几十年中,自愿性和会员制俱乐部体育持续发展,1940 年有 6 252 个体育俱乐部和 415 000 个会员,到 1970 年增加到 13 467 个俱乐部和 2 200 000 个会员。[127]这些俱乐部依靠志愿者的努力,为瑞典公民提供了大量体育健身服务,2008 年瑞典有 615 000 名体育指导员,大约 22 000 个体育俱乐部,73%的体育俱乐部为中老年人举办体育健身活动。[128]政府为建设体育设施投入了大量财政支持,许多体育项目的会员迅速增加。第二次世界大战后,地方当局注重有组织的体育活动的供给,增加了投入,而且这种投入也被纳入了制度。

尽管福利国家缩减一部分资助,但体育健身服务供给仍在继续。在 1968 年至 1998 年之间,从 53 个体育联合会(RF)、12 606 个俱乐部和大约 2 200 000 个成员增长到 67 个体育联合会、21 859 个俱乐部和大约 3 000 000 个成员。此后,瑞典自发组织的体育活动越来越流行,例如散步和跑步,在私人健身房做运动以及追求各种所谓的冒险活动或替代性运动,例如远足、登山、滑板和单板滑雪。[129]2019 年,步行是瑞典老年人中最受欢迎的运动类型,77%的受访老年人喜欢这项运动,此外,30%的受访者每天做某种运动来保持健康,近 20%的老年人在较大的组织化群体中做运动[130],2018 年 65 岁以上老年人每周至少保证 150 分钟体育锻炼的比例为 54%。

瑞典"老年体育学校"(Senior Sport School, SSS)成立于 2009 年,是 Skåne 县议会和市政当局以及非营利部门之间的合作项目,通过有组织的体育活动促进老年人健康,目标是提高老年人生活质量和幸福感,创造终身的运动乐趣。在 SSS 中,健康促进体育活动(HESA)根据当地体育俱乐部提供的内容,以有组织的形式进行,参与者可以尝试不同的运动和锻炼形式,例如网球、动感单车练习、举重训练,每周锻炼 2 次,第二次会有健康方面的理论课。每个学校由体育顾问特别挑选出 6~8 个当地体育俱乐部作为合作伙伴。不同运动项目和运动形式的组合基于以下目标:一项是进行会使心率和体温升高的传统健身项目练习;另一项是力量训练和新颖的体育项目。

3) 政社合作供给老年人体育健身服务

瑞典政府意识到体育运动在让老年人保持活跃、远离疾病以及体验欢乐方面的潜力,把对老年人健康的长期投资看作医疗保健的投资,因此,政府重视老年人体育健身服务的供给。瑞典内政部非政府组织和青年政策处对体育进行间接管理,主要通过向体育联合会(RF)划拨经费的手段使其具体负责大众体育服务供给,老年人体育是瑞典体育联合会支持的一项重要业务,体育联合会每年向政府报告体育工作,申请体育经费。[131]为了积极应对人口老龄化,瑞典政府向瑞典体育联合会连续投资两年,每年投资 2 000 万瑞典克朗,专门用于为老年人提供体育健身活动,主要为体育俱乐部和社区老年人中心开展老年人体育健身服务创造条件,以便更多的老年人能够过上"动起来"的生活,增进老年人健康和减少老年人孤独感。RF 以"项目制"的方式向为老年人提供体育健身服务的体育俱乐部购买服务,为俱乐部提供业务资助。2020—2021 年,1521 个为老年人提供体育健身服务的体育俱乐部获得总额达 2 400 万瑞典克朗资助。资助的目的是为体育俱乐部提供条件,使老年人参与并开展体育活动。[132]政府购买服务的资金不是一次性全部到位,而是首先提供 3 000 瑞典克朗的基本援助,然后,根据目标群体(65 岁以上)在该体育俱乐部中的活跃成员人数、体育俱乐部为目标群体开展活动的频率以及提供的不同活动数量,再将剩余金额分配给该体育俱乐部。

政府购买老年人体育健身服务的重点是为 65 岁以上的目标群体创造良好的条件,共同开展体育运动,与老年人社会组织和其他社会行为者合作促进老年人体育教育,为目标群体和体育俱乐部开展可持续活动的方法包括:协会激励、协会发展、提供申请项目资金的机会、领导招聘和领导培训。

4.1.6.3 丹麦

丹麦的人均体育设施几乎一直保持着世界纪录,体育组织和俱乐部得到了公众高度的支持,俱乐部文化发达,包括大量的体育志愿者、体育企业(如健身中心)和娱乐区提供的大量体育锻炼机会。普通民众体育锻炼参与率很高,体育正在迅速变化,并变得越来越广泛,新的体育健身服务供给主体不断涌现,体育参与作为促进健康和预防疾病措施的作用更加突出。

1999 年丹麦政府通过了《丹麦政府公共卫生和健康促进方案(1999—2008)》(Danish Government Programme on Public Health and Health Promotion 1999 - 2008),指出老年人应能获得旨在尽可能长时间维持其社会、身体和精神能力的服务。该战略把增加有健康饮食习惯和经常参加体育锻炼的人数作为战略目标,实施计划的主要战略包括在县市一级制定饮食、体育运动、戒烟等政策,为民众提供新的服务,支持当地社会建设新的体育、休闲和文化环境。丹麦体育政策目标是确保社会上所有群体都有机会参加体育运动,特别关注尚未参与有组织体育运动的老年人、残疾人等弱势群体。

1）完善的养老保障体系

养老金制度是丹麦福利政策的核心,而且是非缴费性的,覆盖了所有在丹麦居住的退休人员。根据法律规定,凡是年满 67 岁的丹麦公民,不论其是否缴纳社会保险税费,都可以享受不带任何附加条件的政府养老金,养老金的资金来源为中央政府的税收。政府养老金包括基本津贴、追加津贴、独居老年人特殊追加津贴以及其他情况下可申请的个人补贴,除了政府养老金外,丹麦还有半政府或私人养老金方案可供老年人选择申请。

丹麦的养老服务堪称发达国家的典范,社区政府担负着养老社会保障政策落实的责任。为了确保养老政策的落实,丹麦采取多种措施,全方位地保障老年人的生存质量,一是配合各专业治疗师对老年病人进行功能训练、康复护理和功能评价;二是保障老年人的精神健康,体育俱乐部和社区政府还大力开展老年人喜爱的文体活动,活跃老年人的精神文化生活,增强老年人参与社会活动的能力。

2）制定老年人体育健身计划

2007 年丹麦社会事务部制定的《社会服务法》承认有必要保护接受护理的老年人的身体机能,而增加身体活动是其中的重要举措。丹麦就业、卫生和文化部三个部委联合成立的体育促进工作组发出倡议,帮助丹麦人变得更健康,让外部合作伙伴和其他部委参与进来,增加丹麦人参与体育运动的机会。政府意识到体育健身和医疗保健理念结合起来有很大的健康促进潜力,丹麦国家奥林匹克委员会和体育联合会（DIF）把老年人作为体育政策的重要目标群体,针对 60 岁以上的老年人群体推出了"积极老年人体育计划"（Active Senior Sport）,大约有 120 万丹麦人年龄在 60～79 岁之间,老年人目标群体每年增长约 25 000 人,60 岁以上丹麦人中约有 25％的人积极参加各类体育协会。丹麦不同的体育协会在 DIF 的指导下为老年人提供了形式多样的体育健身计划,如"过渡到老年生活"（Transition to Senior Life）给处于向老年生活过渡的传授体育健身知识和提供具体的体育锻炼建议,体育健身活动既有体育协会现有的活动,又有创新的"适老性"体育健身休闲项目。[133]

3) 跨界协同促进老年人体育健身

一是重视政府部门之间合作。多部门合作在丹麦体育政策方法中的特征显著,文化部于 2014 年 5 月签署了一项多党协议《体育政治协议》(Political Agreement on Sports),参与这项协定的部门包括文化、环境、卫生和预防、儿童、平等、融合和社会事务以及教育等领域,多部门合作致力于体育政策倡议,重点是全民健身相关的体育和身体活动,特别致力于体育的多样性和包容性,包括为残疾人和老年人等社会弱势群体发展体育,以及两性平等体育。丹麦政府注重多部门合作开展运动健身,2014 年,交通、建筑和住房部共同资助制定了新的国家自行车战略"Denmark-On Your Bike!",鼓励更多的人骑自行车,新的国家自行车战略侧重于日常骑行和休闲骑行,以确保丹麦人能够把骑自行车作为日常出行和休闲活动的主要工具,该战略鼓励更多老年人参与骑行运动,这样既能增加身体活动量又有助于环保,老年人是最大的受益群体。

二是老年人体育健身服务参与主体多元化。"政府—体育协会—基金会"合作是丹麦体育健身服务供给的主要特征,2015 年,在丹麦政府部门和地方当局的支持下,丹麦体育协会(DGI)和丹麦体育联合会(DIF)联合提出了"25 - 50 - 75"的大众体育共同愿景,即确保到 2025 年 75% 的丹麦人口参加体育运动,其中 50% 人口是体育俱乐部的一员,旨在使 60 万丹麦人从事体育活动,其中包括 32.5 万名体育协会成员。丹麦体育协会(DGI)、丹麦体育联合会(DIF)、Nordea 基金会和 TrygFonden 基金会建立合作伙伴关系,共同资助以实现"25 - 50 - 75"的愿景,3 年期内,两个基金会每年将捐款 1 000 万丹麦克朗,即总共约 6 000 万丹麦克朗。双方签署的合作协议是丹麦体育史上最大的伙伴关系协定,被命名为"为生命而行动",得到了丹麦政府 7 个部门的支持,激励社区为体育锻炼创造新的想法,让草根体育发展成为世界典范。DGI 和 DIF 共同提出了为更积极的老年人建立伙伴关系的建议,在政府部门的协调下,通过为保健中心、老年人中心配备体育设施,开放中小学、职业学校体育场地设施,使老年人能够更便利地参与体育活动。

4) 体育社会组织积极参与"体养融合"

丹麦体育协会(DGI)致力于通过体育改善 6 400 多个会员体育俱乐部及其 150 多万会员的健康条件。DGI 有目的地加强丹麦人的体育锻炼和草根体育,与当地体育协会合作,根据不同人群的需求和机会开展体育活动,并把"活跃的成年人和健康的老年人"作为 DGI 发展战略的四个优先考虑领域之一。DGI

非常重视老年体育,其下属的老年体育协会致力于促进老年人的健康和疾病预防,并吸引更多的老年人参与体育协会。老年体育是 DGI 的长期努力方向之一,DGI 针对老年人开设了体育健身课程,组织了一系列体育健身活动,如户外锻炼(Exercise in the Open Air)、运动生活老年体操(Move For Life Senior Gymnastics)、老年人组合锻炼(Senior Mix),并与步行俱乐部、自行车俱乐部、网球俱乐部合作为老年人制定一系列健身计划。DGI 与协会或市政当局合作,使老年人更积极、更健康地生活,相关体育协会希望更多的老年成员加入并在最佳环境中积极开展体育健身活动,市政当局希望通过开展合作,预防疾病和促进老年人健康,体育设施管理主体想要为老年人提供新的、老年人感兴趣的体育活动。

4.2　发达国家"体养融合"发展对我国的启示

4.2.1　建立完备的"体养融合"法制体系

1) 加强顶层设计,完善政策制度

顶层设计是一个系统概念,又称为制度安排,是运用系统论的方法,从全局的角度对某项任务或者某个项目的各方面、各层次、各要素统筹规划,以集中有效资源,高效快捷地实现目标。通过强化"体养融合"政策制度的顶层设计,不断深化"体养融合"发展,是发达国家推进健康老龄化和积极老龄化的共性特征。为了提高政策的专门性和针对性,发达国家制定了多项老年人体育健身服务供给方面的政策,如美国颁布的《国家计划:促进中老年人身体活动》《美国人身体活动指南》等,英国制定的《痴呆友好型体育和身体活动指南》,澳大利亚体育理事会发起的《运动澳大利亚——更好的老龄化补助计划》,德国推出的"50 岁以上老年人健身组织网络计划""运动直至 100 岁计划""年轻人和老年人一起健身计划",芬兰的《老年力量计划(2005—2014)》等,这些政策加强了老年人身体活动环境、体育设施和养老设施建设,提高了体育养老服务质量,为深入开展"体养融合"发展奠定了基础。因此,我国应该加强政策制度的顶层设计,规范老年人体育健身资源的有效整合,进行政策设计时要充分考虑到老年人体育健身相关资源的纵向协调与横向整合,逐步完善"体养融合"发展相关的政策制度,以老年人需求为导向,通过立法建制引导市场、社会组织、个人参与体育健身服务和养老服务供给,明确责任主体和制定任务清单,避免"体养融合"政策和资源的"碎片化",形成推进"体养融合"发展的合力。

2)法律法规的与时俱进

美国、澳大利亚、德国、日本、芬兰等发达国家在老年人体育健身服务供给方面都注重立法先行,建立了完善的法律法规体系,如:1935 年美国的《社会保障法案》(Social Security Act)、《全民健康保险法案》(Universal Health Insurance)、《年龄歧视法》(Age Discrimination Act of 1975)等法律都为"体养融合"发展创造了良好的制度环境。类似地,日本 1961 年颁布的《体育振兴法》、2011 年颁布的《体育基本法》、1961 年的《老年人福利法》《国家养老金法》《老年人保健法》和《长期护理保险法》,德国的《一般平等待遇法》(AGG)、《勃兰登堡州促进体育法》等分别构成了各国"体养融合"发展的法律依据,对健康服务和社会服务的递送路径和养老服务监督等方面做了比较细致的规定。

然而,法律法规的生命力在于与时俱进,如:《美国老年人法案》经过多达 11 次的修订,以适应美国人口老龄化发展的需要。随着我国社会治理法治化进程的快速推进和体育发展环境的日益复杂化,法律法规调整体育发展中各利益主体关系的范围也在不断扩大,同时依法治体的观念日益深入人心,多元主体也自觉在国家法律法规的框架内参与公共体育服务治理,但随着体育改革向纵深推进和积极应对人口老龄化上升为国家战略,部分法律法规已经不适应"体养融合"发展,立法部门应根据形势发展需要制定、修改相关法律法规,以适应老龄化社会对"体养融合"发展的需求。完善的"体养融合"发展的政策法规能够充分保障老年人不断增长的体育健身服务需求,因此,应根据我国的国情,充分考虑发达国家的共性经验,并有选择性地借鉴,与时俱进地制定相关法规或对法律法规进行增补、调整和修改,建立完善的"体养融合"发展的法律法规体系,保障"体养融合"的有效供给,使其朝着制度化、法治化、规范化的方向发展,例如:加快制定《"体养融合"发展条例》,并与《中华人民共和国社会保险法》《中华人民共和国体育法》《中华人民共和国老年人权益保障法》等法律法规同步,根据健康老龄化、积极应对人口老龄化国家战略和体育强国建设的需要与不同发展阶段的国情,加强对《中华人民共和国体育法》和《中华人民共和国老年人权益保障法》等的增补和修改。

4.2.2　多元主体协同推进"体养融合"发展

发达国家在推进"体养融合"发展过程中,形成了多部门协同、跨界协同、政社协同等参与格局,参与"体养融合"发展的主体涵盖了政府组织、体育社会组织、协会机构、企业、社区、学校、社会体育指导员、养老机构护理人员、志愿者以及医生等,不同的参与主体在"体养融合"发展中发挥不同的作用,协同配合提供老年人体育服务。美国"体养融合"发展参与部门较多,不管是战略规划还是实施计划都通过多部门协作进行,如:《国家计划:促进中老年人身体活动》由美国退休人员协会(AARP)、美国运动医学会(American College of Sports Medicine)、美国老年病学会(American Geriatrics Society)、美国疾病控制与预防中心(The Centers for Disease Control and Prevention)、国家老龄研究所(National Institute on Aging)、罗伯特·伍德·约翰逊基金会(Robert Wood Johnson Foundation)共同发起,46 个组织参与战略制定,包括在健康、医学、社会和行为科学、流行病学、老年病/老年医学、临床科学、公共政策、市场营销、医疗系统、社区组织和环境问题方面具有专业知识的组织;德国的健康老龄化战略的制定和实施,由卫生部监督下的跨学科科学咨询委员会负责推进,合作伙伴来自德国全国老年人组织协会(BAGSO)、德国奥林匹克运动联合会(DOSB)、德国体操联合会(DTB)、德国科隆体育大学(DSHS)、德国成人教育协会(DVV)、德国盲人和视力障碍者协会(DBSV)、德国家庭医师和全科医生协会(DHÄV)、德国远足协会(DWV)以及几所大学和其他机构,形成了"政府主导,社会组织广泛参与"的格局;澳大利亚的《活跃澳大利亚》由联邦政府资助,州和地区的体育娱乐部门、卫生健康部门、交通部门、城市规划部门、教育部门和社区以及地方政府等多个主体协同推进;日本厚生劳动省和文部科学省,土地、基础设施、交通和旅游部等共同推动健康老龄化的发展,负责"体养融合"政策法规的制定和监督实施、经费投入、场地设施建设、培育社会体育指导员等,此外,地方政府、企业、综合型社区体育俱乐部、大学等社会力量协同推进了老年人体育服务。

在我国,政府是保障"体养融合"发展的主导力量,各级政府部门既要打破老年人体育健身服务和养老服务之间的部门壁垒,又要鼓励更多的社会力量积极参与"体养融合"发展,形成政府、市场、社会组织、个人在内的多元化组织形式,提供适应不同层次老年人需要的"体养融合"服务内容。首先,应合理划分不同层级参与主体的职责。国家层面和省级层面提供基本"体养融合"服务,发挥兜底的作用,地方政府通过引入市场机制鼓励和引导多元力量参与,实现"体养融合"服务多方供给的格局。政府主管部门主要是在"体养融合"服务相关的政策法规执行、战略规划、监督管理、购买服务、战略投资、人才培养等方面发挥关键作用,地方层面负责合理分配"体养融合"服务资源,为老年人提供体育健身服务。其次,我国在推进"体养融合"发展中不能单纯依靠体育系统和民政系统推动和实施,而应该以系统的思维和跨界整合的原则,引导各相关主体积极参与。以跨部门合作为例,由国务院相关部门牵头建立沟通协调机制,组织财政部、卫生部、体育总局、住房和城乡建设部、国家民政部、文化和旅游部、国家老龄委等部门分工协作,肩负起相应的责任,多部门共同参与推进"体养融合"发展。再次,加大"体养融合"服务组织培育力度。体育俱乐部、体育协会、社区等社会组织是体养融合服务的重要提供者,在发达国家"体养融合"服务供给中占有十分重要的地位,美国、德国、日本等国社区组织和体育俱乐部注重为老年人提供体育健身服务,成为老年人体育的重要治理主体,日本《体育振兴基本计划》明确将培育综合型体育俱乐部作为政策推进的重点,日本老年人俱乐部和社区综合型体育俱乐部注重场地设施的适老化建设,配备老年人体育指导员,为老年人提供特定的体育健身服务。因此,我国应该加强社区体育组织建设的投入,鼓励和扶持社区体育俱乐部与各类草根健身组织的发展,加大向社区体育组织购买老年人体育健身服务的力度,发挥体育社会组织的积极性和"体养融合"治理主体的作用,促进体育社会组织自身建设,将其培育成能够参与老年人体育健身服务治理的主体。

4.2.3 加强体育志愿服务人才保障

所谓老年人体育志愿服务,是以推动老年人体育健身活动广泛开展为目的,自愿、无偿地服务老年人及其组织的公益性活动。因此,将志愿者引入老年人体育健身服务中,对于促进健康老龄化具有十分重要的意义。公益性社会体育指导员是体育志愿者的一种,在全民健身活动中发挥重要作用,志愿者与社会体育指导员在"体养融合"发展中扮演了至关重要的角色,是推动老年人体育健身服务系统建设的重要支撑力量。完善的体育志愿服务和社会体育指导员培养系统,为发达国家老年人体育服务系统的建设节省了大量的人力、物力和财力。美国和日本都注重建设促进老年人体育健身志愿服务的制度环境,美国通过设立总统奖和税收优惠政策激励老年人体育志愿服务发展,同时注重体育志愿服务组织的建设,通过体育志愿服务组织招募、培训和管理体育志愿者,通过互联网加大对体育志愿服务组织开展活动的宣传。德国就设立了"支持体育志愿服务奖",并通过给志愿者购买意外事故保险与给予税收优惠等方式来支持志愿者服务。日本体育协会制定了《体育指导员培养制度》和《社会体育指导员的知识、技能审查认定制度》,保证了社会体育指导员队伍的数量和质量,在此基础上,日本健身指导协会针对老年人特点,举办老年人健身指导员资格认证研讨会,通过资格审查和认证,培养老年人健身指导员。对服务于体育俱乐部的志愿者,在其服务期间,体育俱乐部会给予适当的交通费用补助。

　　在我国快速老龄化和健康中国建设的背景下,老年人体育志愿服务体系建设对健康老龄化战略目标的实现至关重要,因此,可以借鉴发达国家体育志愿服务体系建设的经验,加强老年人体育志愿服务的制度建设,培养更多的社会体育指导员和体育志愿者。首先,制定《体育志愿服务条例》。随着全民健身国家战略的持续深入推进,对体育志愿者的需求日益增多,需要通过加强法律法规建设保障体育志愿者的权利,吸引更多的人加入体育志愿者队伍,可以在 2017 年国务院通过的《志愿服务条例》的基础上制定《体育志愿服务条例》,发展壮大体育志愿者队伍。其次,建立激励评价机制。激励社会体育指导员、体育或医学专业大学生、体育教师、退役运动员、体育明星等深入社区或养老机构开展老年人体育健身志愿服务,提高社会体育指导员的指导率。再次,实施"百千万"社会体育指导员人才工程。通过推行社会体育指导员"百人计划""千人计划"和"万人计划"打造一批高水准的社会体育指导员骨干队伍,起到带头和示范作用。最后,培养公众全民健身志愿服务精神。一方面,在大中小学重视对学生进行体育志愿精神的培育,形成"小学—中学—大学"相衔接的培育体系,引导学生多参加社区或养老院体育志愿服务;另一方面,加强体育志愿精神的宣传力度,让公众能够正确理解和认同体育志愿精神,促进公众将其内化为自身的价值追求,积极主动参与体育志愿服务工作。

4.2.4　推进体医深度融合,促进健康养老

　　发达国家非常重视体育与医疗卫生部门协同促进健康养老,采用"体医融

合"的非医疗干预手段丰富老年人的精神文化生活、提高健康水平,进而提高老年人口生活质量。发达国家"体医融合"理念已经深入人心,政府部门、社会组织和公众普遍认可这一观念,"体医融合"促进健康养老的模式为各发达国家广泛采用。美国是践行"体医融合"理念较早的国家,美国国立卫生与医疗研究院(National Institute for Health and Care Excellence)建议将体育运动作为初级保健,提倡健康促进的非医疗干预,重视发挥体育与医疗的协同作用来促进健康,全民健身政策主要由卫生健康部门制定,如美国的《健康公民系列》《美国人身体活动指南》(2008 年版和 2018 年版)、《国民身体活动计划》(2010 年版和 2016 年版)等都是卫生健康部门牵头制定的;日本政府特别重视"体医结合"的科学健身模式,在社区设立了体育与医学相结合的健身中心,在各健身中心配备了医务室,确保"体医结合"模式的顺利运行;芬兰注重老年人体能监测和运动处方,如:UKK 2 公里和 6 分钟步行测试。

长期以来,我国体育部门、卫生健康部门、民政部门在老年人体育健身服务体系建设中相互隔离,合作较少,缺乏"体医融合"的协同工作机制,尽管近年来在"健康中国"战略的推动下,"体医融合"政策相继出台,但由于观念落后和人才缺乏,政策的贯彻落实还有待于加强,因此,在实施积极应对人口老龄化国家战略和"健康中国"国家战略的背景下,应采取多种措施加以推进。第一,制定和完善"体医融合"相关政策和标准。一是各地应因地制宜地制定政策和标准,推进"体医融合"深入发展,如制定《"体医融合"促进健康机构建设工作方案》《"体医融合"促进健康中心建设专项资金管理办法》《社区老年人"体医融合"中心建设标准》《"体医融合"专科医院建设标准》等;二是体育部门和卫生健康部门联合成立工作小组,签订《体医融合战略合作框架协议》,在框架协议的规定下开展工作,把全民健身作为健康支持性环境的重要内容,在建设健康城镇、健康社区以及慢性病综合防控示范区中统筹谋划、整体推进。第二,加强"体医融合"人才的培养。一是分层分类培养"体医融合"人才,通过建立"体医融合"智库,把高水平专家集聚到专家库里;二是在体育院校或医学院校建设运动处方师培训基地,定期培养运动处方师;三是在体育部门的社会体育指导员培训中增设健康管理、基础医疗和急救课程;四是在健康生活方式指导员培训中增加科学健身指导知识和技能课程;五是在卫生健康部门护理人员培训中,注重体育康复与体育健身技能的传授,增进各类老年人体育健身方案的创编,使各种健康状况的老年人都能找到合适的健身方法。第三,加大"体医融合"科学研究的支持力度。在高校、医院或地方卫生健康部门建设"体医融合"研究中心(所或基地)、慢性病运动干预研究中心等促进"体医融合"的研究和实践,举办国际"体医融合"研讨会等,促进国际交流与合作。第四,将"体医融合"相关产业纳入体育产业引导资金支持范围,支持各地各相关企业利用人工智能和大数据技术开展"体医融合"设施设备和产品创新研发,专项支持群众参与慢性病运动干预服务消费,建立"体医融合"政产学研联盟,促进健康产业与体育产业对接,建立健全老年人体育服务的环境和医疗服务网络。第五,加快社区老年人"体医融合"中心建设。社区是养老的主要场所,以社区老年人"体医融合"中心作为社区公共健康治理的重要抓手,通过社区老年人"体医融合"中心提供更好的运动健康基础设施和空间,开展健康宣教活动,制定完善的运动健康管理方案,优化社区公共健康治理模式,保障老年人健康,为老年人提供健康监测、科学指导、器械锻炼、健康讲座、运动方案制定、慢性病运动干预和社交娱乐等专业服务,满足社区老年人运动健康需求,解决社区老年人科学健身无门和情感孤独问题。

4.2.5　加大"体养融合"空间建设力度

"体养融合"空间通过整合体育、养老、卫生健康等公共服务资源,专门为老年人提供体育场地设施、体育健身指导、基础健康监测、体质健康测试、慢性病运动干预、运动康复训练、健康知识普及和休闲社交等"一站式"运动康养服务的载体,如：日本的综合型社区体育俱乐部,美国的活跃成人社区(Active Adult Communities)、活跃老年社区(Active Senior Communities)、积极退休社区(Active Retirement Communities)等。发达国家非常注重"体养融合"空间建设,一是体育俱乐部都把老年人作为体育健身服务供给的重要群体,制定各种体育活动方案,加强老年人体育健身项目和活动的创新,提供适合老年人特点和兴趣的体育项目服务,同时对老年人加入体育俱乐部提供优惠。二是注重体育空间与其他公共空间共建共享。发达国家体育场地设施普遍进入公园绿地、自然生态空间、商业文化设施、城市建筑空间,对老年人更多地参与体育活动具有潜移默化的作用,提高了老年人体育参与率。此外,重视加强城市身体活动环境建设,形成了共建共享的发展思路,为老年人增加身体活动创造了大量机会。三是在老年人社区和养老机构配备有专门的体育健身空间,开展各种体育健身活动或体育健康知识普及讲座。

因此,我国在快速老龄化和城镇化背景下应加强"适老性"体育参与空间建设。首先,加强"就地、就近、就便"一站式运动健康空间建设。在我国城市社区推广老年人体育健身房或体育健身中心,方便老年人健身、基础体检和体质监测,提高空间布局的"适老性"设计,如:配备适老化健身器材,让老年人站、坐、躺着都能运动,主动与被动运动相结合,以适应各年龄段和身体健康状况的老年人。其次,利用大数据和人工智能加强老年人体育健身的科学性。通过人脸识别、可穿戴运动装备等智能设备,对健身老年人进行实时大数据监测。根据监测数据,制定运动康复处方,再辅以专业人员现场指导,提高老年人体育健身效果和针对性。再次,在城市规划建设中,加强身体活动空间建设,特别是在老旧小区适老化改造中增加体育运动空间,在新小区建设中严格执行规定:新建小区人均室外体育用地达到 0.3 平方米以上、室内建筑面积 0.1 平方米以上。在器材配备上,要求室外健身场地每百平方米配备不低于 10 件,确保合理的建设密度,并充分考虑老年人、幼儿和残疾人健身需求。最后,政府办或社会办的养老机构中应配备体育健身空间,鼓励体育社会组织或大学生进驻开展科学健身指导服务。此外,还应建设融体质健康监测和专业健身健康指导于一体的老年人健身房,加强老年人体育社会组织与社区卫生服务中心合作,在老年人健身房提供体育健身服务。

4.3　本章小结

本章主要介绍了发达国家"体养融合"发展的经验并从中获得了启示。选取美国、英国、澳大利亚、德国、日本、北欧 6 个国家和地区,分别对其"体养融合"发展进行论述。研究认为,美国、英国、澳大利亚、德国、日本、北欧 6 个国家和地区的"体养融合"发展既有共性特征又有个性特征,共性特征主要表现在:完善的政策法规保障和对老年人体育健身服务供给的推动;多元主体协同参与老年人体育健身服务体系建设;健全的体育社会组织成为老年人体育健身服务的重要供给主体;多样化的体育健身指导员和志愿者为老年人体育参与提供服务;注重"体医融合"共促老年人体育服务等。但是由于各国的国情不同,在经济社会发展水平、社会福利、体育管理体制、老龄人口比重、应对人口老龄化理念等方面存在一定差异,各国又表现出一定的个性特征:如美国采用多元主体跨界协同参与的老年人体育管理体制,英国采用"一臂之距"的老年人体育健身服务管理模式,而日本政府成立专门机构管理大众体育;澳大利亚设立了老年人体育健身专项补助金计划,并注重老年人的健康教育;日本采用多种措施促进老年人体育参与,如健康积分制度,同时注重社会体育指导员培养的科学化和多样化;而北欧国家中的芬兰注重老年人体能监测和运动处方。

因此,应该借鉴发达国家的成功做法和先进经验,推动我国"体养融合"发展,同时要立足于中国国情,构建符合中国国情和具有中国特色的老年人体育健身服务体系。从发达国家"体养融合"发展的经验中可以得出如下启示:建立完备的"体养融合"发展的法制体系、多元主体协同推进"体养融合"发展、完善体育志愿服务体系以提供人才保障、"体医融合"促进健康养老、注重"体养融合"空间建设等。发达国家老年人体育健身服务供给主体积极主动创新服务内容与形式的精神值得当前我国体育行政管理部门认真思考。

第5章
城市"体养融合"发展的现状和实践模式

5.1　城市老年人体育健身服务供给分析

5.1.1　体育经费投入

推动我国体育事业不断发展是中华民族伟大复兴事业的重要组成部分,体育事业发展已经融入实现"两个一百年"奋斗目标大格局中,为了促进体育改革向纵深推进和加快高质量的全民健身公共服务体系建设,各级政府高度重视体育经费投入。建设以人民为中心的体育健身环境和营造全民参与的体育健身氛围都需要充足的体育经费投入,而老年人所处的体育健身环境和氛围对其体育健身意识培养和体育健身活动参与会产生重要影响。

当前,我国体育经费投入主要来源为:公共财政预算支出、彩票公益金、社会基金、企业事业单位、社会团体、其他社会组织赞助等。在我国进入老龄化社会后,公共财政支出中群众体育经费、全民健身路径工程、户外健身场地设施和全民健身活动中心等投入的多少反映了政府对全民健身事业的重视程度,从侧面也能反映出对老年人体育的投入情况。根据 2019 年的《体育事业统计年鉴》,2018 年我国群众体育经费支出包括公共预算支出(446 426.8 万元)和彩票公益金支出(421 230.4 万元),2018 年全国体育系统政府性基金(彩票公益金)用于体育事业的支出包括两部分:一是用于全民健身场地设施建设(194 102.56 万元);二是用于群众体育经费(42 123 037 万元)。其中资助全民健身活动 254 397.22 万元,全民健身组织 34 799.84 万元,开展科学健身指导 31 797.16 万元。

表 5 - 1　2018 年 10 省市公共体育服务经费人均支出状况　　　　单位：元

省　　份	群众体育经费	全民健身路径工程	户外健身场地设施	全民健身活动中心
河　北	5.08	0.84	1.18	2.70
辽　宁	5.19	0.70	0.11	6.44
上　海	19.65	1.25	0.59	0.00
江　苏	8.86	1.45	3.46	3.39
浙　江	9.30	1.28	0.81	15.09
安　徽	4.45	1.02	1.34	2.89
山　东	5.76	0.86	0.61	0.20
湖　北	7.23	1.30	0.29	0.90
重　庆	6.96	0.95	0.75	10.09
四　川	5.95	0.56	65.94	0.29
全　国	7.61	1.06	1.05	2.40
最大值	19.65	1.45	65.94	15.09
最小值	4.45	0.56	0.11	0.00
平均值	7.84	1.02	7.51	4.20
标准差	4.45	0.28	19.50	4.72
变异系数	0.57	0.27	2.60	1.12

资料来源：2019 年《体育事业统计年鉴》。

　　通过对 2018 年人口老龄化程度排名前十的省市的公共体育服务经费的分析（见表 5 - 1)可知，群众体育经费人均支出位列前三名的分别是上海、浙江和江苏，而其余省份均未达到全国平均值，表明长三角核心省市群众体育投入在全国处于领先地位，这主要由地方经济社会发展水平决定。全民健身工程是在社区开展全民健身活动的公益性体育场地设施，主要建在体育广场、公园、小区广场里，当前在社区和公园体育器材配置方面能够考虑到老年人体育健身需求和特点，对体育场地设施进行了"适老化"设计，为老年人体育健身活动提供了便利，如：太空漫步器、太极云手、上肢牵引器、压腿杠、腰力锻炼器等。由表 5 - 1 可知，在全民健身工程建设经费的人均支出上排在前几位的分别是江苏、湖北、浙江和上海。随着全民健身上升为国家战略，健康中国战略持续深入推进，户外体育健身设施的建设也不断加强，城市公园、绿地、广场中户外健身场地设施明显增加，为了规范户外体育场地设施建设，促进科学化、标准化，2017 年，全国体育用品标准化技术委员会、中国体育用品业联合会共同颁发了《公共体育设施室外健身设施国家标准应用指南》，为各相关部门、企事业单位、社会组织建造户外体育场地设施提供参考。

表 5－2　2009—2018 年 10 省市群众体育经费人均投入情况　　　单位：元

省　份	2009	2010	2011	2012	2013	2014	2015	2016	2017	2018
河　北	1.5	1.77	2.19	2.65	1.8	2.09	2.96	4.41	3.88	5.08
辽　宁	3.02	2.63	3.29	4.63	4.37	5.3	5.82	3.29	4.2	5.19
上　海	14.85	11.35	14.44	12.69	9.38	9.78	9.3	14.06	18.82	19.65
江　苏	3.9	5.4	5.65	11.24	9.75	5.92	7.74	7.26	7.22	8.86
浙　江	9.05	7.93	7.28	6.89	7.64	7.72	8.48	8.51	9.28	9.3
安　徽	1.47	1.7	1.9	2.75	2.11	1.76	2.37	3.2	4.29	4.45
山　东	2.11	3.27	3.09	4.98	3.91	4.52	4.99	5.84	5.32	5.76
湖　北	3.39	3.71	3.91	2.85	2.44	2.5	2.87	3.85	5.18	7.23
重　庆	2.99	3.21	4.7	4.61	4.46	4.83	7.1	7.0	6.55	6.96
四　川	3.12	3.46	3.15	4.14	3.74	4.01	5.52	5.49	5.43	5.95
全　国	3.51	4.53	4.12	5.34	4.56	4.52	5.79	5.95	7	7.61
最大值	14.85	11.35	14.44	12.69	9.75	9.78	9.3	14.06	18.82	19.65
最小值	1.47	1.7	1.9	2.65	1.8	1.76	2.37	3.2	3.88	4.45
平均值	4.54	4.44	4.96	5.74	4.96	4.84	5.72	6.29	7.02	7.84
标准差	4.21	3.04	3.70	3.53	2.93	2.53	2.45	3.26	4.46	4.45
变异系数	0.93	0.68	0.75	0.62	0.59	0.52	0.43	0.52	0.63	0.57

注：群众体育经费投入包括公共预算支出和彩票公益金支出。

表 5－2 表明，2018 年人口老龄化程度排名前十的省市群众经费投入均呈逐年增加的趋势，尽管中西部及东北地区与东部地区群众体育经费投入还存在差距，但从 2009 至 2018 年变异系数值的变化看，地区之间的差距呈逐渐缩小的趋势，变异系数从 2009 年的 0.93 下降到 2018 年的 0.57，在各个年份中，上海、浙江和江苏始终位列前茅，而河北增长速度最快，从 2009 年的 1.5 增加到 2018 年的 5.08。究其原因可能有两个方面，一是政策法规的推动作用。2009 年，国务院颁布了《全民健身条例》，这是我国历史上国务院颁布的第一部专门针对全民健身的法规，首次在法律法规层面确认了公民享受体育健身权利和政府为公民提供全民健身公共服务的责任，特别强调制定全民健身政策要充分考虑老年人的特殊需求，同时，把每年的 8 月 8 日设立为"全民健身日"，标志着我国全民健身事业正式走上了法制化轨道。中共十八大以来，党和国家更加重视全民健

身,出台了一系列推动全民健身发展的政策,如 2014 年《关于加快发展体育产业促进体育消费的若干意见》、2016 年《"健康中国 2030"规划纲要》,这些政策都把"完善全民健身公共服务体系""广泛开展全民健身运动""促进重点人群体育活动"等方面作为重要发展目标,推动了各级政府和社会各界对全民健身事业的投入。二是经济快速发展与北京奥运会成功举办的双重推动。2010 年中国的名义 GDP 比日本多 4 044 亿美元,经济总量正式超过日本,成为世界第二大经济体,中国全面建成小康社会的目标实现也越来越近,全民健身公共服务是全面建成小康社会的一个重要指标,受到各级政府重视。同时,2008 年北京夏季奥运会的成功举办以及奥运健儿取得的骄人成绩对我国群众体育发展具有重要的推动作用,人民群众的体育健身需求日益高涨,以人民为中心的执政理念深入各级政府,国家也更加重视竞技体育与群众体育协调发展,因此,各地不断增加对群众体育和全民健身场地设施的经费投入。

5.1.2　体育场地设施

体育场地是保证老年人体育参与的重要基础,加强老年人身边的体育健身设施建设,鼓励和引导更多老年人口参加体育活动,满足不同群体各种层次的体育健身需求,是各级政府积极应对人口老龄化应履行的公共服务职能。2020 年国务院办公厅发布的《关于加强全民健身场地设施建设发展群众体育的意见》中明确提出,倡导复合用地模式,在养老设施规划建设中,要安排充足的健身空间。此举为老年人体育参与提供了物质保障,也是党和国家关心和重视老年群体体育参与的具体体现。

随着人口老龄化程度的不断加深以及"健康中国"和"体育强国"的深入推进,体育场地设施建设已经纳入各级政府的民生工程中,各地都在采取多种措施加大体育场地设施供给力度,就近、就地、就便提供体育场地设施,并把打造体育健身圈作为落实"健康中国战略"和"全民健身国家战略"的重要抓手,体育场地设施建设成效显著,无论体育场地面积还是体育场地数量都有较大幅度的增长。表 5 - 3 表明,我国人均体育场地面积逐年增加,从 2003 年的 1.03 平方米增加到 2019 年的 2.08 平方米,增幅达 102%,在 10 省市中人均体育场地面积都有较大增加,增幅排在前三位的分别是安徽(245%)、重庆(243%)和江苏(197%),2019 年人均体育场地面积位于前列的分别是江苏、上海、山东和浙江。尽管东部省份的人均体育场地面积高于其他地区,但人均体育场地面积的地区间差异呈逐年减小的趋势,变异系数从 2003 年的 0.38 下降到 2019 年的 0.18,说明各省份无论人均体育场地设施数量和面积还是均等化程度都在提高。第七次全国人口普查结果显示,2010 年至 2020 年的 10 年间,60 岁及以上人口比重上升了 5.44 个百分点,65 岁及以上人口比重上升了 4.63 个百分点,上升幅度高于上个十年的 2.51 和 2.72 个百分点,表明我国人口老龄化进程加快,这与我国人均体育场地面积的增加进程一致。体育健身场地设施是深入实施"全民健身国家战略"、加强"健康中国"建设、加快推进"体育强国"建设、积极应对人口老龄化的必然要求和重要载体,然而,"去哪儿健身"问题仍然是制约全民健身计划深入推进的瓶颈。体育场地设施是老年人体育参与的硬件环境,影响到老年人体育活动参与率,而老年人体育健身难则因场地问题日益突出,发生了诸多争夺体育健身空间的冲突事件,暴露出各地在人口快速老龄化的形势下,针对老年人日益增长的体育场地设施特殊需求重视不够,适老化体育健身公共空间供给不足。

表 5 - 3　2003、2013、2019 年 10 省市人均体育场地面积情况　　单位: m²

省　份	2003	2013	2019
河　北	1.32	1.42	2.15
辽　宁	1.42	1.80	1.86
上　海	1.71	1.72	2.38
江　苏	0.94	2.01	2.79
浙　江	0.98	1.48	2.34
安　徽	0.58	1.15	2.00
山　东	1.18	1.78	2.35
湖　北	0.90	1.29	1.95
重　庆	0.51	1.37	1.75
四　川	0.52	0.82	1.52
全　国	1.03	1.46	2.08
最大值	1.71	2.01	2.79
最小值	0.51	0.82	1.52
平均值	1.01	1.48	2.11
标准差	0.38	0.34	0.37
变异系数	0.38	0.23	0.18

资料来源:2003 年第五次全国体育场地普查;2013 年第六次全国体育场地普查;《2019 年全国体育场地统计调查数据》;2019 年各省直辖市体育场地统计调查数据。

　　全民健身工程设施和公园绿地是老年人体育健身的重要场所,在研究老年人体育场地设施供给中具有代表性,其发展情况能够反映老年人身边体育健身空间的供给水平。表 5 - 4 表明,2013 年以来 10 省市每万人拥有全民健身工程面积的变异系数逐年降低,从 2013 年的 1.02 下降到 2018 年的 0.51,说明我国地区之间、各省市之间全民健身设施供给的均等化程度逐渐提高。而对于老年人重要体育活动场所城市公园绿地来说,各级政府投入更大,2010—2019 年 10 省市各地区人均公园绿地面积呈逐年增加趋势,各省市之间的均等化程度逐渐提高,2019 年人均公园绿地面积排在前 3 位的分别是上海、重庆、山东,而人均面积超过 6m² 的主要省市在东部地区,表明东中西部地区仍然有较大差距(见表 5 - 5)。

表 5 - 4　2013—2018 年 10 省市每万人拥有全民健身工程面积情况　　单位:m²

省　　份	2013	2014	2015	2016	2017	2018
河　　北	45.87	470.77	62.8	129.73	77.61	103.06
辽　　宁	51.13	92.95	167.71	68.19	74	60.83
上　　海	169.82	128.88	23.54	8.14	6.62	12.66
江　　苏	88.43	203.53	96.32	91.82	113	72.61
浙　　江	376.14	141.55	332.9	52.12	59.25	47.49
安　　徽	21.95	30.83	21.11	63.16	48.88	83.91
山　　东	257.64	123.34	142.91	84.28	118.13	86.54
湖　　北	65.55	62.56	65.75	75.06	103.49	96.04
重　　庆	53.2	56.46	61.07	75.91	64.38	53.13
四　　川	22.56	16.33	11	9.03	11.56	12.25
全　　国	89.7	91.55	86.67	61.37	71.2	83.63
最大值	376.14	470.77	332.90	129.73	118.13	103.06
最小值	21.95	16.33	11.00	8.14	6.62	12.25
平均值	115.23	132.72	98.51	65.74	67.69	62.85
标准差	117.65	131.54	97.02	36.58	38.49	32.03
变异系数	1.02	0.99	0.98	0.56	0.57	0.51

表 5 - 5　2010—2019 年 10 省市各地区人均公园绿地面积　　单位:m²

省　　份	2010	2011	2012	2013	2014	2015	2016	2017	2018	2019
河　　北	3.04	3.08	3.06	3.08	3.19	3.27	3.37	3.57	3.58	3.64
辽　　宁	4.94	5.29	5.63	5.86	6.01	5.99	5.82	6.26	6.35	6.41

省　份	2010	2011	2012	2013	2014	2015	2016	2017	2018	2019
上　海	6.97	7.01	7.08	7.1	7.33	7.62	7.83	8.19	8.49	8.73
江　苏	4.27	4.51	4.81	5.09	5.39	5.61	5.81	5.99	6.16	6.4
浙　江	3.69	3.93	4.28	4.52	4.75	5.16	5.49	5.75	6.09	6.15
安　徽	2.29	2.51	2.66	2.86	3.11	3.24	3.43	3.53	3.73	3.93
山　东	4.5	4.65	4.89	5.09	5.31	5.52	6.07	6.3	6.49	6.74
湖　北	2.94	3.13	3.3	3.44	3.59	3.71	3.85	4.14	4.43	4.7
重　庆	4.86	6.38	6.88	6.88	7.06	7.53	8.04	8.32	8.33	8.19
四　川	2.01	2.22	2.38	2.58	2.73	2.99	3.45	3.72	4.04	4.39
全　国	3.31	3.6	3.84	4.04	4.23	4.48	4.74	4.96	5.18	5.39
平均数	3.95	4.27	4.50	4.65	4.85	5.06	5.32	5.58	5.77	5.93
标准差	1.48	1.61	1.68	1.64	1.66	1.72	1.76	1.8	1.79	1.74
变异系数	0.38	0.38	0.37	0.35	0.34	0.34	0.33	0.32	0.31	0.29

数据来源：《中国统计年鉴》(2011—2020)。

5.1.3　社会体育指导员

社会体育指导员是全民健身事业的重要人才资源,群众体育活动的组织管理、运动技能的传授、科学健身知识的传播、体育场地设施的维护、健康生活方式的引导等都离不开社会体育指导员。随着我国全民健身事业的发展、健身场地设施的完善、赛事活动的丰富,老年群体体育需求更加个性化、多样化,对健身项目、参与形式、体育场地设施等的需求与时俱进,但由于体育健身服务的智能化和健身项目的多元化,老年人需要科学的健身指导,以掌握运动健身技能、运动时间和强度,通过科学健身让老年人达到身心健康和休闲娱乐的目的。尽管《健康中国行动(2019—2030年)》确定了"到2030年每千人拥有社会体育指导员2.3名",但这一数量与体育发达国家相比仍有较大差距。

表 5 - 6　2014—2018 年 10 省市每万人拥有社会体育指导员数情况　　单位：人

省　份	2014	2015	2016	2017	2018
河　北	6.39	6.81	8.35	8.77	11.1
辽　宁	17.47	18.86	38.45	36.43	46.38

续　表

省　份	2014	2015	2016	2017	2018
上　海	18.04	18.3	21.68	38.67	43.44
江　苏	28.64	31.17	34.25	38.29	45.69
浙　江	12.72	10.95	34.98	35.3	35.3
安　徽	10.72	12.06	16.55	20.37	25.94
山　东	19.16	20.15	21.94	25.52	30.67
湖　北	19.9	21.84	23.41	28.93	31.38
重　庆	5.99	6.8	16.71	18.34	20.21
四　川	6.37	6.92	18.41	21.11	22.91
全　国	12.74	14.1	19.52	23.67	27.9
最大值	28.64	31.17	38.45	38.67	46.38
最小值	5.99	6.8	8.35	8.77	11.1
平均值	14.54	15.386	23.473	27.173	31.302
标准差	7.41	8.05	9.58	10.07	11.68
变异系数	0.51	0.52	0.41	0.37	0.37

由表 5 - 6 可知,2014—2018 年 10 省市每万人拥有社会体育指导员数呈逐年增加趋势,而从变异系数的变化来看,10 省市每万人拥有社会体育指导员培养数量之间的差距呈逐年缩小的趋势,但上海和江苏依然位于前列,河北、四川和重庆与其他省市差距较大,表明经济社会发展水平对社会体育指导员的发展影响较大。随着人口老龄化速度的加快,社会体育指导员的培养速度也日益加快,尽管我国加大了对社会体育指导员的培训力度,但由于管理不科学、缺乏激励约束机制、保障社会体育指导员施展才能的组织和场所缺乏,造成上岗率低、队伍流失严重等问题,尤其是在一线担任健身指导的社会体育指导员不足问题突出。近年来,各地都在加大老年人社会体育指导员的培训力度,如 2017 年,《浙江省老年人体育事业发展"十三五"规划》提出主要任务：全省每年培训老年人体育健身骨干 10 000 人以上,每个市、县(市、区)每年培训体育健身骨干 1 000 人以上,形成适应老年人健身需求的志愿服务队伍,老年人健身服务指导明显加强。

5.1.4　体育社会组织

体育社会组织是以促进全民健身为目的的非营利性组织,也是群众参与各

种体育运动和健身活动的重要载体和组织平台,包括体育社团(项目和人群协
会)、体育民办非企业单位、体育基金会、自发性群众体育组织(包括健身活动站
点、团队、网络组织等)等。在我国体育领域深化"放管服"改革的背景下,体育社
会组织扮演着政府职能转移承接者的角色,也是加快推进体育治理体系和治理
能力现代化的重要力量。除了在民政部门登记的体育社会组织,还有通过备案
的方式活跃在基层的众多社区草根体育组织,以中老年人为主要参与群体,构成
了全民健身组织网络。

表 5 - 7　2009—2018 年 10 省市每万人拥有体育社会组织数　　单位:个

省　份	2009	2010	2011	2012	2013	2014	2015	2016	2017	2018
河　北	0.16	0.16	0.17	0.18	0.18	0.16	0.19	0.2	0.2	0.26
辽　宁	0.26	0.3	0.28	0.3	0.25	0.29	0.23	0.3	0.33	0.32
上　海	0.17	0.15	0.15	0.15	0.27	0.24	0.26	0.32	0.38	0.4
江　苏	0.23	0.31	0.14	0.27	0.44	0.64	0.69	0.74	0.76	0.81
浙　江	0.31	0.32	0.32	0.35	0.43	0.55	0.52	0.6	0.65	0.73
安　徽	0.14	0.16	0.18	0.22	0.25	0.26	0.31	0.32	0.34	0.39
山　东	0.13	0.15	0.16	0.18	0.29	0.25	0.36	0.4	0.43	0.46
湖　北	0.15	0.16	0.21	0.2	0.24	0.23	0.26	0.28	0.32	0.34
重　庆	0.18	0.19	0.22	0.2	0.19	0.17	0.2	0.22	0.26	0.28
四　川	0.23	0.27	0.26	0.28	0.27	0.26	0.26	0.28	0.3	0.31
全　国	0.25	0.22	0.23	0.26	0.28	0.28	0.31	0.34	0.38	0.41
最大值	0.31	0.32	0.32	0.35	0.44	0.64	0.69	0.74	0.76	0.81
最小值	0.13	0.15	0.14	0.15	0.18	0.16	0.19	0.20	0.20	0.26
平均值	0.20	0.22	0.21	0.23	0.28	0.31	0.33	0.37	0.40	0.43
标准差	0.06	0.07	0.06	0.06	0.09	0.16	0.16	0.17	0.18	0.19
变异系数	0.30	0.34	0.29	0.27	0.31	0.52	0.48	0.47	0.44	0.44

　　由表 5 - 7 可知,2009—2018 年 10 省市每万人拥有体育社会组织数的地区
差异呈现出"降—升—降"的特征,究其原因,第一阶段(2009—2012):变异系数
下降。主要是因为中共十七大提出了"最大限度激发社会创造活力,重视社会组
织建设和管理""建设服务型政府"等发展目标,同时,随着 2009 年《全民健身条
例》的颁布,各地支持和鼓励体育社会组织建设,体育社会组织快速发展,地区差
异逐渐缩小,因此,2009—2012 年体育社会组织发展的变异系数呈下降趋势。

第二阶段(2012—2014):变异系数上升。主要是因为中共十八大提出了加快形成政社分开、权责明确、依法自治的现代社会组织体制,长三角地区经济、社会基础较好,反应快、启动先,就每万人拥有体育社会组织数,2014 年 10 省市中江苏和浙江排在前两位,中西部和东部地区的其他省市与其相比差距较大。第三阶段(2014—2018):变异系数再次下降。十八届三中全会公报指出,要改进社会治理方式,激发社会组织活力,推进国家治理体系和治理能力现代化;2014 年国务院颁布的《关于加快发展体育产业促进体育消费的若干意见》将全民健身上升为国家战略。在这些政策的推动下,各省市都注重加强体育社会组织建设,因此,这一阶段体育社会组织的发展均等化程度逐渐提高。

从体育社会组织的发展速度来看(见表 5-8),2011—2018 年,特别是中共十八大以来,我国体育社会组织的发展速度明显比社会组织快,各年增长率均高于社会组织,体育社会组织数量从 2009 年年底的 19 574 个增加到 2018 年底的53 708 个,10 年间增长了 1.74 倍,高于同期社会组织增长率。体育社会组织的快速增加表明体育治理社会化程度逐渐提高、体育需求旺盛、全民健身组织网络更加完善、各种体育发展政策的执行力增强。例如:截至 2019 年年底,上海市共有体育社会组织 1 246 个,较 2018 年的 1 185 个增长了 5.1%,其中体育类社团 408 个、体育基金会 4 个、体育类民非组织 834 个;全市共有在册体育健身团队 53 888 个,平均每千人拥有固定健身团队数量为 2.22 个。调查显示,会员俱乐部、体育协会、企事业单位健身团队是参与度最高的体育社会组织。

表 5-8　2011—2018 年体育社会组织发展情况

年 份	社会组织数/个	体育社会组织数/个	体育社会组织占比/%	社会组织增长率/%	体育社会组织增长率/%
2011	462 000	21 234	4.60	3.70	
2012	499 000	23 550	4.72	8.10	10.91
2013	547 000	28 222	5.16	9.60	19.84
2014	606 000	32 749	5.40	10.80	16.04
2015	662 000	37 000	5.59	9.20	12.98
2016	702 000	42 000	5.98	6.0	13.51
2017	762 000	48 000	6.30	8.40	14.29
2018	816 000	53 708	6.58	7.10	11.89

资料来源:2011—2018 年社会服务发展统计公报。

在体育社会组织快速发展的同时,老年人体育社会组织也在快速发展。2009年浙江省老年人体育协会数量为 1.52 万个,到 2017 年末浙江省老年体育协会数量达到 3.29 万个,9 年间翻了一番,目前浙江省各市、区级的老年人体育协会建成率已达到 100%全覆盖,街道、社区老年人体育协会建成率达到 98%。各地老体协充分发挥"桥梁"和"纽带"作用,为老年人搭建起体育健身的平台。2017 年年末,浙江省老年体协共有 3.29 万个,有会员 378.85 万人,经常参加体育活动的老年人有 656.54 万人。《2019 年上海市老年人口和老龄事业监测统计信息》显示,上海市老年人体育协会数量从 2009 年年底的 103 个增加到 2019 年年底的 231 个,增幅为 119%;老年体育团队数量从 2009 年的 0.96 万个增加到 2019 年的 2.39 万个,增幅为 149%,表明上海注重老年人体育组织建设,通过组织化、社会化激发老年人体育参与热情,老年人体育活动普及程度逐年提高,老年人体育需求不断增长。

5.1.5　国民体质监测

国民体质监测是检验政府全民健身服务和公共卫生服务成效的重要指标,也是提高政府公共体育服务供给精准性的重要依据,体现了"发展体育运动,增强人民体质"的工作思路,其目的是通过对 3—79 周岁中国公民的身体形态、身体机能、身体素质的监测,整体把握国民体质健康状况,提高全体国民的身体素质和健康服务水平。2016 年国务院颁布的《"健康中国 2030"规划纲要》指出:开展国民体质测试,完善体质健康监测体系,开发应用国民体质健康监测大数据,开展运动风险评估。随着全民健身国家战略和健康中国战略的深入推进,各级政府逐渐重视国民体质健康,加大了国民体质监测和评估的投入力度,各省市都分层分级建立了国民体质健康监测中心或站点,投入了大量的人、财、物资源,监测站点数和受测人数大幅增加,全国累计国民体质测试站点数从 2012 年的3 276 个增加到 2018 年的7 095 个,增幅达到 117%,年度接受国民体质测试人数也从 2012 年的 2 578 539 人增加到 2018 年的 6 558 972 人,增幅为 154%。进入21 世纪后,我国才正式建立了国民体质监测制度,2000 年我国首次进行了国民体质监测工作,监测对象分为幼儿、成年人、老年人三个部分,其中老年人部分规定监测年龄上限为 69 岁。

经过二十多年的发展,我国国民体质监测呈现如下特征。第一,受监测老年人年龄范围扩大。随着人口老龄化程度的加深和老年人预期寿命的增加,老年人体质健康测试服务需求日益增长,特别是高龄老年人也有较高的体质健康监测服务需求,国家也更加重视老年人体质健康状况,老年人受测年龄增加到 79 周岁,2019 年《第五次国民体质监测工作方案(幼儿、成年人、老年人部分)》把监测对象按年龄分为幼儿(3~6 岁)、成年人(20~59 岁)和老年人(60~79 岁)3 个人群,表明老年人体质健康测试年龄范围扩大。第二,国民体质监测成为"体医融合"的重要抓手。中共二十大报告提出,把保障人民健康放在优先发展的战略位置,完善人民健康促进政策。"体医融合"发展作为体质健康促进的创新机制应运而生,成为健康中国和全民健身国家战略有效实施的措施,随着"体医融合"政策落实,各地加强体育与卫生医疗资源的整合,多部门协同推进国民体质监测,把国民体质监测纳入健康体检,促进体育部门与医疗卫生部门把医学体检与体质测定相互配合、相互补充,如《浙江省全民健身实施计划(2021—2025 年)》将"国民体质测试纳入健康体检范围"和"提供标准化体质测试服务"作为 5 年计划的主要任务的组成部分。各地体育部门积极与医疗卫生部门开展战略合作,在医院或社区卫生院建立了国民体质监测站点,推动全民健身与全民健康深度融合,为群众提供"体医融合"的特色国民体质监测促健康服务。第三,国民体质监测工作更加普及,公众接受度更高。随着公众健康观念从"治病"向"防病"转变,国民体质监测越来越普及,公众已经从被动受测转向主动测试,许多政府机构和企事业单位都把开展国民体质测试作为员工福利或工会活动,通过体质健康测试达到增强社区居民体质、防治疾病、维护健康的目的。

表 5 - 9　2009—2018 年 10 省市每万人国民体质每年受测人数情况　单位:人

省份	2009	2010	2011	2012	2013	2014	2015	2016	2017	2018
河　北	9.21	13.59	4.64	3.34	18.89	9.25	17.84	0.32	9.72	22.83
辽　宁	7.78	18.88	15.35	64.04	66.58	38.37	22.62	29.68	53.97	41.11
上　海	43.28	49.94	38.29	48.31	28.96	93.13	105.08	109.43	148.03	153.42
江　苏	88.46	52.56	41.76	58.76	59.99	61.69	62.26	60.6	62.91	77.33
浙　江	22.6	30.51	27.47	28.66	68.02	71.04	67.21	76.79	110.86	60.47
安　徽	5.87	13.3	2.59	3.76	5.76	14.92	34.75	12.26	17.57	19.19
山　东	16.86	20.77	23.3	18.3	24.86	46.96	22.33	22.65	18.33	30.04
湖　北	8.98	19.37	11.03	7.01	18.84	24.3	14.55	18.56	18.09	29.64

省　份	2009	2010	2011	2012	2013	2014	2015	2016	2017	2018
重　庆	9.02	24.84	23.02	15.76	14.27	54.53	21.88	22.04	21.85	29.02
四　川	44.09	34.25	15.87	13.2	26.88	48.01	29.18	36.88	40.96	39.3
全　国	21.36	25.57	14.93	19.04	30.79	52.49	47.53	32.05	38.98	47.00
最大值	88.46	52.56	41.76	64.04	68.02	93.13	105.08	109.43	148.03	153.42
最小值	5.87	13.30	2.59	3.34	5.76	9.25	14.55	0.32	9.72	19.19
平均值	25.62	27.80	20.33	26.11	33.31	46.22	39.77	38.92	50.23	50.24
标准差	26.28	14.04	13.08	22.90	22.84	25.86	29.24	33.55	46.03	40.39
变异系数	1.03	0.50	0.64	0.88	0.69	0.56	0.74	0.86	0.92	0.80

由表 5 - 9 可知,2009—2018 年,10 省市每万人国民体质年受测人数呈逐年增加趋势,表明国民体质监测服务供给力度不断加强,享受国民体质监测服务的人数不断增加。从各年的变异系数来看,变异系数值呈逐年下降的趋势,表明地区之间差异整体上逐渐缩小,但上海、江苏和浙江每万人国民体质年受测人数位列前三,地区之间的差距依然存在。

综上所述,当前,10 省市加强了公共体育服务的供给,为老年人体育参与奠定了坚实的基础,构建了老年人共享体育发展成果的良好物质环境。但由于经济社会发展的差距,地区间、省市间公共体育服务供给不均衡问题依然存在。今后,将坚持以人民为中心的发展思想,满足老年人日益增长的体育需要,持续推动充分顾及老年人需求的老年人体育环境建设,坚持传统服务方式与智能化服务创新并行,切实解决老年人公共体育服务需求方面遇到的困难。

5.2　城市老年人体育健身服务需求现状分析

5.2.1　人口学特征统计分析

本次有效调查老年人群样本总数为 3 928 人,其中男性 1 870 人,占47.61%;女性 2 058 人,占 52.39%。

5.2.1.1　年龄段分布

受调查老年人中,60 岁的占 26.43％,61～65 岁的占 31.26％,66～70 岁的占 23.22％,71～75 岁的占 9.98％,76～80 岁的占 5.35％,81 岁及以上的占 3.77％(见表 5‑10)。由于高龄老人参与体育健身活动较少,故接受调查的老年人年龄段主要在 60～70 岁。这可能有两个方面的原因:一是随着年龄增大,生理状况限制了老年人的户外体育健身活动参加;二是针对高龄老年人体育健身项目开发创编不足或"体医融合"方面的指导人才缺乏,担心在没有专业指导下健身会受伤。

表 5‑10　受调查老年人年龄分布情况　　　　　　　　单位:人

性别	60 岁	61～65 岁	66～70 岁	71～75 岁	76～80 岁	81 岁及以上	总计
男	438	556	462	206	118	90	1 870
女	600	672	450	186	92	58	2 058
合计	1 038	1 228	912	392	210	148	3 928

5.2.1.2　婚姻状况及子女数

总样本中,有配偶老年人数量为 3 408 人,占 86.76％;无配偶老年人数量为 520 人,占 13.24％;无子女老年人有 102 人,占 2.6％;有一个子女的老年人有 742 人,占 18.89％;有两个子女的老年人有 1 564 人,占 39.82％;有三个子女的老年人有 972 人,占 24.75％;有四个子女的老年人有 346 人,占 8.81％;有五个子女的老年人有 138 人,占 3.51％;有六个及以上子女的老年人共有 64 人,占 1.63％(见表 5‑11)。

表 5‑11　受调查老年人婚姻及子女情况　　　　　　　　单位:人

子女数	有配偶	无配偶	总　计
0	26	76	102
1	698	44	742
2	1 424	140	1 564
3	834	138	972

续　表

子女数	有配偶	无配偶	总　计
4	274	72	346
5	106	32	138
6 个及以上	46	18	64
总计	3 408	520	3 928

5.2.1.3　文化程度

从受调查老年人的文化程度（见表 5 - 12）来看，主要集中在初中及以下学历，占 74.54%，其中 17.26% 的老年人没上过学，29.58% 的老年人为小学文凭，27.70% 的老年人为初中文凭；高中或中专文化程度的占 14.61%；大专、本科、研究生及以上文化程度的老年人较少，分别是 5.75%、4.02%、1.07%。表明受调查的老年人学历层次较低，这在一定程度上阻碍了老年人体育健身活动参与，因此有必要加强创编针对老年人群的体育健身科普作品，通过多种形式宣传推广体育健身。

表 5 - 12　受调查老年人文化程度

文 化 程 度	数量/人	比例/%
没上过学	678	17.26
小学	1 162	29.58
初中	1 088	27.70
高中或中专	574	14.61
大专	226	5.75
本科	158	4.02
研究生及以上	42	1.07
合计	3 928	100.00

5.2.1.4　职业情况

从表 5 - 13 可以看出受调查老年人的职业分布，排名第一位的职业为工人（39.21%），其次是个体工商户（11.10%），专业技术人员（医生、教师、工程师、会计师、律师等)排在第三位,占 9.57%。其他职业按占比排序依次为:无业、农民、私营企业主(雇用员工在 10 人以上)、办事人员(机关、单位、企业的文职人员)、经理人员(企业高层白领)、国家与社会管理者(机关、单位主要领导干部)、商业服务人员(营业员、服务员、厨师、导游、保安等)。

表 5-13　受调查老年人职业情况

职　　　业	数量/人	比例/%
国家与社会管理者(机关、单位主要领导干部)	144	3.67
私营企业主(雇用员工在 10 人以上)	256	6.52
经理人员(企业高层白领)	158	4.02
专业技术人员(医生、教师、工程师、会计师、律师等)	376	9.57
办事人员(机关、单位、企业的文职人员)	228	5.80
个体工商户	436	11.10
商业服务人员(营业员、服务员、厨师、导游、保安等)	110	2.80
工人	1 540	39.21
农民	332	8.45
无业	348	8.86
合计	3 928	100.00

5.2.2　城市老年人体育健身需求情况

5.2.2.1　老年人体育健身参与情况

1) 老年人体育锻炼项目

调查表明,当前老年人体育锻炼项目的选择呈现多样化特征,既有对技术要求较高的球类、游泳项目,又有简单易行的散步、广场舞、慢跑等项目(见图 5-1),对此,可以从马斯洛需求层次理论的角度进行解释,随着经济社会的快速发展,我国已经建立起了比较完善的社会保障制度,老年人的生理需求和安全需求等处于低层次的需求基本得到保障,而他们对于健康的追求不仅仅是没有疾病,还有体育健身娱乐方面更高层次的需求,且这些需求具有多样化和个性化的特征。但总的来说,老年人倾向于选择对场地器材要求不高的、易于在居住地附近开展的项目,如散步、广场舞、慢跑和太极拳等,这些项目在社区、街边、公园、广场等地都可以进行,由此看出,老年人在体育锻炼项目的选择上主要特点是强度较低、难度低、易学、便捷,无需过多器械场地、无太多人数要求、省时、经济等。原因可能有两个方面,一是作为准公共产品的全民健身场地设施仍然存在许多短板,供需失衡,制约了老年人相应体育健身项目需求的满足。随着全民健身国家战略的不断推进,体育场地设施不足与群众日益增长的体育需求之间的矛盾比较突出,出现了多起老年人为争夺体育健身空间(如广场舞场地)而引发的冲突。场地要求相对低的广场舞尚且涉及场地抢夺情况,更何况场地设施要求高的球类、游泳等项目。二是体育健身项目的引导和健身价值的宣传不够。科学进行体育锻炼对提高老年人生活质量和延年益寿都有重要作用,而不同体育锻炼项目的健身功能的侧重点也不同。但通过访谈发现,老年人缺乏科学体育健身知识、针对老年人身心特点的健身项目开发不足等影响老年人的体育参与,不同的体育项目健身效果有差异,不同体能和健康状况的老年人适合的体育项目也不同,而对于老年人体育健身项目健身价值的宣传不够、科普活动开展较少,导致老年人只能选择简单、易学、方便参与的体育健身项目。

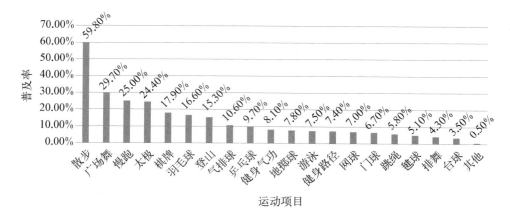

图 5 - 1 受调查老年人体育锻炼项目偏好情况

首先,体育场地设施的有效供给是解决供求矛盾的基石。作为准公共产品的体育场地设施,应重视挖掘可以利用的城市空间资源用于建设贴近社区、方便可达的全民健身中心、多功能运动场、体育公园、健身步道、健身广场等,除了政府供给外,还应该激励和动员社会力量参与供给,特别要加强适老化体育场地设施的建设,如社区"体育、医疗、养老"融合的健身房、配备适老化设施的体育公园,解决老年人健身难的问题。其次,应加强对老年人参与运动项目的引导和宣传。世界权威医学杂志《柳叶刀》报道了最有益延长人类寿命的三类体育运动，排在第一位的是挥拍类运动，如网球、乒乓球和羽毛球等，其次是游泳，第三类为有氧运动。此外，力量和平衡能力的练习对老年人非常重要，可以预防跌倒和骨质流失，促进骨骼健康，减少跌倒的风险，这些都是老年人需要了解的知识。

表 5 - 14　不同性别老年人体育锻炼项目偏好情况(%)

项　　目	男(n=1 870)	女(n=2 058)	汇总(n=3 928)
散步	62.67	57.14	59.78
广场舞	18.72	39.65	29.68
慢跑	28.66	21.67	25.00
太极	30.37	19.05	24.44
棋牌	22.67	13.51	17.87
羽毛球	16.68	16.52	16.60
登山	19.04	11.86	15.27
气排球	10.05	11.18	10.64
乒乓球	12.30	7.29	9.67
健身气功	8.56	7.68	8.10
地掷球	8.34	7.39	7.84
游泳	7.59	7.39	7.48
健身路径	8.02	6.90	7.43
网球	6.84	7.19	7.03
门球	8.02	5.54	6.72
跳绳	5.13	6.41	5.80
毽球	5.24	4.96	5.09
排舞	1.93	6.41	4.28
台球	4.71%	2.43	3.51
卡方检验：$\chi^2 = 189.174$　$p = 0.000$			

利用交叉分析研究老年人性别与体育锻炼项目偏好的交叉关系，从表5-14中可以看出：不同性别老年人对于体育锻炼项目选择呈现出显著差异($\chi^2 = 189.174, p = 0.000 < 0.001$)，男性选择散步(62.67%)、慢跑(28.66%)、太极(30.37%)、登山(19.04%)的比例明显高于女性，女性选择比例分别为散步(57.14%)、慢跑(21.67%)、太极(19.05%)和登山(11.86%)。而偏好广场舞等

"操舞类"项目的男性占比为 18.72%，明显低于女性的比例 39.65%。总的来说，女性偏好舞蹈形体类体育运动项目，男性偏好有对弈性、技术含量高、强度大的体育项目。

表 5-15　不同年龄段老年人体育锻炼项目偏好情况(%)

项　目	60 岁 (n=1 038)	61～65 岁 (n=1 228)	66～70 岁 (n=912)	71～75 岁 (n=392)	76～80 岁 (n=210)	81 岁及以上 (n=148)	汇总 (n=3 928)
散步	61.85	56.68	52.63	67.86	72.38	75.68	59.78
广场舞	30.44	34.69	29.61	21.94	18.10	20.27	29.68
慢跑	23.70	27.36	25.44	25.00	15.24	25.68	25.00
太极	19.85	27.36	26.75	20.92	20.00	33.78	24.44
棋牌	18.11	16.78	16.89	17.86	25.71	20.27	17.87
羽毛球	18.50	19.54	16.23	7.14	8.57	17.57	16.60
登山	16.96	15.47	11.84	17.86	15.24	16.22	15.27
气排球	10.02	11.40	12.50	6.12	11.43	8.11	10.64
乒乓球	11.95	11.07	7.24	6.12	5.71	12.16	9.67
健身气功	7.13	9.61	8.33	5.61	1.90	16.22	8.10
地掷球	6.94	7.82	10.96	5.61	0.95	10.81	7.84
游泳	9.44	8.96	6.36	3.57	0.00	9.46	7.48
健身路径	7.51	7.49	8.99	4.59	1.90	12.16	7.43
网球	5.59	7.33	8.11	7.65	3.81	10.81	7.03
门球	4.62	7.65	9.43	4.59	1.90	9.46	6.72
跳绳	5.78	5.54	4.39	6.12	6.67	14.86	5.80
毽球	3.47	7.33	5.48	2.04	0.95	9.46	5.09
排舞	6.55	4.07	2.85	2.04	1.90	8.11	4.28
台球	3.28	2.93	3.73	3.57	2.86	9.46	3.51

从表 5-15 可以看出：76～80 岁老年人选择散步的比例为 72.38%，81 岁及以上老年人选择散步的比例 75.68%，明显高于平均水平 59.78%；61～65 岁老年人选择广场舞的比例为 34.69%，明显高于平均水平 29.68%；81 岁及以上老年人选择太极的比例为 33.78%，明显高于平均水平 24.44%；76～80 岁老年人选择棋牌的比例为 25.71%，明显高于平均水平 17.87%。可以看出，高龄老年人更偏向于强度低、更为便捷、可以就近锻炼的体育项目，例如散步、太极、健身

气功和棋牌等。以上数据表明,需要在城市社区、养老院、公园和绿地等老年人养老和休闲的地方增加适宜老年人的体育健身场地设施,尤其要注重在养老设施规划建设中配置充足的体育健身空间,最大限度地满足老年人进行各种健身活动的需求。

2) 锻炼频度与时间

体育锻炼频度与时间是衡量老年人体育参与的重要指标。对于老年人体育参与程度的评估,主要通过观察老年人每周锻炼次数与每次锻炼持续时间以及老年人通常的锻炼时间段三个维度(见表 5-16)。

表 5-16　老年人锻炼频度与时间情况

项　　目	选　　项	数量/人	比例/%
每周锻炼次数	0 次	88	2.24
	1 次	204	5.19
	2 次	808	20.57
	3 次	924	23.52
	4~7 次	1 008	25.66
	7 次以上	342	8.71
	不固定次数	554	14.10
每次锻炼持续时间	不足 30 分钟	638	16.24
	30~59 分钟	2 152	54.79
	60~120 分钟	888	22.61
	120 分钟以上	250	6.36
通常锻炼时间段	早晨	2 168	55.19
	上午	678	17.26
	中午	464	11.81
	下午	1 354	34.47
	晚上	1 826	46.49

第一,从每周锻炼次数看,83.66%的被调查老年人有每周进行体育锻炼的习惯,每周进行 2 次、3 次、4~7 次锻炼的老年人分别占被调查人数的 20.57%、23.52%、25.66%,比例较高,大部分老年人达到体育人口的锻炼频度。

第二,从每次锻炼持续时间上看,"30~59 分钟"占比最高,占 54.79%;其次是"60～120 分钟",占 22.61％;再者是"不足 30 分钟",占 16.24％;最后是"120分钟以上",占 6.36％。每次锻炼持续时间关系到锻炼效果,若时间过短,难以达到强身健体的效果;反之,时间过长容易造成老年人疲劳、运动损伤、免疫力降低,2017 年国家体育总局发布的《全民健身指南》[134] 建议,每天有效体育健身活动时间为 30～90 分钟,每次体育健身活动时间应持续 10 分钟以上。目前大多数老年人每次锻炼持续时间符合有效体育健身活动时间。

第三,从锻炼时间段的选择上看,早晨、晚上是老年人选择较多的时间段,分别占 55.19％、46.49％,而有 34.47％的老年人喜欢在下午锻炼,较少老年人选择上午或中午进行锻炼。大部分老年人喜欢在早晨进行锻炼,主要是因为老年人养成了早睡早起的作息习惯,而且受"一日之计在于晨"的传统思想影响,早晨老年人精力较为充沛,处于参与锻炼的良好状态;也有老年人认为晚上锻炼利于消食助眠,选择晚上锻炼,多数是在晚饭后散步、跳广场舞等;除了个人习惯选择,社团活动、社区活动、老年大学培训、各类比赛等主要是在白天进行,所以参与这些活动的老年人会在上午和下午进行体育锻炼。从科学锻炼的角度来看,不提倡老年人早上锻炼,原因是:凌晨 4 点至上午 9 点之间,二氧化碳反流,空气质量较差,此外,早晨人体的血液黏稠度较高,尤其是对于患高血压和心血管疾病的人,早起运动不利于健康。

从统计结果看,大多数老年人都达到了体育人口的标准,且有足够的闲暇时间进行体育锻炼。这可能有两方面的原因,一是全民健身计划已经实施二十多年,很多受该计划影响的中年人已经步入老龄阶段,已经养成的体育锻炼习惯仍然保持着,加上退休后空闲时间增多,因此,有充足的时间参与体育锻炼;二是大部分城市老年人经济比较独立,生活有保障,更加注重生命质量,怀有追求高品质生活的强烈愿望。

3) 锻炼场所

首先,从老年人锻炼场所的整体情况看(见图 5 - 2),51.58％的老年人选择在广场上进行体育锻炼,48.01％的老年人选择在公园里进行体育锻炼,39.36％的老年人选择在住宅附近的社区参加体育锻炼,老年人选择在自家庭院或室内进行体育锻炼的占比为 37.32％。由此可见,广场、公园、住宅社区、自家庭院或室内是老年人体育锻炼的重要场所,其原因是:广场、公园等场地面积大、环境优美、绿化条件好、适合老年人开展各项体育活动,老年人可以聚集结伴锻炼;住宅社区、自家庭院或室内方便老年人进行一些简易的体育锻炼,例如健身操、拉伸运动、太极拳、跳绳、散步等。而选择在学校免费开放场馆进行体育锻炼的老年人仅占 7.69％，这与我国现有的体育场地设施资源的分布严重不符，《第六次全国体育场地普查》表明，全国教育系统体育场地面积占比为 53.01％，超过一半。其中，中小学是"大户"，占全国体育场地面积的 46.61％，而且大部分中小学都位于社区内。选择在学校进行体育锻炼的比例小，说明我国学校体育场地设施对外开放率较低，学校体育场地设施没有得到有效利用。研究结果表明，老年人在促进身心健康的强烈愿望驱动下能够充分利用现有城市空间闲置场地、可复合利用空间进行体育健身活动，因此，政府应该转变职能，注重老年人体育空间需求，通过"政府—市场—社会"协同治理体育场地设施，采取多种举措增加健身设施有效供给，补齐老年人身边的健身设施短板。

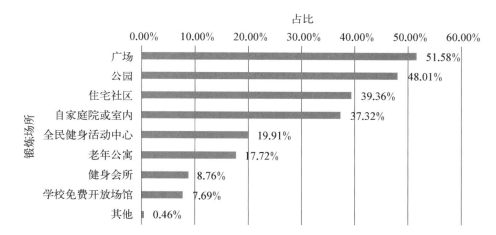

图 5-2　老年人通常锻炼场所情况

表 5-17　不同年龄段老年人锻炼场所情况（％）

锻 炼 场 所	60 岁 (n=1 038)	61～65 岁 (n=1 228)	66～70 岁 (n=912)	71～75 岁 (n=392)	76～80 岁 (n=210)	81 岁及以上 (n=148)	汇总 (n=3 928)
自家庭院或室内	31.60	36.81	36.62	41.84	46.67	60.81	37.32
住宅社区	34.87	40.23	39.47	45.92	43.81	39.19	39.36
广场	46.82	54.56	54.82	48.98	55.24	41.89	51.58
公园	47.59	50.98	48.25	45.92	41.90	39.19	48.01
老年公寓	11.56	20.85	20.61	14.80	22.86	17.57	17.72
全民健身活动中心	18.50	22.15	22.59	13.78	14.29	18.92	19.91

锻 炼 场 所	60 岁 (n=1 038)	61～65 岁 (n=1 228)	66～70 岁 (n=912)	71～75 岁 (n=392)	76～80 岁 (n=210)	81 岁及以上 (n=148)	汇总 (n=3 928)
健身会所	9.44	9.28	9.21	4.59	4.76	13.51	8.76
学校免费开放场馆	10.02	8.31	5.26	5.10	3.81	13.51	7.69
其他							
卡方检验：$\chi^2=69.997$　　$p=0.000$							

其次，表 5－17 中的卡方检验结果表明，年龄段对于锻炼场所呈现出 0.001 水平显著性（$\chi^2=69.997$，$p=0.000<0.001$）。针对自家庭院或室内来讲，81 岁及以上老年人选择自家庭院或室内的比例为 60.81％，76～80 岁老年人选择自家庭院或室内的比例为 46.67％，明显高于平均水平 37.32％。71～75 岁老年人选择住宅社区的比例为 45.92％，明显高于平均水平 39.36％。76～80 岁老年人选择老年公寓的比例为 22.86％，明显高于平均水平 17.72％。这说明，年龄较大的老年人更倾向于就地、就近参与体育锻炼。

最后，老年人锻炼场所距离家的步行时间情况如图 5－3 所示，老年人经常锻炼场所距离家的步行时间在 15 分钟以内的累计比例为 80.24％，其中，5 分钟以内为 20.62％、6～10 分钟为 31.21％、11～15 分钟为 28.41％，这和我国各地全

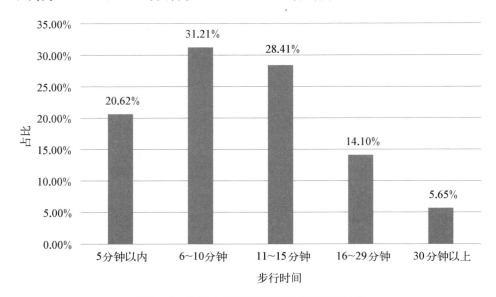

图 5－3　老年人经常锻炼场所离家步行时间

民健身发展规划中打造"15 分钟"或"10 分钟"体育健身圈的目标一致；也有少数老年人的经常锻炼场所离家有一定距离，14.10％的为 16～29 分钟，5.65％的在 30 分钟以上。由此看出，绝大多数老年人在锻炼场所选择上以就近就便为主，这表明各地推行的城市社区"15 分钟"或"10 分钟"健身圈初见成效，也有部分老年人对锻炼场地要求较高，为了追求更好的锻炼效果和好的环境品质，选择距家步行时间较久的场所。

　　4）体育健身参与形式

　　本次调查中老年人参加体育锻炼的主要形式如图 5-4 所示，其中，与朋友一起锻炼占比最高（35.13％），显示了体育促进社会交往的价值；其次是参加社区或养老院组织的活动，占比为 34.11％；也有 25.15％的老年人选择了个人锻炼；另外 5.60％老年人选择其他形式，例如与家人一起活动、参加单位组织的活动等。调查显示，大部分老年人喜欢与亲朋好友或者志同道合的人一起锻炼，表明老年人喜欢群体健身锻炼，其优点表现在三个方面：一是结伴锻炼能更好地相互约束，相互鼓励，达到健身目的，提高老年人体育健身参与积极性；二是在锻炼的同时能更进一步交流，建立新的社会关系网络，缓解退休后新生活、新角色、新环境带来的焦虑与压力，更好地适应晚年生活，实现再社会化；三是社区或体育团体组织活动都会请专业教练指导，使体育锻炼更具科学性与计划性，避免造成运动损伤，达到更好的锻炼效果。通过访谈调查了解到，个人锻炼的老年人有几种情形，一是倾向于在家、养老院、社区进行简单、易行的运动；二是认为独自锻炼较为自由与安静，不受外界打扰，能自我控制锻炼时间、强度，能专心于体育锻炼；三是性格内向，不喜欢和人一起锻炼或担心动作不熟练出洋相等而羞于与

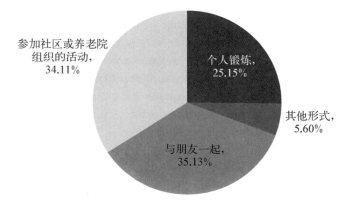

图 5-4　老年人参加体育锻炼的主要组织形式

人一起。

5.2.2.2　城市社区老年人公共体育服务需求分析

1）体育场地设施服务需求

据调查，65.58％的老年人所在社区或养老院设有老年人体育活动场所，20.26％的老年人所在社区或养老院未设有老年人体育活动场所，另有14.15％的老年人表示不清楚。老年人体育活动场所里最多的体育设施为棋牌室、健身室、乒乓球桌，普及率分别为45.21％、39.71％、38.49％。在老年人体育活动场所使用频率方面，15.12％的老年人表示经常使用，61.25％的老年人偶尔使用，23.63％的老年人从来没使用过，不使用的原因较多，其中，活动中心没有健身指导人员占41.70％，自身没有时间占35.90％，活动中心设施条件差占29.23％，距离太远占25.97％，自己行动不便占25.46％，活动中心不开放占15.17％。

研究结果表明，部分地方政府已经意识到"体养融合"发展的重要性，在城市社区或养老院供给体育活动场地设施，但体育场地设施存在种类较为单一、没有健身指导员在场指导、设施条件差、距离远、开放时间不足等问题，不符合老年人多元化的体育需求，导致使用率不高。

第一，公共体育场地设施供给质量上存在问题（见图5－5）。45.62％的老年人认为公共体育场地太小，39.66％的老年人认为便利性不够，36.20％的老年人认为器械设施类型太少，可选择性不高，29.18％的老年人认为对外宣传不够，28.00％的老年人认为公共体育场地设施不干净，26.58％的老年人认为公共体

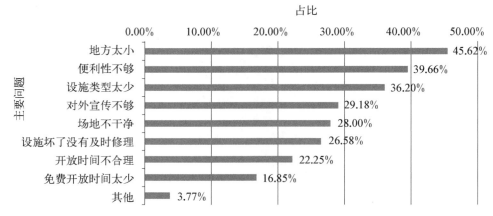

图5－5　老年人认为公共体育场地设施存在的主要问题

育设施坏了没有及时修理、影响使用,22.25%的老年人认为公共体育场所开放时间不合理,16.85%的老年人认为公共体育场所免费开放时间太少,此外,还有3.77%的老年人认为公共体育场地设施存在其他的问题,例如缺少适老性体育设施、缺少老年人体育活动中心等。

　　第二,老年人对社区或养老院健身场地设施质量需求期望较高(见图5-6),57.38%的老年人要求使用方便,53.92%的老年人要求场地条件完备,46.79%的老年人诉求环境卫生良好,38.54%的老年人认为对老旧破损的器材设施应及时维修,另外有2.95%的老年人有其他需求,例如免费开放场地等。

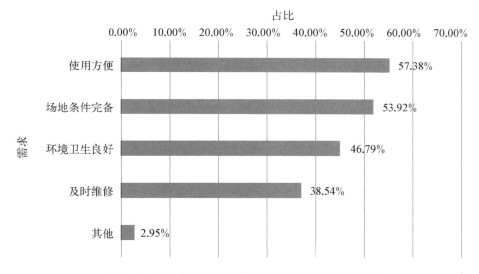

图 5-6　老年人对社区或养老院健身场地设施的需求

　　第三,老年人对现有公共体育场地设施各个方面都有改善期望(见图5-7),按照占比由高到低排序依次是:设备维护好些、增加免费开放时间、建筑面积加大、多开办活动、类型增多、开放时间更合理、环境更干净、使用手续更方便、其他。

　　上述调查结果表明,老年人期待公共体育场地设施就面积、便利性、种类、对外宣传、环境卫生等方面有所改善或提升。由于物质生活水平的提高,部分老年人对体育健身场地设施的需求发生了变化,不仅有数量上的需求,而且对质量有更高的需求,当老年人个性化、多样化的需求与政府供给不协调时,就会产生供需矛盾,引起老年人的不满。

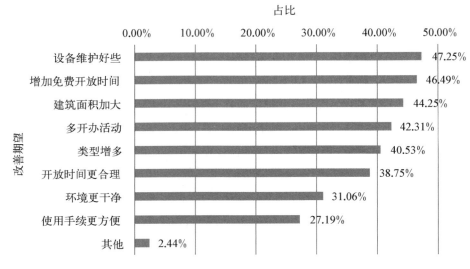

图 5 - 7　老年人对公共体育场地设施的改善期望

2）体育健身指导服务需求

专业的体育指导服务不仅能为老年人规范锻炼动作，增加老年人锻炼知识，提高老年人锻炼成效，还可以减少运动损伤。受调查老年人中，20.93%的老年人表示有专业的体育指导员或教练指导，例如：太极、广场舞等有老师领舞示范动作，球类运动、健身器材等有指导员指导动作规范和健身器材的使用等。另外79.07%的老年人表示参与锻炼时没有指导，其主要原因有三个方面：一是老年人认为散步、慢跑等简单运动不需要专业指导；二是有体育健身指导服务需求，但是缺乏途径；三是职业性体育指导员指导费用高，老年人望而却步，而体育志愿者业务水平普遍不够，指导效果达不到老年人的要求。

第一，老年人对体育健身指导服务内容需求情况见图 5 - 8。54.18%的老年人希望学习锻炼后膳食营养补充方面的知识，45.01%的老年人希望得到慢性病康复指导，42.87%的老年人希望能有针对性的健身项目选择指导，40.43%的老年人需要了解如何预防运动损伤，39.10%的老年人想要学习健身技术动作，27.44%的老年人希望有运动量指导，还有3.92%的老年人提出其他健身指导服务需求，例如运动时间的选择、运动器械产品推荐等。可以看出，老年人对锻炼后饮食营养搭配、慢性病康复、运动损伤预防等指导内容需求较大，说明老年人对自身健康方面知识有较强的渴求，体现了老年人体育锻炼强身健体的初衷；相比较而言，对健身项目选择、健身技术动作、运动量等指导服务的需求体现了老年人想了解适合自己的体育运动,也是想认真掌握一项体育技能和参与一些体育比赛活动等。

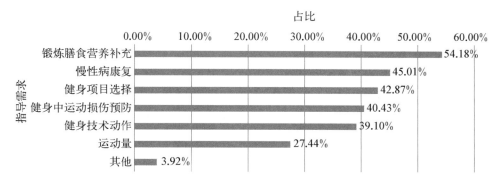

图 5‑8　老年人健身指导服务内容需求情况

第二,老年人对社会体育指导员指导水平提高的期望见图 5‑9。主要包括以下几个方面:首先是提高社会体育指导员的专业水平(63.59%),其次是增加社会体育指导员的类型(59.88%),再次是增加社会体育指导员的数量(49.29%),最后是增加社会体育指导员的指导时间(32.48%)。由此看出,老年人更期望高水平、专业性强的体育指导员提供高水准、丰富多样的体育指导服务,而对社会体育指导员指导数量和指导时间上的需求相对较弱。

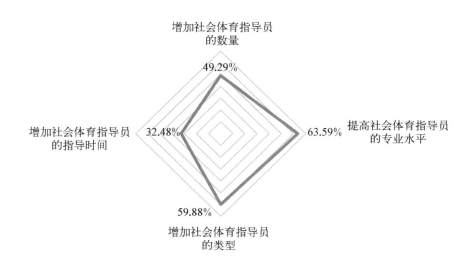

图 5‑9　老年人对社会体育指导员指导水平提高的期望

上述调查结果表明,老年人有在专业健身指导员的指导下科学健身的愿望,以防止受伤和取得更好的健身效果,特别需要"体医融合"型社会体育指导员,不但可以指导健身技能和方法,而且还可以开具促进健康或慢性病康复的运动处方。

3) 老年人体育信息服务需求

体育信息的有效宣传能够让老年群体树立正确的体育价值观,扩大老年人体育参与率,丰富老年人的体育生活,提高公共体育服务效能。

首先,老年人公共体育信息宣传还存在较多问题(见图5-10),仅有8.60%的老年人认为公共体育活动宣传非常到位,其余91.40%的老年人都认为公共体育宣传存在问题,按照存在问题的程度依次排序为:宣传面向的群众太少、宣传渠道太狭隘、宣传内容太少几乎没有感觉到、宣传不及时。这表明老年人体育宣传没有受到足够重视,缺乏面向老年人的有针对性的公共体育活动宣传。

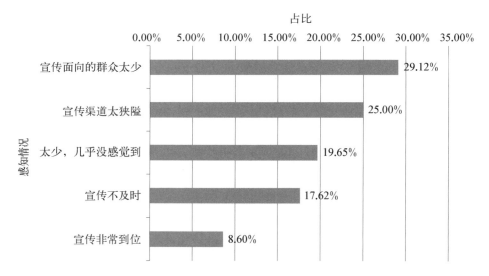

图5-10 老年人对公共体育活动宣传的感知情况

其次,老年人体育信息获取渠道较多。其中,体育信息获取途径排在前四位的分别是电视媒体(52.29%)、社区宣传栏(47.76%)、网络媒体(46.23%)、报纸杂志(36.97%),也有部分老年人通过传单(26.02%)和体育组织(15.63%)获知体育信息,另外有0.15%的老年人选择其他途径了解,例如人际传播(见图5-11)。

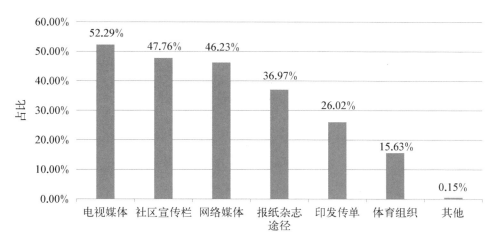

图 5 - 11　老年人获取体育信息的途径

由此可知,传统媒介是老年人获取体育信息的主要途径,但随着互联网和新媒体的广泛应用以及手机、网络在老年人中的普及,老年人体育信息获取途径呈现出多元化发展趋势,但访谈调查中发现仍有部分老年人不会使用智能手机和电脑,主要通过电视、社区宣传栏、传统报纸杂志等渠道获取体育信息。2020 年国务院颁布的《关于切实解决老年人运用智能技术困难的实施方案》将加大电脑网络和智能手机在老年人群体中的普及,有望改变老年人体育信息的获取途径。

最后,老年人体育信息服务的需求内容具有多元化的特点。随着老年人健康意识的提高,老年人对健康促进的信息需求与日俱增,充分反映在老年人对体育健康信息服务内容需求上,图 5 - 12 表明,健康合理的营养膳食(54.84%)和科学的健身锻炼方法(45.72%)排在需求内容前两位,而慢性病康复运动处方是体育促进健康的有效手段,可能是因为宣传不够以及我国"体医融合"的理念没能够深入老年人内心,所以对慢性病康复运动处方的需求程度不高。其余内容需求依次排名为体育场馆使用信息(43.18%)、体育活动开展信息(42.57%)、体育政策制度(34.83%)。随着我国体育改革的不断深入和全民健身国家战略的深入推进,老年人体育参与率越来越高,对体育场地设施使用、社区体育活动开展、新的体育政策制度等信息知晓的需求也将逐渐增多。

上述研究结果显示,老年人希望获得更多的体育健身信息服务,但老年人获取体育健身信息服务主要是通过传统渠道,运用智能设备获取信息的能力有待进一步加强。当前处于大数据时代,老年人体育健身信息服务供给将呈现多元化的特征。

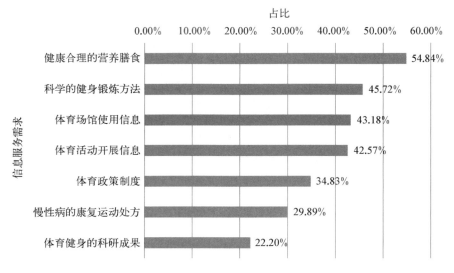

图 5－12 老年人体育信息服务需求情况

4）老年人体育活动服务需求

首先，调查老年人所在社区、街道、养老院的公共体育活动服务供给情况，调查结果显示，50.76％的老年人所在社区、街道、养老院会定期举办一些老年人参与的体育活动，28.26％的老年人表示没有，另外 20.98％表示不知道。可以看出，社区、街道和养老院在体育活动组织上有待加强，尤其是社区、街道在老年人体育活动组织和宣传上有待加强，应增加供给量和知晓率。

其次，老年人体育活动类型的需求，83.86％的老年人希望社区、街道或养老院组织趣味性体育活动，33.15％的老年人希望社区、街道能举办竞技性体育比赛。可以看出，老年人都乐于通过参加趣味性体育活动增进与社区邻里的感情，提高社会参与度，由此增强幸福感与获得感。在各类体育活动的选择上（见图 5－13），健身知识讲座、老年人健步走比赛、老年棋牌比赛是最受老年人群体欢迎的三个项目，分别占 49.75％、49.59％、46.79％。其余依次为健身操等操舞类比赛，乒乓球、门球、地掷球等球类比赛，其他类型的文体活动，例如体育培训、趣味运动会、体育旅游等。

再次，老年人体育健身培训需求，在受调查的老年人中有 61.91％对科学健身相关知识有一定了解，38.09％的老年人表示没有相应的知识基础。调查老年人所在社区与养老院体育培训组织情况（见表 5－18），其中体育健身知识讲座组织情况大多数为"有时组织""很少组织"，分别占 38.44％、36.00％，"从未组

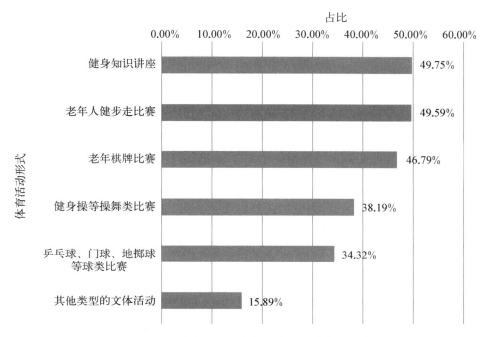

图 5-13　老年人期望社区或养老院组织的体育活动形式

织"占15.73％,"经常组织"占9.83％。但是77.60％的老年人表示自己希望参加科学健身相关知识的培训讲座,22.40％的老年人表示不希望参加体育健身知识讲座,这说明老年人对体育健身知识的需求程度较高,但社区或养老院提供的体育健身服务远不能满足老年人的需求。在老年人体育培训项目需求上(见图5-14),太极等武术类项目、广场舞、乒乓球是老年群体最想学习的三大项目,其他项目按需求程度由高到低排列依次是气排球、门球、柔力球、地掷球等。

表 5-18　社区或养老院组织体育健身知识讲座现状与需求

项　　目	选　　项	比例/%
社区或养老院是否定期组织体育健身知识讲座	经常组织	9.83
	有时组织	38.44
	很少组织	36.00
	从未组织	15.73
是否希望参加科学健身相关知识的培训讲座	希望	77.60
	不希望	22.40

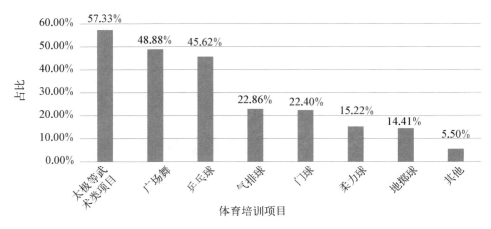

图 5 - 14　老年人体育培训项目需求

从调查结果看,大部分老年人希望通过体育健身活动了解和学习体育促进健康、提高社会参与等方面的知识内容,以此提高自己的体育素养。在积极老龄化和健康老龄化理念的引领下,老年人更加关注自身的身心健康,同时根据马斯洛需求层次理论,在日益提高的物质生活水平和不断增长的美好生活需要推动下,老年人对体育健身的需求从较低层次的体育场地设施和技能需求转向了更高层次的了解科学健身知识和参加体育比赛活动的需求。

5)　老年人体育组织服务需求

体育社会组织是群众性体育服务体系的重要组成部分,是推动全民健身国家战略的重要社会力量,组织开展体育健身活动、推广普及体育健身项目、培养全民健身服务人才是体育社会组织的主要功能。在改进社会治理方式、激发社会组织活力和快速老龄化的共同推动下,老年人体育社会组织如雨后春笋般快速发展,老年人体育社会组织主要分为两类:一类是官方登记注册的体育社会组织,如老年人体育协会、群众性或单项体育社团等,要进行登记注册管理;另一类是自发性群众体育社会组织(包括社区老年人体育健身活动站点、健身团队等),也称为草根老年人体育社会组织,主要通过备案的形式进行管理,如遍布广场、公园的老年人体育健身团队。

如图 5 - 15 所示,46.54%的老年人参加体育类社团组织,其中官方登记注册的体育组织占 23.02%,自发性体育组织占 23.52%;53.46%的老年人没有参加体育类社团组织,究其原因,20.93%的老年人认为无合适的体育社团组织,

20.16％的老年人不愿意参加,也有其他原因,例如没有空暇时间、经济原因等。通过访谈和实地调研可知,随着全民健身战略的深入推进,老年人体育健身服务需求日益呈现个性化、多样化的特征,而官方体育组织提供的体育健身服务远远不能满足老年人体育健身组织服务需求,而自发性老年人体育社会组织作为官方体育社会组织的有益补充,能够提供更加灵活和有针对性的体育健身服务。自发性体育组织一般为兴趣相投的老年人群体"抱团"锻炼的草根组织,但当前老年人草根体育组织存在专业体育健身指导缺乏、体育场地设施不足、体育活动经费不足、管理不严、组织松散等问题。

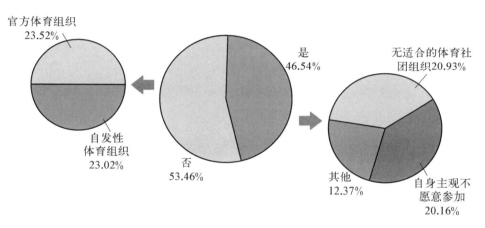

图 5 - 15　老年人体育类社团组织参与情况

6) 老年人体质监测服务需求

实施国民体质监测是为了了解国民体质现状和变化规律,指导国民科学健身,促进全民健身活动开展,提高全民族身体素质和健康水平。2000 年国家体育总局联合 10 个有关部门首次对 60～69 岁的老年人进行了全国性体质监测,根据《国民体质测定标准》,监测指标主要包含身体形态、身体机能和身体素质三个方面,具体测量指标有:身高、体重、腰围、臀围、体脂率、安静脉搏、血压、肺活量、2 分钟原地高抬腿、握力、坐位体前屈、30 秒坐站、闭眼单脚站立、选择反应时等。全国性国民体质监测每 5 年开展一次,迄今已经开展了 5 次,以分层抽样形式进行,我国国民体质监测服务老年人部分主要针对年龄段为 60～79 岁。

经调查,79.53％的老年人有定期参加体质监测的需求,另外 20.47％的老年人认为没有必要定期进行体质监测。而在体质监测地点方面,65.68％的老年人希望能在社区卫生服务中心进行,34.32%的老年人希望能在专门的体质监测站进行。如此看来,大多数老年人都十分关注自身体质健康状况,希望能够接受体质监测服务,根据监测结果进行科学健身。健康需求是老年人美好生活需要的重要组成部分,随着经济社会发展和积极老龄化、健康老龄化理念的传播,老年人更加关注自身健康和主观幸福感,越来越多的老年人开始注重生活质量,能够拥有健康的体质去参加体育健身活动是生活质量高的重要表现,因此,老年人在重视健康体检的同时也希望获得体质健康监测服务。然而,目前国民体质监测服务并未覆盖至全民,体质监测站点较少,体质监测服务仍须深入基层,扩大受监测老年人口的范围,采用灵活多样的形式,如:通过政府与健身房或健身俱乐部合作的形式设立老年人体质监测站、把老年人体质监测纳入年度体检范畴、在社区定期开展趣味测试运动会等。

5.2.2.3　城市社区老年人体育健身服务需求表达情况

多元主体协同参与是公共体育服务治理的核心要素,就老年人体育健身服务治理而言,需求表达是必不可少的部分,老年人体育健身服务需求表达是治理主体多元化的重要体现,通过畅通老年人体育健身服务需求的表达渠道,提升其作为社会力量参与公共体育服务体系建设的程度,具有两个方面的作用:一是可以帮助政府、市场和体育社会组织掌握老年人对体育的价值偏好,注重老年人反映的各类体育健身需求问题,积极回应以提高体育健身服务供给的及时性和精准性,为老年人提供满意、优质的体育健身服务;二是建立"表达—回应"互动机制,使政府与老年人之间以对话、协调、协商方式进行交流互动,通过相互影响、相互作用,达到意见大体一致,利益趋向平衡,使老年人体验到体育健身服务供给的表达权、参与权、知情权和监督权,促使老年人对体育健身服务供给参与的"存在感"向有效性参与的"获得感"转移,调动老年人参与公共体育服务供给的积极性,并最终影响到公共体育、养老等政策的制定和实施。然而调查发现,当遇到体育健身服务方面的问题时(如体育场地设施开放、服务和收费方面的问题),40.38%的老年人表示自己曾向媒体或有关部门反映过,59.62%的老年人表示没有反映过。老年人对公共体育服务的需求表达仍然存在缺渠道、少反馈等困境,而从反映结果看,只有1.48%的问题完全解决了,8.45%的问题大部分得到解决,13.49%的问题基本解决,13.19%的问题少部分得到解决,有3.77%的问题并没有得到解决(见图5-16)。经调查了解,大部分(79.73%)的老年人在遇到问题的时候选择忍耐,仅少部分(20.27%)老年人选择维护自己的体育权利,向媒体或有关部门反映,这说明老年人体育维权意识有待增强。对于老年人反映的问题,解决结果不尽如人意,有些问题得不到解决。造成以上现象的原因可能有以下三点。一是反映渠道少,流程烦琐。老年人不知道去哪里反馈,也嫌麻烦,所以不愿反馈。二是老年人反映的问题处理周期较长,例如学校场馆免费开放的问题、体育场地设施建设问题等,处理起来周期较长、处理过程较为烦琐,见效慢,难以令老年人满意。三是老年人有公共体育服务方面的诉求时,体育部门或基层执行不力,未能满足老年人需求。

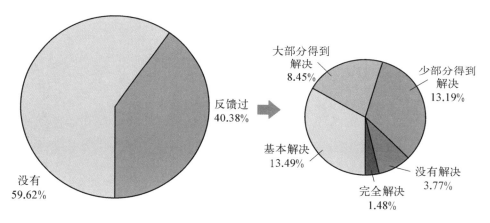

图 5-16 老年人是否反馈过问题以及问题解决情况

当前,老年人体育健身服务需求表达主要采用"自下而上"的传递方式,而政府主动深入老年人群体了解体育健身需求较少,调查表明,在"政府主导、市场和社会组织参与"的治理格局下,老年人更希望政府了解其体育健身服务需求,从老年人期望的体育健身服务需求反映渠道方面可见一斑(见图 5-17),53.77%的老年人期望政府定期设点听取老年人的意见,占比最高,老年人希望通过面对面的深入沟通,表达自己的体育健身服务需求;48.83%的老年人会通过网络、报纸、电视台等媒体反映,因媒体的便捷,能第一时间传递信息;47.45%的老年人希望文体局工作人员主动入户了解;也有部分老年人选择信访(33.71%)和亲自找体育局工作人员反映(23.52%)。由此可见,老年人认为政府是公共体育服务的主要供给者和责任主体,希望政府积极主动了解老年人公共体育服务需求,主动吸取老年人的意见和建议,以需求为导向建立完善的公共体育服务供给体系。

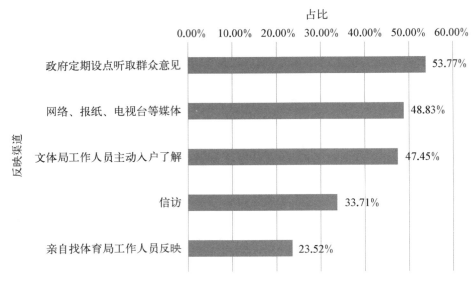

图 5-17 老年人期望的体育健身服务需求反映渠道

5.3 城市"体养融合"发展的实践模式

我国社会已进入老龄化发展阶段,随着老年人精神文化生活和健康需求的不断增长,体育养老成为老年人生活的重要组成部分。2015 年国家体育总局等多部门颁布的《关于进一步加强新形势下老年人体育工作的意见》就已经提出老年人体育工作是我国老龄事业和体育事业的重要组成部分。本研究立足于"体养融合"的系列政策和现行的以"居家为基础、社区为依托、机构为支撑"的养老服务体系,借鉴已经成为老年人体育服务重要供给路径的"医养结合""体医融合"的成功经验,结合当前学术界关于"体养融合"研究的理论与实践成果,归纳出 3 种类型的"体养融合"实践模式,以促进体育、医疗卫生、养老资源在体育养老领域交互融通。

5.3.1 以社区健身房为载体的"体养融合"模式

上海是中国较早进入人口深度老龄化的城市,为贯彻落实"全民健身"和"积极应对人口老龄化"两大国家战略,上海政府通过加快社区"长者运动健康之家"建设,为老年人提供更好的运动健康基础设施和空间,开展健康宣教活动,制定完善的运动健康管理方案,优化社区公共健康治理模式,以保障社区老年人健康。"长者运动健康之家"整合体育、养老、卫生健康等公共服务资源,为老年人提供健康监测、科学指导、器械锻炼、健康讲座、运动方案制定、慢病运动干预和社交娱乐等"一站式"运动康养服务,满足社区老年人运动健康需求,解决社区老年人健身无门、健身不科学和情感孤独问题。其模式中以社区老年人健身房作为社区公共健康治理的重要抓手,主要经验有以下三点。

5.3.1.1　多方协同推进社区"体养融合"

上海市"长者运动健康之家"的建设涉及体育、卫生健康和养老等多个领域,市体育局作为该实践模式的牵头部门,民政局、卫健委、残联、街道、社区、企业多方协同参与治理,以老年人运动健康需求为中心,顺应老年人对健康和体育美好生活的期盼,让老年人共享社会经济发展成果,特别是体育惠民政策的成果,实现对体育健康美好生活追求的满足。同时,这种模式有利于调动老年人主动积极参与到社区公共健康治理中来,推动积极老龄化和健康老龄化目标的实现。一是多部门协同参与体育基础设施建设与改造、体育社会组织的建立、体育健身活动的开展及体育社会指导员的配备,整合体育健身与养老服务资源,为老年人健身活动提供帮助与服务,促进健康养老。如上海嘉定区在社区、体育、卫生部门的协同下,实施"1＋1＋2"社区主动健康计划,即以社区"百姓 360 健身房""全民健身卡"等为载体,开展体质监测与运动健身指导,实现市民健身场馆信息查询、健身服务等各项功能的信息化服务。二是"长者运动健康之家"通过开展健身宣传、健身指导、体质监测、健身活动的组织,并对患有慢性疾病的老年人群体采用社区综合防治方式,使其接受非医疗康复指导,以体育干预方式缓解病症[135]。三是政府与市场组织合作为老年人提供公共体育服务。如虹桥街道与第三方机构"尚体健康"科技(上海)有限公司合作建立"心乐空间长者运动之家",专为 55 岁以上老年人服务,收费标准为"月卡 99 元",属于半公益的收费标准,为老年人提供器械练习、体质测试、运动处方、团体课程、知识讲座、文娱社交等服务。

5.3.1.2　注重社区"体养融合"服务载体建设

上海是中国老龄化程度最高的城市之一,推进"健康老龄化"的实现已成为建设"健康上海 2030"的重要内涵,上海在静安、杨浦、徐汇、虹口、长宁以及闵行区建设 18 家"乐活空间"社区老年运动健康促进中心,即老年人健身房。2018 年,社区老年人"体养融合"中心——"乐活空间"项目获评上海市体育产业示范项目,2019年获评国家体育产业示范项目,并成为上海市 2019 年第一批标准化试点项目。面对城市深度老龄化趋势,到 2025 年,上海将建设 100 家左右"体医养融合"的"长者运动健康之家",为社区老年人提供健身、康复、养老等"一站式"运动康养服务。

上海市在全国首创长者运动健康之家,作为"十四五"时期上海重点支持的"体养融合"新型健身空间,逐步满足社区老年人日益增长的运动健康和养老需求。"长者运动健康之家"是集体育、养老、医疗为一体,面向老年人的社区多功能健身场所,坚持智能化与适老化并重,硬件、软件和服务全面升级。

5.3.1.3 注重"体养融合"服务的标准化和规范化

一是标准化。上海市体育局与民政局共同制定了《关于开展本市长者运动健康之家建设试点工作的通知》《长者运动健康之家建设导则》,将长者运动健康之家作为加强社区体育健身和养老服务的重要载体,未来上海将逐步建立"一人一档"的老年人运动健康电子档案,融入城市数字化转型,依托"互联网+健身"提供适老化的专业智慧体育健身服务,加强运动促进老年人健康的样本跟踪研究,打造"体医养"融合的示范站点和老年人喜爱的民生工程。上海老年社区运动健康促进中心致力于打造 5～10 分钟社区生活健身圈,覆盖社区 1 公里范围内 55～85 岁能独立行走的中老年人,满足其运动健身及社交需求目的,每家平均每天服务 130～150 位老年人,其中大部分老年人因此养成良好的运动习惯,每周能保证 3 次以上锻炼频率,每天锻炼 1～2 小时。

二是规范化。每天有 1～2 名健身教练在老年人健身房内指导老年人健身,健身房的器械专门为老年人量身打造,针对其面临的身体机能衰退以及高血压、糖尿病、失眠、便秘等问题,设计了四大功能区:心肺功能训练区、肌肉力量训练区、"体适能"功能训练区和律动微循环促进区,同时配有康复治疗师,根据老年人的身体状况和运动需求,提供针对性的运动指导,并为其建立健康档案。

5.3.2 以养老机构为平台的"体养融合"模式

体育养老是一种新的养老模式,在满足老年人保障性养老的基础上,融入体育锻炼,不仅可以让老年人强身健体、延缓衰老、预防老年疾病,而且也满足了老年人的精神需求。养老机构包括养老院、福利院、敬老院、老年公寓、护理院、护老院、护养院等,是老年人集中居住和生活的场所,在"全人"养老服务理念的引领下,养老机构除了提供衣、食、住、行等基本生活照料服务,还要提供健康管理和文体娱乐活动等综合性服务,满足老年人养生健身、疾病预防、康复、精神文化、社会交往等需求。政府养老服务主管部门重视养老机构体育健身服务的供给,通过政策推动"体养融合"发展,如 2020 年民政部颁布的《养老机构管理办法》规定:养老机构应当开展适合老年人的文化、教育、体育、娱乐活动,丰富老年人的精神文化生活。此外,"健康老龄化"和"积极老龄化"等理念不断深入人心,在政策推动和理念引领下,各级各类养老机构逐渐重视体育健身服务的供给,"政府、市场、社会"等多元主体协同参与"体养融合",因此,多元主体协同在提供体育健身基本保障的基础上,通过增加体育保健与康复、体质健康监测等体育干预手段,满足老年人康复保健与疾病治疗的需要,并为老年人差异化的体育健身服务需求提供针对性服务。

中共十八大以来,我国各领域坚持以人民为中心的发展思想,推进全面深化改革,具体到公共体育服务领域表现为注重公共体育服务包容性、均等化发展。有效的体育健身服务供给对促进老年人身心健康具有不可替代的作用,习近平总书记强调,让老年人共享改革发展成果、安享幸福晚年。老年人特别是居住生活在养老机构的高龄老年人、独居老年人、空巢老年人应该均等享有基本公共体育服务,他们为国家的繁荣强盛奉献了力量,也有权利共享体育发展成果。江苏省率先启动公共体育服务体系示范区建设,因地制宜开展老年人、残疾人、妇女等人群健身活动,实现不同人群公共体育服务均衡发展,为了实现公共体育服务惠及全民和积极老龄化,江苏省注重将健身服务送到老年人身边,采取多项举措加强养老机构体育健身服务供给。

5.3.2.1 "部门协同、社会组织参与"送体育器材进养老机构

2013 年,江苏省体育局、民政厅、财政厅和省发展体育基金会合作,共同发起了"江苏体彩公益行——送体育器材进养老机构"项目,该项目作为江苏省实施"体养融合"发展的重要举措,5 年内陆续完成全省 1 000 多家养老机构的健身器材资助,免费提供适合老年人特点的各类健身器材和指导服务。"江苏体彩公益行——送体育器材进养老机构"已被纳入江苏体育公共服务示范区建设范畴,

根据老年人体育锻炼需求和特点配置适老化室外健身器材、室内康复器材和集健身娱乐于一体的老年运动休闲器材等不同类型的健身器材套餐,根据养老机构床位数量及活动场地实际情况,每家养老机构获得资助器材价值为1~3万元不等。为了规范养老机构体育器材的管理和科学配置,2013年江苏颁布了《江苏体彩公益行送体育器材进养老机构项目管理办法》,符合条件的养老机构均可根据需要向省发展体育基金会申请体育器材,送体育器材进养老机构项目资助审定小组根据管理办法规定,评选出符合要求的养老机构予以资助。2014年,体彩资助苏北地区徐州、连云港、淮安、宿迁四市价值600万元的室内外健身器材,惠及329家各类养老机构的入住老年人30 000多名。

5.3.2.2 政府与体育社会组织合作,送体育健身指导服务进养老机构

通过政府向体育社会组织购买的方式为老年人提供体育健身服务,无锡市锡山区健身气功协会社会体育指导员全面开展送健身服务进养老院活动。2018年,锡山区健身气功协会到无锡市滨湖区华庄养老服务中心提供健身指导公益服务,健身气功社会体育指导员选择适合老年人特点的健身功法进行传授,展示健身气功八段锦与五禽戏等。此外,江苏体彩公益行项目还配套安排体育志愿者向试点养老机构的护理员和入住老年人提供科学健身指导与培训服务,根据养老机构老年人身体状况及体育健身需求,在全省开展养老机构健身指导员培训工作,促进体育健身指导服务精准供给。

5.3.2.3 为养老机构老年人提供其他体育服务

通过送体育器材供给"硬件"服务远不能满足入住养老机构老年人的体育健身需求,更重要的是提供科学的体育锻炼与体育康复指导的"软件"服务,让老年人体育健身服务落到实处。"江苏体彩公益行——送体育器材进养老机构"项目在提供体育器材的同时还供给其他体育服务,一是向受资助养老机构赠送科学健身指导丛书和视频光盘,让老年人学习体育健身技能,了解科学健身知识;二是为老年人开展体质测评及专家咨询服务,对老年人体质监测结果进行分析并开具个性化的运动处方,让体育健身服务供给科学化、精准化;三是健身专家现场讲解室内外健身器材的功效并指导老年人正确的使用方法;四是针对养老院入住老年人特点开展健身养生专题讲座,让老年人了解科学的健身养生知识,提高自身的身体素质和健康水平。

目前江苏省体育局与民政部门通力合作,旨在使体育健身服务进养老机构实现常态化,加强养老机构体育健身服务软硬件供给。一是资助全省养老机构体育器材;二是将养老机构体育健身指导员培训工作纳入护理员培训体系中,建立一支养老机构的体育健身指导员队伍,构建养老机构老年人科学健身指导工作的实施及监督机制;三是通过多方合作的模式,打造养老机构的健身房,共同完善江苏省养老服务体系,进而逐步实现健康老龄化的战略目标。

5.3.3　以市场化养老项目为主导的"体养融合"模式

5.3.3.1　"政府、市场和养老机构"三方协同供给体育健身服务

政府与市场组织合作在养老机构建立"体育＋康养"智能化养老服务平台。智能化养老是数字化时代的一大发展趋势,上海市出台的《关于开展"智慧助老"行动加强老年人体育服务的指导意见》指出:到 2022 年,本市各级各类体育场馆设施普遍建立亲民便民的智慧助老服务体系,努力构建高品质的"15 分钟社区体育生活圈",实现体育场馆设施助老服务便利化、常态化、长效化。开发适合老年人的场馆智能应用,为老年人进出场馆、使用健身器材提供必要的信息引导和人工帮扶,引导场馆服务人员树立助老意识,为老年人健身提供良好服务。这项政策激发了市场组织开发老年人智慧体育的活力,如厦门云评科技有限公司开发了养老机构健身房全能管理系统——捷径系统,为养老机构老年人提供科学体育健身服务,形成了"体医结合"的新型养老模式,这种养老模式将体育和医学结合起来,并通过智能生理监控设备,为老年人提供贴身智能的特殊养老服务。采用捷径系统的"体医结合"养老模式的机构,能够利用平台所属的大数据系统分析老年人的身体健康状况和健身需求,定期开展体育健身讲座,并提供专门的设施和场地,老年人能够开展一些趣味性强的健身项目,如广场舞、抖空竹和门球等。老年人在健身过程中的生理数据也能通过随身携带的终端上传到平台大数据库,给每位老年人提供有针对性的健身计划和建议。安装了捷径系统的养老机构都设有专门的健身指导服务站,聘用了专职体育健身指导员,为老年人进行体育健身指导。对于心肺功能较好、身体素质过硬的老年人,平台会指点他们进行强度较高的器械运动;对于身体素质一般,较少从事体育健身活动的老年人,平台会指导他们进行广场舞和健身操等强度较小的体育健身活动。此外,捷径系统的智能养老平台还会定期推送包含健身、保健、疾病防治与康复等内容

的教育方案,给老年人提供专门的健身指南。

5.3.3.2 集"体育、养老、康复"于一体的综合体模式

养老服务在政府主导下的市场化是必然趋势,当前许多商业机构都涉足养老项目,商业养老项目中更加注重体育健身服务供给,除了配备优质硬件设施外,还开设各种适应老年人特点的运动课程,如:北京太申祥和山庄"休闲＋养老"的早期经典项目,致力于建成健康养生、养老、休闲度假相结合的综合性山庄,是全国首家推行会员制养老模式的敬老院,根据老年人的特点,特别开设了图书阅览室、健身房、康复训练室、书画室等,设有室内保龄球馆、台球厅、沙弧球、射击项目、游泳馆、桑拿馆、多功能厅、室外网球场、门球场等。绿城地产旗下的乌镇雅园,把医疗服务、体育休闲娱乐与老年教育相结合,为老年人提供居家生活、体育娱乐、文化教育为一体的一站式服务。上海亲和源老年公寓配备有健康会所、老年度假酒店、MINI 高尔夫球场、活动广场、门球场、舞蹈广场、茶室等功能活动区,同时开设运动等 6 大类 15 个学习班。生活、健康、快乐三大服务体系使得"适老"设施完善,满足各年龄段老年生活需要。但是,商业养老项目作为"医体养"融合型服务的新形式,还未形成一种常态化的服务模式,面对我国"未富先老"的老龄化群体,其服务范围仅局限于经济基础较好的"精英阶层"。

5.4 本章小结

本章通过问卷调查和访谈法,分析了城市老年人体育健身服务供给情况、老年人体育健身服务需求情况、老年人体育健身服务需求表达情况 3 个方面,调查了老年人的体育健身服务需求,剖析了当前国内 3 种城市体育健身与养老服务融合发展的模式。结果表明,城市老年人体育活动参与项目呈现多样化趋势,但全民健身场地设施和不同体育项目健身价值的宣传不足等制约了对老年人体育项目需求的满足;大多数老年人每次锻炼持续时间符合有效体育健身活动时间,但老年人在健身时间选择上偏向早晨;老年人倾向于就近、就便参加体育锻炼,主要选择广场、公园等地,而学校体育场地设施对外开放不足;适老化体育场地设施的供给数量不足,公共体育场地设施供给质量上存在问题;老年人对社区或养老院健身场地设施质量需求较高,期望改善现有公共体育场地设施服务质量;

体育健身指导服务供给不足,老年人期望供给高水平、多类型和数量充足的社会体育指导员;体育宣传没有受到足够重视,缺乏面向老年人的有针对性的宣传服务;健身知识讲座、老年人健步走比赛、老年棋牌比赛是老年人群体中最受欢迎的三个体育活动服务项目,而社区或养老院提供的服务远不能满足老年人的需求;老年人对体育组织服务的需求程度较高,在官方体育社会组织不能满足需求的情况下多选择自发性体育社会组织;老年人体质监测服务需求日益增强,但服务供给不能满足老年人需求;老年人体育健身服务诉求的表达渠道狭窄,影响老年人体育健身服务诉求的表达意愿。在体育养老的推进下,我国已经形成了 3 种"体养融合"模式,即:以社区健身房为载体的"体养融合"模式,以养老机构为平台的"体养融合"模式,以市场化养老项目为主导的"体养融合"模式。

第 6 章
城市社区老年人体育健身服务满意度分析

6.1　基本情况

表 6-1　调查样本情况汇总（N=1 074）

	统计指标	占比/%		统计指标	占比/%		统计指标	占比/%
性别	男	50.6	年龄	60 岁	23.5	文化程度	小学	34.5
	女	49.4		61～65 岁	45.5		初中	34.3
职业	无业	32.6		66～70 岁	23.2		高中或中专	19.7
	农民	16.9		71 岁及以上	7.8		大专	6.4
	个体工商户	12.8					本科	3.9
	工人	11.7	健康状况	很好	23.3		研究生及以上	1.2
	商业服务人员	7.5		较好	40.7			
	私营企业主	6.1		一般	30.6	月均收入	0～1 000 元	16.5
	专业技术人员	4.9		较差	4.4		1 001～2 000 元	26.3
	经理人员	3.2		非常差	1.0		2 001～3 000 元	25.5
	办事人员	3.2					3 001～4 000 元	18.7
	国家与社会管理者	1.0					4 001～5 000 元	7.4
							5 001 元及以上	5.7

如表 6-1 所示，回收的有效问卷中，有性别、年龄、职业、健康状况、文化程度、平均每月收入等基本信息，数据反映问卷调查的抽样基本合理，具有较强的代表性。同时，本书针对老年人的体育锻炼情况也开展调研，从而为分析研究问

题提供更多思路,调查显示,随机锻炼的老年人占比最高,达 40.5％,表明很多老年人体育锻炼存在随机性,并未形成定期锻炼的习惯,其余的老年人中每周锻炼 1～2 次的最多,占比约为 29.6％,而每周锻炼 3～4 次的约有 16.9％,从不锻炼的老年人约有 7.7％,占比最低的是每周锻炼次数达 5 次以上的老年人,约为 5.3％。依据美国运动医学会的建议,老年人每周需要进行 3 次约 0.75 小时的快走以及 2 次约 0.5 小时的力量训练(林海,2018)[136],由此可见,我国老年人的锻炼频次需要增加。受访者中每次体育锻炼的时间未达 0.5 小时的有40.3％,达到 0.5～1 小时的老年人占比约 47.2％,1 小时以上的有 12.5％,可见老年人每次锻炼时间长度主要集中在 1 小时以内。

6.2　社区老年人体育健身服务需求重要性排序

　　基于前期的研究,针对社区老年人体育健身服务,本书主要从 7 个维度进行需求重要性排序。此次排序基于两个分析:首先依据图 6 - 1 显示的每一级重要性排序中老年人对 7 个体育公共服务维度的选择情况,当差异较小时,再结合单个服务维度的总分排序综合考量。积分规则为第一重要项目选择(简称一选)中 1 位老年人的支持就赋值 7 分,第二重要项目选择(简称二选)中 1 位老年人的支持则赋值 6 分,以此类推,第七重要项目选择(简称七选)中 1 位老年人的支

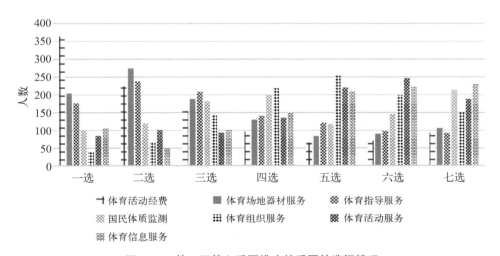

图 6 - 1　第一至第七重要维度的重要性选择情况

持赋值1分,得分越高则重要性越高,结果如表6-2所示。

表6-2　城市老年人对社区体育健身服务各类供给重要度排序总分(N=1 074)

分　　类	得　　分	排序
体育活动经费	5 494	1
体育场地器材服务	5 070	2
体育指导服务	4 923	3
国民体质监测	3 991	4
体育组织服务	3 575	5
体育活动服务	3 560	6
体育信息服务	3 459	7

由图6-1和表6-2可知,老年人认为体育健身服务供给中最重要的是体育活动经费,共有364位老年人将体育活动经费排在重要性第一位,占比达33.89%,比第二名的体育场地器材服务高约4.9个百分点,同时该项目的排序总积分最高,达到5 494分。社区体育活动经费主要来源于社区拨款、赞助商社会资金、居民自筹经费,为老年人在社区开展各项体育活动提供资金支持,是体育健身服务多样化发展的物质基础。老年人体育活动组织开展的情况与经费支持息息相关,老年人体育社会组织的运转、体育赛事组织、教练裁判的聘用、体育场地租借、体育服装器材购买等都离不开经费投入,因此,老年人在体育健身服务供给排序中将其排在第一位。我国老年人认为体育场地器材服务的需求重要性仅次于体育活动经费,该项目在二选中获得了最高的支持,支持者达274人,同时总分为5 070,位列第二。体育场地设施是老年人参与体育健身活动的基础,加强适老化场地设施建设,不仅是推进积极应对人口老龄化国家战略的有力保障,也是发展老年人参与全民健身、促进健康老龄化的重要保障。然而,许多老年人都被"去哪儿健身"的问题困扰过,因此深刻意识到身边有体育场地设施的重要性,对老年人而言,体育场地设施还要符合涉老工程建设标准,老年人对社区的体育场地设施抱有较高的要求与期待。需求重要性排在第三位的是体育指导服务,该项目在三选中获最高支持,支持者达209人,同时总分也位列第三,可见老年人自身较为重视科学体育健身指导。目前我国老年人大多数出生于20世纪60年代之前,较少接受体育锻炼

的专业学习,特别对老年人的体育锻炼缺乏科学认知,而专业体育健身指导员可促进老年人的体育健身活动科学化,预防可能发生的运动损伤(弋晶等,2013)[137]。对老年人而言,国民体质监测项目是第四重要的需求。国民体质监测项的四选人数为 200 人,比体育组织服务少 19 人,但在总分上该项比体育组织服务高 416 分,因此将该项目的重要性排在第四位。通过定期的监测,帮助老年人主动及时了解个人身体机能变化,从而为个性化定制运动方案提供数据基础,科学化开展锻炼活动。被老年人认为第五重要的需求是体育组织服务,在五选中该项目选择率最高,占比达到 23.65%,且其总分也位列第五。多样化社区体育组织是满足多元体育需要的基础条件,随着全民健身工程的推进,社区老年人体育协会等正式体育组织和广场舞团队等非正式体育组织越来越普及。第六重要项目选择中支持人数最多的是体育活动服务,达247 人,同时其总分也位列第六。对老年人而言,社区公共体育服务中重要性最低的需求是体育信息服务,在七选中共计 229 位老年人选择了体育信息服务,选择人数最多,但其总分排名最末。反映出当前体育健身信息服务的传递方式和内容大部分是以青少年和中年人为主要对象,对老年人群体考虑不足。

6.3　社区老年人体育健身服务满意度分析 ························

　　公共服务满意度是享有者对该服务全部产品的可感知效果与其期望值对比后产生的一种特殊心理感受状态(姚绩伟等,2016a)[138],老年人对社区体育健身服务的满意度是老年人对社区体育健身服务提供的全部产品的实际表现同自身对其期望进行比较后产生的主观评价,是一种基于正确价值取向及客观理性判断的累积型心理反应(姚绩伟等,2016b)[139]。社区体育健身服务所提供的体育产品众多,本节的满意度分析主要从体育场地器材服务、体育指导服务、国民体质监测服务、体育组织服务、体育活动服务、体育信息服务、社区体育健身服务效用七个维度入手,如表 6-3 所示,基于文献研究、专家访谈、逻辑分析,将每个维度细分为不同的项目进行满意度考量,采用 LIKERT5 点量表进行评价,1 表示"很不赞同",2 表示"较不赞同",3 表示"一般",4 表示"比较赞同",5 表示"很赞同"。

表 6-3　社区老年人体育健身服务具体内容

维　度	项目编号	具　体　内　容
A 体育场地 　器材服务	A1	社区体育场地、器材和设施数量能满足老年人需要。
	A2	社区体育场地、器材和设施布局合理。
	A3	社区体育场地、器材和设施使用说明简单易懂。
	A4	社区体育场地、器材和设施实用、舒适、安全。
	A5	社区体育场地、器材和设施维护及时。
B 体育指导服务	B1	社区体育指导员人数能满足老年人对指导员的需要。
	B2	社区体育指导员能定期指导体育健身。
	B3	社区体育指导员能科学传授健身方法。
	B4	社区体育指导员能很好地指导老年人学习体育技能。
	B5	社区体育指导员能做到因材施教和区别对待。
	B6	社区体育志愿服务工作开展良好。
C 国民体质监测服务	C1	社区能定期开展老年人体质测试。
D 体育组织服务	D1	社区拥有数量充足的体育社团。
	D2	社区内体育社团自助与互助服务开展良好。
	D3	社区体育社团、体育协会组织等建设与管理良好。
	D4	社区体育社团及组织在老年人体育活动中发挥了积极的作用。
E 体育活动服务	E1	社区体育活动项目丰富多彩。
	E2	社区体育活动组织频繁。
	E3	社区体育活动组织与开展良好。
	E4	社区定期开展体育活动。
	E5	老年人参与社区体育活动互动机会多。
	E6	老年人参与社区体育活动积极性高涨。
	E7	参加社区体育活动方便。
F 体育信息服务	F1	社区内体育与健康知识讲座及咨询开展良好。
	F2	社区体育活动信息发布及时准确。
G 社区体育健身 　服务效用	G1	社区体育健身服务值得老年人信任和依赖。
	G2	社区体育健身服务能有效地改善老年人的人际关系。
	G3	社区体育健身服务能有效地丰富老年人的生活。
	G4	社区体育健身服务能有效地促进老年人的身体健康。
	G5	社区体育健身服务能有效地消除老年人的生活焦虑和孤独感。

6.3.1　总体满意度分析

本次调研所有项目的满意度均值结果如图 6－2 和表 6－4 所示,所有满意度均值都在 3 之上,即及格线以上,但除了 G3、G4 项的满意度均值达到 3.5 以上,其他项目的均值都在 3.1～3.5,表明老年人对社区体育健身服务整体评价虽达到了"一般"水平,但距离"比较赞同"仍有较大差距。其中满意度均值最低的是 D1"社区拥有数量充足的体育社团"(3.131),满意度均值最高的是 G3"社区体育健身服务能有效地丰富老年人的生活"(3.516),30 项满意度均值的中值水平为 3.244。G(社区体育服务效用的满意度均)值区间相对集中且整体水平处于最高,满意度均值区间跨度最大的为 D(体育组织服务),差值达 0.286。上述结果表明,老年人都比较认可有效的社区体育健身服务供给能够丰富晚年生活、排遣孤独寂寞,同时也能够促进身体健康,老年人既有物质赡养和生活照料需要,也有精神文化生活需要,参加体育社团是老年人精神文化生活的重要组成部分,但调查发现社区体育社团较少,不能满足需求。老年人由于衰老、离退休、丧

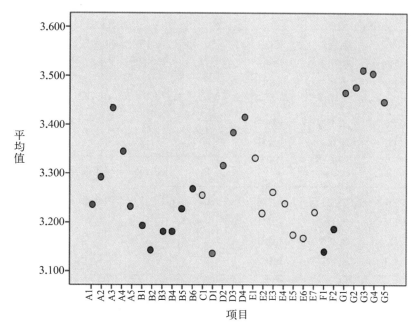

图 6－2　社区老年人公共体育服务各项目的满意度均值

偶、子女独立成家等原因，不可避免地产生孤独寂寞之感，而当前老年人精神文化生活呈现出全方位需求的特点，即具有尊重、情感交流和自我实现的需求。根据马斯洛需求层次理论，社交需求、尊重需求和自我实现需求是人类的初级需求得到满足的基础上产生的更高层次的需求，而社会参与是满足这些需求的重要途径，因此，老年人普遍具有较为强烈的社会参与愿望，期望参加组织化的体育健身活动，增加社会交往，表现自己的存在价值，得到社会认可和回归社会，体育社团具有组织化、公益性等特征，体育社团能够满足老年人组织参与、公益参与的需要，发挥老年人口中蕴藏的劳动力资源和智力资源的价值，但是当前符合老年人需求的体育社团数量还远远不足。

表 6 - 4　社区老年人体育健身服务各维度满意度情况

维度	项目	满意度均值	标准差	满意度总分	平均数	标准差	标准化分	排序
A	A1	3.233	1.195	25	16.543	3.701	66.171	3
	A2	3.298	1.011					
	A3	3.439	1.026					
	A4	3.342	1.074					
	A5	3.231	1.104					
B	B1	3.196	1.103	30	19.192	4.212	63.973	5
	B2	3.143	1.083					
	B3	3.182	1.067					
	B4	3.179	1.086					
	B5	3.223	1.080					
	B6	3.269	1.047					
C	C1	3.250	1.199	5	3.251	1.199	65.010	4
D	D1	3.131	1.124	20	13.254	2.982	66.271	2
	D2	3.319	1.041					
	D3	3.386	1.052					
	D4	3.417	1.152					
E	E1	3.331	1.078	35	22.600	4.707	64.570	6
	E2	3.217	1.062					
	E3	3.257	1.082					

续　表

维度	项目	满意度均值	标准差	满意度总分	平均数	标准差	标准化分	排序
E	E4	3.237	1.068					
	E5	3.172	1.083					
	E6	3.162	1.096					
	E7	3.223	1.086					
F	F1	3.137	1.130	10	6.318	1.757	63.175	7
	F2	3.181	1.092					
G	G1	3.465	1.184	25	17.405	4.065	69.620	1
	G2	3.477	1.095					
	G3	3.516	1.092					
	G4	3.504	1.134					
	G5	3.444	1.090					

注：标准化分＝(项目得分平均值/项目满分数)×100。

本次调研七个维度的满意度均值结果如表 6-4 所示，每一维度的标准化得分均在 60～70 分，整体得分水平不高，按得分由高到低依次为：G 社区体育健身服务效用、D 体育组织服务、A 体育场地器材服务、C 国民体质监测服务、B 体育指导服务、E 体育活动服务、F 体育信息服务。

6.3.1.1　体育场地器材服务(A)满意度分析

老年人对社区体育场地器材服务 5 个项目的满意度评价均高于一般水平，分值位于 3.231～3.439，离"比较赞同"差距大。这在其他学者的研究中亦有所体现，如李静等(2002)[140]研究指出健身场地、器材匮乏是制约老龄人社区体育健身服务发展的重要原因之一，任云兰的研究也表明"城市社区体育场地数量、设施类型及空间结构规划存在供需矛盾"(任云兰，2019)[141]。因此，我国不断改善全民健身体育设施，"十三五"期间更是不断推进"市、县区、街道、社区"四级公共体育健身设施网络和城市社区 15 分钟健身圈建设，但打造满足老年人体育健身需求的社区体育场地设施服务网络是一个长期的过程，例如到 2020 年在发达地区江苏省昆山市才建成全国县域范围首个"15 分钟体育生活圈"。"十四五"期间，政府更加重视全民健身场地设施，为推进健身设施建设，2020 年国务院颁布了《关于加强全民健身场地设施建设发展群众体育的意见》,要求"完善健身设施建设顶层设计,增加健身设施有效供给,补齐群众身边的健身设施短板"。在所有维度中满意度均值最高的为 A3 项"社区体育场地、器材和设施使用说明简单易懂",达到 3.439,这主要得益于现今我国社区体育器材普遍采用全民健身路径,例如太空漫步器、蹬力器、扭腰器等简单实用型器材,在大部分器材的醒目处都有图文并茂的使用说明和注意事项。A4 项"社区体育场地、器材和设施实用、舒适、安全"、A2 项"社区体育场地、器材和设施布局合理"的满意度均值分别为 3.342、3.298,都仅微高于"一般"水平,表明当前体育场地设施供给注重服务质量。而满意度靠后的 A5 项"社区体育场地、器材和设施维护及时"的满意度均值为 3.231 分,可见已有的社区体育场地设施在长期使用过程中存在不同程度破损,并未得到及时的维护和更新。老年人最不满意的是均值为 3.233 分的A1 项"社区体育场地、器材和设施数量能满足老年人需要",这表明随着老年人体育人口的增加,老年人对社区体育场地设施需求不断增加,但目前的供需不平衡,亟须增加社区体育场地设施的数量以满足老年人健身需求。

6.3.1.2 体育指导服务(B)满意度分析

老年人对体育指导服务的每个项目满意度分值位于 3.143～3.269 区间,都只比"一般"水平略微高一点,且彼此评价趋同,距离"比较赞同"的水平存在很大差距。相比中青年人,老年人因身体机能衰退而变得脆弱,在体育锻炼中更需要获得科学指导以避免运动损伤和无效锻炼,同时老年人主观上也将体育健身指导服务的重要性放于前列,对优质体育健身指导服务有着较高期望。体育指导服务主要由社区体育志愿者和体育指导员提供,但满意度最高的 B6 项"社区体育志愿服务工作开展良好"的均值也仅为 3.269。社区体育指导员维度上其余 5个项目满意度均值排序依次分别为 B5 项"社区体育指导员能做到因材施教和区别对待"(均值为 3.223)、B1 项"社区体育指导员人数能满足老年人对指导员的需要"(均值为 3.196)、B3 项"社区体育指导员能科学传授健身方法"(均值为3.182)、B4 项"社区体育指导员能很好地指导老年人学习体育技能"(均值为3.179)、B2 项"社区体育指导员能定期指导体育健身"(均值为 3.143)。从数量上看,随着整个社会对体育指导员培养力度的加大,体育指导员的数量持续增加,2018 年 8 月达到 200 万人(李雪颖,2018)[142],参与社区体育活动的指导员也日益增多,但基于 B1 项的满意度水平,指导员只是勉强达到日常需求数量,还需要继续增加体育健身指导方面的人力资源,特别是在深度老龄化背景下需要增加专门服务老年群体的体育健身指导员。从质量上看,服务时间是最需得到优化的项目,定期到社区、公园、全民健身中心、文体活动室等地方开展体育健身指导服务不仅有利于老年人培养运动锻炼的习惯,而且有助于提高社会体育指导员服务黏性,形成常态化服务机制;因材施教、科学传授的体育指导员服务等均得到老年人一定程度的肯定,但距离获得老年人的赞赏还有很大发展空间。

6.3.1.3 国民体质监测服务(C)满意度分析

老年人对 C1 项"社区能定期开展体质测试"的满意度均值为 3.250,比"一般"水平略高一些,距离"比较赞同"尚有较大提升空间,临近所有项目满意度均值的中值水平。从 2000 年起我国每五年在全国范围开展国民体质监测工作,随着市、县、区各级体质监测全面覆盖,众多城市开始定期为市民提供体测服务,如2015 年起成都每年开展体质监测工作。体质监测工作的普及化发展促使体质监测日益深入社区基层,从一次次的体质监测活动入社区到不断有社区开始主动举办定期体测活动,如浙江省宁波市的庆丰社区在 2018 年 12 月有了国民体质监测仪器,可为社区群众提供常态化体质监测服务,社区体质监测日益成为老年人了解自身的形态、机能、素质等体质状况的关键途径。但目前受访老年人中有 56.7% 未对该项感到满意,表明老年人体质健康监测服务仍有较大提升空间,很多社区老年人体质监测未能常态化,还应进一步加强国民体质监测,特别是通过"体医融合"项目在社区卫生院和较大规模养老院开展老年人体质健康监测,更能引导老年人参与。

6.3.1.4 体育组织服务(D)满意度分析

体育组织服务维度的 4 个项目满意度水平全部达到"一般"以上,分值位于3.131~3.417 区间,其中满意度最低的为 D1"社区拥有数量充足的体育社团",仅为 3.131。随着全民健身工程的推进,社区的体育组织力量不断壮大,浙江、山东等多地都开展了体育社团进社区活动,且取得了不错成果,如 2016 年温州市瓯海区就实现了每个社区均拥有体育社团的目标,但从老年人对此的满意度水平不难发现,社区的体育组织数量需要进一步增加。《2018 年民政事业发展统计公报》显示,当年我国有 33 722 个体育社会组织、42 个体育基金会、19 986 个体育民办非企业单位,而居委和村委会共有 65.0 万个,粗略计算则每个居委会拥有 0.08 个体育社会组织,体育组织数量存在较大缺口。当然社区内还活跃着不少草根体育社团组织,但从组织的生命力、规范性、专业性等角度看,社区体育组织服务的可持续发展离不开更多正规社区体育组织的补充。另外三项即D2"社区内体育社团自助与互助服务良好"、D3"社区体育社团、体育协会组织等建设与管理良好"、D4"社区体育社团及组织在老年人体育活动中发挥了积极的作用"的满意度均值分别为 3.319、3.386、3.417,彼此差异较小。蔡景台等(2009)[143]指出,随着年龄的增长,居民对体育组织服务总体满意度呈现上升趋势,如今老年人对社区体育组织服务整体满意度已在"一般"与"比较赞同"之间,但鉴于长期以来我国体育社会组织提供的体育服务多为粗放型服务,大多数体育社会组织的管理能力明显不足、参与社会体育服务的能力不强(张伟,2019)[144],体育组织整体上仍处于一个需要长期培育的过程中,针对老年人的社区体育组织服务需要不断加强。

6.3.1.5　体育活动服务(E)满意度分析

针对体育活动服务,老年人对其各项的满意度均超过"一般"水平,均值位于3.162～3.331 区间,其中满意度均值最高的为 E1"社区体育活动项目丰富多彩",均值达 3.331,但距离"比较赞同"有较大差距。提供丰富多彩的体育活动供给是《全民健身计划(2016—2020 年)》的主要任务之一,近些年来社区运动会、健步走、广场舞、游泳比赛等体育活动在全国各社区方兴未艾,但从体育活动满意度上看,社区体育健身活动项目类型仍不能满足老年人的需求。余下 6 项的满意度均值依次为:E3"社区体育活动组织与开展良好",3.257;E4"社区定期开展体育活动",3.237;E7"参加社区体育活动方便",3.223;E2"社区体育活动组织频繁",3.217;E5"老年人参与体育活动互动机会多",3.172;最低的是 E6"老年人参与社区体育活动积极性高涨",均值为 3.162,仅略微高于"一般"水平,对 E6项比较赞同或很赞同的老年人约占 37.1%。左群等(2018)[145]在河北省开展的研究表明,对公众参与公共体育活动积极性表示基本满意或满意的老年人约占受访老年人总数的 44.2%,高于社区的 37.1%,可见在老年人认知中,社会整体公共体育活动在激发参与者积极性方面还没能达到老年人期待,且在社区举办的各类活动中为老年人开展的体育活动处于劣势。

6.3.1.6　体育信息服务(F)满意度分析

F1"社区内体育与健康知识讲座及咨询开展良好"的满意度均值为 3.137,

F2"社区体育活动信息发布及时准确"的满意度均值为 3.181。2002 年起我国有关部委联合开展了科教文体法律卫生四进社区行动,其中"体育进社区"深受欢迎,体育保健讲座及咨询活动入社区也日益常态化,如上海市设置了《社区体育讲座配送项目》目录规范并将讲座分为健身方法、健康生活、体育文化三类型,这也响应了《"十三五"健康老龄化规划》提出的"开展老年健康保健知识进社区、进家庭活动"号召。老年人在社区可以享受到越来越多更优质的体育与健康知识讲座及咨询服务,但是从 3.137 的满意度水平来看,老年人日益增长的对健康健身的求知欲同社区可提供的知识信息服务之间仍存在较大的差距,供需失衡。同时,在体育信息发布的及时性与准确性方面,也要更加关注老年人群体的个性化需求,如不少社区工作者存在一定程度的传统信息发布路径依赖,发布信息时仅仅在传统的社区公告栏、电梯口、楼宇门口等粘贴纸质通知书就自认为完成了信息发布工作,没有考虑到许多老年人受限于较低的文化水平而无法及时准确获得体育信息的困境。

6.3.1.7　社区体育健身服务效用(G)满意度分析

老年人对社区体育健身服务效用各项目的满意度在所有项目中都位列前茅,均值位于 3.444～3.516 区间,但也全部在"一般"与"比较赞同"之间,其中满意度均值最高的为 G3 项"社区体育健身服务能有效地丰富老年人的生活",达到 3.516,而后是 G4 项"社区体育健身服务能有效地促进老年人的身体健康",达到 3.504,是 30 个项目中第二个满意度超过 3.5 水平的项目,但超出幅度很小,离"比较赞同"水平仍然有大差距。其余各项满意度均值排序依次是 G2 项"社区体育健身服务能有效地改善老年人的人际关系"(3.477)和 G1 项"社区体育健身服务值得老年人信任和依赖"(3.465),最低的为 G5 项"社区体育健身服务能有效地消除老年人的生活焦虑和孤独感"(3.444),比最高值 G3 项满意度均值低了 0.072,该维度内各个项目满意度水平彼此差异较小。由此可见,社区体育活动作为老年人实现健身保健、休闲娱乐、扩大社交等愿望的重要途径之一,其带给老年人的生理及心理积极效用被老年人群体主观上认可的程度仍有待提高。

6.3.2　分组满意度差异分析

进一步研究不同类型老年人在社区体育健身服务满意度上是否存在显著差

异。首先,针对不同组老年人对 A、B、C、D、E、F、G 各维度的满意度是否存在显著差异,本研究采用了单因素方差分析法。其次,针对不同组老年人对 A1~G5 这 30 个具体项目满意度的差异,本研究采取折线图进行直观比较分析。

6.3.2.1 不同社会等级老年人满意度差异分析

以职业分类为基础,根据所拥有的组织资源、经济资源和文化资源的差异情况可将老年人划分为不同社会等级。本研究借鉴与采用了陆学艺(2002)《当代中国社会阶层研究报告》中的分类标准,将老年人的社会等级分为社会上层、中上层、中中层、中下层、底层五大等级。国家与社会管理者、经理人员为上层,私营企业主、专业技术人员为中上层,办事人员、个体工商户为中中层,商业服务业员工、产业工人为中下层,农业劳动者、无业为底层。不同社会等级的老年人对各维度上满意度差异的单因素方差分析结果如表 6-5 所示,发现单个维度上所有参与比较的老年人组别中最大方差与最小方差的比值均小于 3,例如针对 A 维度,社会上层、中上层、中层、下层、底层 5 组老年人中最大方差为 16.663,最小方差为 9.319,两者的比值为 1.788,小于 3,因此可认为若存在方差不齐也可尝试采用单因素方差分析,即本次单因素方差分析的结果较为稳定。不同社会等级的老年人在社区体育健身服务七大维度的满意度上都存在显著差异($p <$ 0.001),其中社会底层的老年人七大维度上的满意度最低,B 体育指导服务的满意度最高分值来自社会上层老年人,而 A 体育场地器材服务、C 国民体质监测服务、D 体育组织服务、E 体育活动服务、F 体育信息服务、G 社区体育健身服务效用的满意度最高分值来自社会中上层。

表 6-5 不同社会等级的老年人满意度差异方差分析表(N=1 074)

维度	分类标准	N	满意度均值	标准差	方差	F	显著性
A	社会上层	45	18.489	3.715	13.801	21.220	0.000
	社会中上层	119	18.950	3.053	9.319		
	社会中中层	172	15.942	4.082	16.663		
	社会中下层	207	16.633	3.784	14.321		
	社会底层	531	15.998	3.395	11.526		
B	社会上层	45	22.400	3.257	10.609	37.620	0.000
	社会中上层	119	22.210	3.976	15.811		

维度	分类标准	N	满意度均值	标准差	方差	F	显著性
B	社会中中层	172	19.384	4.000	16.004		
	社会中下层	207	19.652	4.022	16.179		
	社会底层	531	18.002	3.954	15.636		
C	社会上层	45	3.822	1.029	1.059	14.597	0.000
	社会中上层	119	3.857	1.099	1.208		
	社会中中层	172	3.273	1.214	1.475		
	社会中下层	207	3.271	1.279	1.635		
	社会底层	531	3.051	1.136	1.290		
D	社会上层	45	15.156	2.486	6.180	27.253	0.000
	社会中上层	119	15.185	2.923	8.542		
	社会中中层	172	13.326	2.653	7.040		
	社会中下层	207	13.483	3.133	9.814		
	社会底层	531	12.548	2.799	7.833		
E	社会上层	45	26.422	3.506	12.295	43.392	0.000
	社会中上层	119	26.496	4.449	19.794		
	社会中中层	172	22.570	4.244	18.013		
	社会中下层	207	22.797	4.364	19.046		
	社会底层	531	21.335	4.467	19.952		
F	社会上层	45	7.333	1.552	2.409	32.408	0.000
	社会中上层	119	7.529	1.625	2.641		
	社会中中层	172	6.488	1.649	2.719		
	社会中下层	207	6.502	1.737	3.018		
	社会底层	531	5.832	1.654	2.736		
G	社会上层	45	19.156	3.637	13.225	16.018	0.000
	社会中上层	119	19.613	3.542	12.544		
	社会中中层	172	17.616	4.146	17.185		
	社会中下层	207	17.430	4.207	17.703		
	社会底层	531	16.684	3.904	15.239		

　　具体而言，由图 6-3 可知，在每一个项目上社会上层、中上层老年人的满意度水平都高于全体平均水平，底层老年人的满意度水平都在平均水平之下，同满

意度平均水平折线较为吻合的是社会中下层、中中层老年人的满意度水平折线。这一结果与不同社会等级老年人所拥有的资源差异基本相似,根据社会阶层理论,社会上层、中上层老年人拥有更多的社会资源,而这些资源包含了社区体育健身服务,同时,处于不同社会阶层的老年人生活在城市的不同社区,社区等级不同,其体育资源配套也有很大差异。当前,各城市的社会阶层分布普遍呈现"中心—高阶层、外围—低阶层"的圈层分布特征,而体育健身服务资源的分布特征也呈现出明显的"边缘弱化"现象,即体育健身资源主要分布在主城区,城市边缘和郊区分布较少。较高社会阶层拥有更多体育资源,其满意度的整体水平也因享有更好的体育资源而变高。

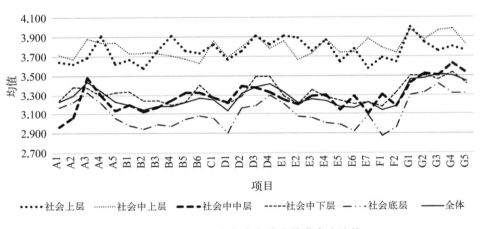

图 6 - 3　不同阶层老年人各维度的满意度均值

6.3.2.2　不同文化程度老年人满意度差异分析

不同文化程度的居民在体育意识和锻炼习惯上一定程度存在差异(田学礼等,2018)[146],而这些差异会导致其对社区体育健身服务的期望有所不同。首先,从维度上分析,由表 6 - 6 可知,单个维度上所有参与比较的老年人组别中最大方差与最小方差的比值均小于 3,本次单因素方差分析的结果较为稳定。不同文化程度的老年人对 7 个维度的满意度都存在显著差异($p < 0.001$),小学文化程度的老年人在每个维度的满意度上都是最低的,大专文化程度的老年人对 F 体育信息服务的满意度是最高的,本科文化程度的老年人在 A 体育场地器材服务、C 国民体质监测服务、D 体育组织服务、G 社区体育健身服务效用上的满意度都是最高的,研究生及以上文化程度的老年人在 B 体育指导服务、E 体育活动服务上具有最高的满

意度。中共十八大以来我国加强了公共体育服务的供给力度，也比较关注老年人体育健身服务供给，但老年人享用体育健身服务的能力不同，其获得感和满意度也不同，不同文化程度的老年人所受体育教育的程度不同，对体育健身服务资源利用水平也存在差异，总体呈现出学历水平越高，体育健身服务满意度相对也越高的趋向。以体育指导服务为例，文化程度越高的老年人，其对体育指导员指导服务的理解力越强，从指导服务中获益越大，相应的满意度越高。

表 6 - 6　不同文化程度的老年人满意度差异方差分析表（N＝1074）

维度	分类标准	N	均值	标准差	方差	F	显著性
A	小学	370	16.149	3.159	9.981	4.300	0.001
	初中	368	16.269	3.487	12.159		
	高中或中专	212	17.113	4.636	21.494		
	大专	69	17.333	3.894	15.167		
	本科	42	17.905	3.773	14.235		
	研究生及以上	13	17.615	3.042	9.256		
B	小学	370	18.527	4.094	16.765	9.934	0.000
	初中	368	18.701	4.002	16.014		
	高中或中专	212	20.231	4.467	19.951		
	大专	69	20.493	4.231	17.901		
	本科	42	21.214	3.861	14.904		
	研究生及以上	13	21.615	2.755	7.590		
C	小学	370	3.076	1.192	1.420	4.840	0.000
	初中	368	3.196	1.183	1.400		
	高中或中专	212	3.505	1.241	1.540		
	大专	69	3.464	1.145	1.311		
	本科	42	3.571	0.966	0.934		
	研究生及以上	13	3.462	1.198	1.436		
D	小学	370	12.689	2.914	8.491	10.010	0.000
	初中	368	12.997	2.883	8.313		
	高中或中专	212	14.057	3.113	9.693		
	大专	69	14.203	2.693	7.252		
	本科	42	14.595	2.678	7.174		
	研究生及以上	13	14.154	2.824	7.974		

续　表

维度	分类标准	N	均值	标准差	方差	F	显著性
E	小学	370	21.814	4.694	22.033	11.147	0.000
	初中	368	22.022	4.385	19.226		
	高中或中专	212	23.835	5.005	25.048		
	大专	69	24.087	4.290	18.404		
	本科	42	25.095	4.344	18.869		
	研究生及以上	13	25.231	2.891	8.359		
F	小学	370	6.046	1.767	3.123	7.072	0.000
	初中	368	6.174	1.708	2.918		
	高中或中专	212	6.726	1.809	3.271		
	大专	69	6.870	1.571	2.468		
	本科	42	6.833	1.513	2.289		
	研究生及以上	13	6.846	1.625	2.641		
G	小学	370	16.889	3.900	15.210	4.837	0.000
	初中	368	17.136	4.004	16.031		
	高中或中专	212	18.179	4.363	19.039		
	大专	69	18.304	3.751	14.068		
	本科	42	18.810	4.074	16.597		
	研究生及以上	13	17.769	3.919	15.359		

其次,从具体项目上分析,依据图6-4所示,小学、初中教育背景的老年人30个项目满意度水平基本都在全体平均水平以下,高中或中专、大专、本科、研究生及以上教育背景老年人则基本在平均水平之上,研究生及以上教育背景的老年人各项满意度波动大,如在B6项上为最高值3.923,远高于平均水平3.269,在E6上为最低值2.923,远低于平均水平3.162。

6.3.2.3　不同月均收入老年人满意度差异分析

首先,从维度上分析,由表6-7可知,单个维度上所有参与比较老年人组别中方差最大值与最小值的比值均小于3,本次单因素方差分析的结果较为稳定。不同月均收入的老年人在所有维度的满意度上都存在显著差异($p<0.001$),收入为0~1 000元/月的老年人在B、C、E、F这几个维度上满意度都是最低的,收

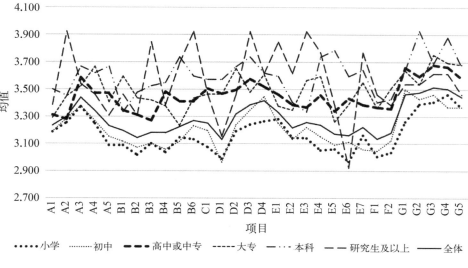

图 6-4　不同文化程度老年人 30 个项目的满意度均值

入为 1 001～2 000 元/月的老年人在 D、G 这 2 个维度上满意度是最低的，3 001～4 000 元/月收入的老年人在 B、E、F 这 3 个维度上具有最高的满意度，而 5 000 元以上月收入的老年人在 A、C、D、G 这 4 个维度上具有最高的满意度。

表 6-7　不同月均收入的老年人满意度差异方差分析表（N=1 074）

维度	分类标准	N	均值	标准差	方差	F	显著性
A	0～1 000 元	177	16.000	3.097	9.591	12.506	0.000
	1 001～2 000 元	282	15.965	3.419	11.693		
	2 001～3 000 元	274	15.916	3.968	15.748		
	3 001～4 000 元	201	17.821	3.793	14.388		
	4 001～5 000 元	79	17.506	3.809	14.510		
	5 000 元以上	61	18.148	3.167	10.028		
B	0～1 000 元	177	18.040	3.878	15.038	17.259	0.000
	1 001～2 000 元	282	18.511	4.236	17.945		
	2 001～3 000 元	274	18.580	4.181	17.483		
	3 001～4 000 元	201	20.995	4.052	16.415		
	4 001～5 000 元	79	20.367	3.827	14.646		
	5 000 元以上	61	20.967	3.483	12.132		

维度	分类标准	N	均值	标准差	方差	F	显著性
C	0～1 000 元	177	2.989	1.044	1.091	7.389	0.000
	1 001～2 000 元	282	3.092	1.177	1.386		
	2 001～3 000 元	274	3.208	1.230	1.513		
	3 001～4 000 元	201	3.572	1.215	1.476		
	4 001～5 000 元	79	3.456	1.228	1.508		
	5 000 元以上	61	3.607	1.173	1.376		
D	0～1 000 元	177	12.842	2.984	8.907	13.569	0.000
	1 001～2 000 元	282	12.479	2.903	8.428		
	2 001～3 000 元	274	13.047	2.840	8.067		
	3 001～4 000 元	201	14.224	2.952	8.715		
	4 001～5 000 元	79	14.266	2.664	7.095		
	5 000 元以上	61	14.459	2.986	8.919		
E	0～1 000 元	177	20.695	4.256	18.111	19.731	0.000
	1 001～2 000 元	282	21.950	4.702	22.111		
	2 001～3 000 元	274	22.168	4.515	20.389		
	3 001～4 000 元	201	24.537	4.621	21.350		
	4 001～5 000 元	79	24.317	4.465	19.937		
	5 000 元以上	61	24.459	4.027	16.219		
F	0～1 000 元	177	5.853	1.736	3.012	12.851	0.000
	1 001～2 000 元	282	6.007	1.653	2.733		
	2 001～3 000 元	274	6.204	1.734	3.006		
	3 001～4 000 元	201	6.945	1.738	3.022		
	4 001～5 000 元	79	6.886	1.854	3.436		
	5 000 元以上	61	6.803	1.492	2.227		
G	0～1 000 元	177	16.910	4.180	17.469	10.384	0.000
	1 001～2 000 元	282	16.482	3.808	14.500		
	2 001～3 000 元	274	17.175	3.983	15.867		
	3 001～4 000 元	201	18.458	3.948	15.589		
	4 001～5 000 元	79	18.519	4.126	17.022		
	5 000 元以上	61	19.230	4.039	16.313		

其次,从具体项目上分析,依据图 6 - 5 可知,月均收入 3 000 元及以下的老年人对社区公共体育服务的 30 个项目满意度水平基本在全体平均水平之下,而月均收入在 3 000 元以上的老年人的满意度水平基本在平均水平之上。

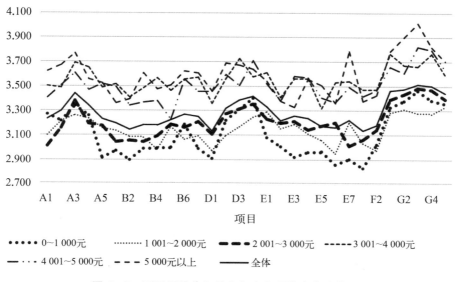

图 6 - 5　不同月均收入的老年人各项满意度均值

参加体育健身活动需要一定的体育消费,特别是一些个性化和高品质的体育健身项目更需要一定的经费投入,对于同一种体育服务供给,自身的经费投入不同,体验也不同,如同样的体育场地设施,使用不同的鞋子、服装和器械,其感受也有较大差异,因此,不同月均收入水平的老年人对于社区体育健身服务的满意度也不同,整体上呈现出收入水平越高满意度越高的趋向。

6.4　本章小结

6.4.1　社区老年人体育健身服务需求重要性

整体而言,在体育健身服务方面,老年人认为最重要的是有充足的体育活动经费,其次是体育场地器材服务、体育指导服务,而国民体质监测则位列第四,体育组织服务、活动服务、信息服务位于重要性排序的后三位。

6.4.2 社区老年人体育健身服务总体满意度

6.4.2.1 体育健身服务各维度上的满意度

我国老年人对社区体育健身服务的总体满意度低,7 个维度的满意度标准化分都在 60~70 分,即刚达到及格线,距离"比较赞同"的满意度任重道远。满意度由高到低依次为 G 社区体育健身服务效用(69.620)、D 体育组织服务(66.271)、A 体育场地器材服务(66.171)、C 国民体质监测服务(65.010)、B 体育指导服务(63.973)、E 体育活动服务(64.570)、F 体育信息服务(63.175),可见老年人对社区体育健身服务效用的满意度最高,即老年人对社区体育健身服务整体对其生理及心理产生的正面效用最为满意,细化到 6 项具体服务内容的满意度时,老年人对体育组织服务的满意度最高,最不满意的服务则是体育信息服务。

结合老年人需求来看,A 体育场地器材服务和 B 体育指导服务是所有维度中满意度最亟待提高的服务维度。在 A、B、C、D、E、F 这 6 个维度上,老年人对其的需求重要性递减,但 A、B 维度的老年人满意度仅排在第 2、4 位,6 个维度中满意度最高的却是需求重要性较低的 D,而 C、E、F 3 个维度的重要性排序同满意度排序结果相近,由此可见,在发展社区体育的过程中应更多地关注老年人最需要的社区体育场地器材和指导服务。

6.4.2.2 体育健身服务各项目的满意度

老年人对社区体育 30 个服务项目的满意度均达到了及格线以上,但只比"一般"水平略高一些,远未达到比较满意的水平,满意度亟待提高。所有服务项目的满意度均值由高到低依次为 G3、G4、G2、G1、G5、A3、D4、D3、A4、E1、D2、A2、B6、E3、C1、E4、A1、A5、B5、E7、E2、B1、B3、F2、B4、E5、E6、B2、F1、D1,中值为3.244,仅有 G3(3.516)、G4(3.504)的均值略微高于 3.5,其他项目满意度都在3.1~3.5,其中均值最低的服务项目是 D1,为 3.131。

A 体育场地器材服务中,老年人认为"场地、器材和设施维护及时"和"场地、器材和设施数量"与期望值相差甚远,相比而言,社区体育场地、器材和设施在使用说明简单易懂上更能满足他们。B 体育指导服务组内各项目的满意度差异较小,满意度最高的为"志愿服务工作开展良好",而针对社区体育指导员,在数量上存在缺口,勉强达到日常需求,在质量上,指导服务时间难以保证,是最需要得到优化的项目。随着体质监测工作日益深入社区基层,社区能够定期开展体育测试(C1),但仍有 56.7％的受访老年人没有对该服务项目的表示满意。D 体育组织服务中的体育社团数量(D1)是所有项目中满意度最低的,远不能满足老年人的需求,正规社区体育组织、草根体育社团组织等组织同老年人的需求数量间存在较大差距。E 体育活动服务中老年人最满意的是 E1"活动项目丰富多彩",最不赞同的则是"老年人参与体育活动积极性高涨"。老年人日益增长的对健康健身的求知欲同社区可提供的信息服务(F)之间仍存在较大的供需差距,F1 和F2 项目的满意度均值都在 3.2 以下。老年人对社区体育健身服务效用各项目的满意度在所有项目中相对靠前,G3"有效地丰富老年人的生活"和 G4"有效地促进老年人的身体健康"是所有项目中仅有的 2 个满意度均值超过 3.5 的项目,但不可否认社区体育所带给老年人的生理及心理积极效用被老年人群体主观上认可的程度仍待提高。

6.4.3　分组社区老年人体育健身服务满意度差异

不同社会等级、文化程度、月均收入的老年人在社区体育健身服务的 A、B、C、D、E、F、G 这 7 个维度上的满意度都存在显著性差异($p<0.001$),大体呈现出社会等级更高、文化程度更好、月均收入更多的老年人的满意度相对更高的情形。依据在各维度及项目上不同类型老年人的满意度差异和满意度曲线变化,可将不同类型老年人的满意度水平进行划分:在社会等级方面可将老年人整体满意度水平划分为 3 档,底层老年人的满意度是最低的,其次是中下层、中中层老年人,中上层、上层老年人的满意度是最高的;在文化程度方面可分为 2 档,小学、初中文化程度的老年人满意度较低,而高中或中专、大专、本科、研究生及以上文化程度的老年人的满意度相对更高;在月均收入方面可将老年人整体满意度水平划分为 2 档,月均收入在 3 000 元以上的老年人满意度高于月均收入在3 000 元及以下的老年人。

第 7 章
城市"体养融合"发展的现实困境

7.1 "体养融合"理念尚未形成

"体养融合"并非简单的"体育健身＋养老服务",而是将体育资源通过渗透、重组及延伸等途径和养老资源进行整合,实现社会资源利用成效 1＋1＞2 的目的。目前体育作为一种绿色的医疗手段还未得到群众的认可,由"被动治疗"转向"主动健康"的理念还未形成,养老服务还处于低端的"托老托养"阶段,老年人体育健身服务供给滞后于人口老龄化的快速发展。

通过访谈社区和养老机构负责人可知,社区和养老机构还未形成"体养融合"的理念,主要注重以生活照料为主的生存型养老服务的供给,"健康老龄化"和"积极老龄化"的观念还没有深入人心,基于安全的考虑,对于体育健身服务等发展型养老服务提供较少或积极性不高,此外,政府和社会对"体养融合"的宣传力度不够,群众基础薄弱。相关调查显示:没有听说过"体养融合"的老年人比例高达 64.6％,听说过的比例仅为 35.4％[147]。而且,在社区和养老机构中,运动促进健康的氛围不够浓厚,举办的体育健身活动少,对科学健身知识、康复保健知识的宣传和普及不够,主动健康的生活方式还未形成。体育部门和医疗卫生部门对老年人健康综合评估的研究较少,体育与医疗评估分离,高质量的健康长寿才是健康养老的最终目标,此理念还未在全社会范围内形成共识。因此,政府、社会和老年人应加快"体养融合"理念的形成,充分发挥科学体育健身治未病、疗心病、促康复的作用,使养老服务向中高端的"健体康复保健"方向发展。

7.2 部门协同机制不健全

"体养融合"不是体育部门或民政部门自己的事情,而是需要多部门协同参与推进,才能取得良好的效果,这就要求体育、教育、卫生、民政、发改和文化等部门打破各自之间的界限和行业壁垒,形成合纵连横、协同创新和跨域治理的融合机制。当前"体养融合"还处于探索阶段,各相关部门都意识到体育健身服务对健康养老的重要性,体育、民政、卫生和文化等部门制定的政策中均提到为老年人提供体育健身服务,但尚未形成完善的体制机制推进和保障。从政策保障机制看,近年来我国政府部门出台了一系列政策促进"体养融合"的发展,但这些政策呈现碎片化、部门化的特点,且多以间接形式出现在个别行政法规、部门规章中,不能有效地发挥政策的引导作用,可操作性不强。同时,由于相关配套政策滞后,政策执行成效不足。受历史沿革的影响,我国养老服务管理存在部门权责界定不清晰、职能交叉重叠等"多龙治水"的现象,严重影响了各项扶持政策的统筹和落实。从协同参与机制看,由于"大健康""大卫生"的顶层设计尚不完善,体育、健康与养老三大系统因业务范围不同、管理体系结构不同、财务制度所限,在内部还没有形成跨部门的协同治理机制,尚不能有效解决部门间"条块分割"的局面和破除政策壁垒。在外部还未同营利性组织、非营利性组织建立合作伙伴关系,不能实现部门和行业之间资源的有效整合。此外,由于部门隔离,分散在各涉老部门的基础信息未能实现互联共享,产生了信息孤岛现象。

7.3 "体养融合"人才和志愿者匮乏

7.3.1 "体养融合"人才匮乏

科学健身指导服务所需的复合型人才缺乏。老年人参加体育健身必须有专业的健身指导员指导,否则比其他群体更容易造成运动伤病,79.07%的被调查老年人表示参与锻炼时没有指导,老年人期望在社区或养老院配备社会体育指导员,而现有社会体育指导员的专业水平、类型和数量都不能满足老年人的需求。复合型人才是推动"体养融合"健康发展的关键因素。一方面,目前医疗卫生人员、护理人员不具备体育健身指导技能,无法开出精准的运动处方,养老机构没有专门的社会体育指导员定期指导;另一方面,社会体育指导员缺乏运动康复保健知识和老年病学相关知识,难以为老年人提供有针对性的健康干预内容。因此,迫切需要培育跨学科领域的复合型体养人才,国家卫生计生委、体育总局等 5 部门共同制定的《全民健康生活方式行动方案(2017—2025 年)》也指出体育部门要携手卫生、民政部门培养运动康复治疗师、健康指导师等相关人才。由于缺乏系统、专业化培训体系和职业资格认证制度,复合型人才供给不足。首先,人才储备不足,从业人员匮乏。尽管我国体育领域的专家学者早在 2014 年就倡导和呼吁推进运动防护师队伍建设,但由于起步晚还没有形成培养规模,社会上具有老年运动康复保健知识、运动健康管理知识等的战略性人才储备有限。相关数据表明:在每 10 万人口中具有康复治疗师技术资格人口的数量上,欧洲为 60 人,美国为 62.8 人,德国为 68.7 人[148]。其次,后继力量薄弱。高校作为跨学科复合型人才培养的主要阵地,特别是职业技术学院,设立对口专业的较少,受招生政策、招生规模等因素的影响,毕业生数量有限,满足不了社会需求。最后,目前只有少数高校开设了针对"体养"需求的专业和课程,"校企合作""订单培养"的作用没有得到充分发挥,导致这一领域的后继力量薄弱。

7.3.2 体育志愿者不足

除了专业的医疗卫生人员、护理人员和社会体育指导员以外,还需要大量的体育健身志愿者服务于老年人体育健身。老年人体育活动的组织、场地设施的维护和管理、体育技能的传授等都需要大量的体育志愿者,但由于我国体育志愿者权益保障制度、管理、激励机制不够完善,导致志愿者数量和质量都不尽如人意,而志愿服务文化还有待加强,志愿服务主要由政府推动,志愿者自发性不够。究其原因主要有三点,一是志愿者权益保障不到位。要提升志愿者资源数量,激励更多人加入志愿者队伍,就必须建立志愿者保险制度,为志愿者参与老年人体育健身服务供给解除后顾之忧。二是志愿者管理欠规范。一方面,志愿者的招募和培训不规范。通过访谈调查发现,街道、社区和民政部门管理志愿者招募的负责人在认识上还存在误区,73.6%的受访者认为"只要是正常人就可以担任全民健身志愿者工作,工作性质比较简单,而对志愿者素质和专业技能不做特殊要求,更没有必要对招募到的志愿者进行专门培训,只要在上岗前让他们了解工作程序和工作性质就可以了"。另一方面,志愿者信息化管理系统不健全。当前,我国在各种志愿招募和管理中都建立了信息化管理系统,但还存在数据缺失和无法共享的问题。三是志愿者激励机制不完善。尽管志愿服务是自愿性和不图报酬的服务行为,但培植志愿服务文化和弘扬志愿精神是必要的,这是给予志愿者的外部精神激励。然而,在志愿者激励方面目前还存在一些问题,如:利用各种媒介宣传志愿行为的力度不够,志愿组织对志愿者缺乏关心,志愿者的成就感、归属感和凝聚力不强等。

7.4　非物质性体育健身服务供给滞后

近年来,尽管城市社区体育场地设施等硬件建设不断加强和改善,但体育健身信息服务和体质监测服务等非物质性服务供给还较滞后,影响对城市老年人体育健身服务需求的满足。

（1）体育健身信息服务不足。老年人体育健身意识的培养,体育健身氛围的营造,科学健身知识的普及等都需要精准的体育健身信息服务的供给。然而,调查显示,仅有 8.60% 的老年人认为宣传非常到位,其余 91.40% 的老年人都认为公共体育宣传存在问题,按照存在问题的程度依次排序为宣传面向的群众太少、宣传渠道太狭隘、宣传不到位、宣传不及时等。传统媒介是老年人体育信息获取的主要途径,但随着互联网和新媒体的广泛应用以及手机、网络在老年人中的普及,老年人体育信息获取途径呈现出多元化发展趋势,但访谈调查中发现,仍有部分老年人不会使用智能手机和电脑。

（2）体质监测服务不足。虽然,近年来我国比较重视老年人体质健康测试,第五次国民体质监测已经将受监测对象的年龄上限提高到 79 岁,但是由于担心老年人参加体质健康测试风险较大,能够享受到体质健康测试服务的老年人数仍然较少。调查显示,69.38% 的老年人没有参加过体质测试,而 79.53% 的老年人有定期参加体质监测的需求,另外 20.47% 的老年人认为没有必要定期进行体质监测,35.71% 的老年人没有听说过体质测试服务。65.68% 的老年人希望能在社区卫生服务中心进行体质监测,34.32% 的老年人希望能在专门体质监测站进行。由此可见,大部分老年人希望接受体质监测服务,并希望能在离家近、较为便捷、与健康档案统一的社区卫生服务中心参加测试,表明老年人对"体医融合"的需求程度较高,然而,我国还没有实现国民体质监测与医疗体检的有机结合。

7.5　社会力量参与不足

通过鼓励和支持社会力量参与老年人"体养融合"服务供给,实现政府治理与社会自治的良性互动,已是新时代体育治理现代化的新趋势。随着政府社会管理体制改革的不断深化和老年人体育健身服务需求的日益多元化和差异化,政府主导的公共体育服务供给模式存在官僚化困境,难以满足老年人需求,造成"政府失灵"。因此,需要政府、市场和社会组织等多元主体协同供给老年人体育健身服务,但从单一主体向多主体供给转变并非一朝一夕的事情,尤其是政府职能尚未完全转变的情况下,还存在诸多问题。第一,政府理念转变滞后。老年人体育健身服务供给是一项复杂系统的工程,在老龄化迅速发展和规模不断扩张的背景下,为老年人提供满意的体育健身服务是政府义不容辞的责任,现代服务型政府要求政府公共体育服务的职能实现两个转变:一是从公共体育服务的直接生产者转向组织规划、统筹协调、监督评估;二是通过政府购买的方式培育和发展多元供给主体。政府购买老年人体育健身服务和职能转移的力度不够,市场主体参与热情不高。第二,老年人体育社会组织掌握的资源有限,组织动员社会资源的能力不足。发达国家的经验表明,体育社会组织是老年人体育健身服务的重要供给主体,全面参与老年人体育健身服务政策制定、人才培养、健身活动组织、健身技能传授、体育健身项目创新等多个方面,相较于发达国家,我国体育社会组织起步较晚。近年来,体育社会组织快速发展,从 2012 年的 2.3 万个增至 2018 年的 3.38 万个,但当前体育社会组织在数量、质量和能力方面还比较薄弱,平均每 9 660 个体育锻炼者才拥有 1 个正式体育社会组织[149],特别是老年人体育社会组织,其能力与承担公共体育服务要求差距较大,基层老年人体育社会组织无人、无场所、无经费问题普遍存在[150]。第三,企业或营利性体育组织参与老年人公共体育服务的机会较少。近年来,政府购买公共体育服务制度已经确立,但在实际操作过程中,政府购买公共体育服务倾向于体制内成长起来的体育社会组织,而体制外社会组织承接的机会较少,公共体育服务的多元化供给主体格局尚未真正形成,政府仍然处在垄断地位,例如:作为老年人体育健身与养老服务重要载体的"长者运动健康之家"是上海市为贯彻落实全民健身和积极应对人口老龄化"两大国家战略"而推出的,长者运动健康之家将作为"十四五"时期上海重点支持的新型健身设施,逐步满足社区老年人日益增长的运动健康需求。但目前,"长者运动健康之家"主要由政府单一供给,市场和体育社会组织参与不足。

7.6　"上下互动"的供需平衡机制尚未建立

　　自上而下和自下而上的"双向"交流沟通机制是供需平衡的基础。然而,我国政府的科层制结构决定了老年人体育健身服务供给机制是单向为主,即"自上而下"的供给决策机制,在这种模式下政府代表各群体的利益诉求,包揽了公共体育服务供给,而没有考虑到城市老年人的特殊性,体育健身服务供给已经不能适应老年人差异化、多元化的需求,特别是城市适老化公共体育服务场地设施建设、体育健身指导服务、体育信息服务等与快速老龄化社会的需求不相适应,而老年人体育健身服务自下而上的诉求表达机制存在许多问题。第一,诉求表达渠道狭窄。老年人有体育健身服务诉求时主要想通过政府定期设点反映,而对于通过其他渠道表达诉求则觉得流程烦琐、周期长,缺乏体育健身服务诉求表达的积极性。第二,诉求作用不大。老年人体育协会、社区居委会等应该代表老年人群体利益,在老年人体育健身服务诉求中发挥作用,但目前这些组织主要起到沟通信息和反映问题的"桥梁纽带"作用,代表老年人群体表达利益诉求的力度和强度均不够,单靠老年人个体体育健身服务诉求难以起作用。第三,表达诉求的机会不均等。老年人属于社会弱势群体,拥有的社会资源少,对社会舆论影响力和话语权都小,相对于弱势群体,强势群体占有的社会资源多,诉求表达空间大、渠道广,诉求表达机会更多。因此,社会资源的差异造成表达诉求的机会不均等。第四,老年人体育健身服务诉求意识不强。长期以来,"官本位"思想在有些部门仍然存在,抑制了群体的利益诉求的积极性,调查表明,当遇到体育健身服务供给方面的问题时,如体育场地设施开放、服务和收费方面的问题,40.38%的老年人表示自己曾向媒体或有关部门反映过,59.62％的老年人表示没有反映过。而反映的问题能够完全解决的较少,如学校体育场地开放问题,长此以往,老年人缺乏表达利益诉求的热情。

7.7 健身场地设施配置问题突出

中共十九大报告提出,到2035年,基本公共服务均等化基本实现。公共体育服务作为增进民生福祉的重要内容,应与中国老龄化的发展态势相适应,让老年人群体公平可及地获得大致均等的体育健身服务,增强获得感与幸福感。近年来,政府坚持"以人民为中心"的体育工作思路,公共体育服务的投入不断增加,规模不断扩大。体育健身场地设施是衡量全民健身公共服务水平的主要指标,从1995年全民健身计划实施到2020年,我国体育场地数、面积、万人拥有数和人均体育场地面积都保持较高的增长势头(见表7-1),《2020年全国体育场地统计调查数据》显示,至2020年年底,全国体育场地总计371.34万个,每万人拥有体育场地数26.30个,体育场地面积30.99亿平方米,人均体育场地面积2.20平方米,全民健身路径87.12万个,健身步道20.93万公里。其中,与1995年进行的第四次全国体育场地普查数据相比,在25年间,体育场地数增长了503.13％,年平均增长率为7.45％;每万人拥有体育场地数增长了426％,年平均增长率为6.87％;体育场地面积增长了297.31％,年平均增长率为5.67％;人均体育场地面积增长了238.46％,年平均增长率为5％(见表7-1、表7-2)。

表 7-1 1995—2020 年全国体育场地建设情况

年　份	体育场地数/个	每万人拥有体育场地数/个	体育场地面积/亿平方米	人均体育场地面积/平方米
1995 年	615 693	5.00	7.80	0.65
2003 年	850 080	6.58	13.30	1.03
2013 年	1 694 600	12.45	19.92	1.46
2020 年	3 713 400	26.30	30.99	2.20

表 7‑2　1995—2020 年间全国体育场地增长情况（％）

指　标	2003/1995 年	2013/2003 年	2020/2013 年
体育场地总数	38.07	99.35	119.13
体育场地面积	70.51	49.77	55.57
人均体育场地面积	58.46	41.75	50.68
每万人拥有体育场地数	31.6	89.21	111.24

　　资源配置始终是管理学和经济学关注的焦点问题,我国地域广阔,人口基数大,全民健身场地设施资源总体不足是不争的事实,人均体育场地设施数量和面积都与发达国家存在较大差距,配置的合理性、均衡性和有效性还存在诸多问题。

　　(1) 配置的合理性问题。我国全民健身场地设施多利用彩票公益金进行统一配置,为城市社区供给了数量众多的全民健身路径、室外篮球架和乒乓球桌,但由于我国南北地理、气候环境差异较大,北方冬季较长,室外场地设施利用率较低,而乒乓球台没有室内空间安置,暴露于室外,损毁较快,住宅小区或社区公园空间不足,无法放置篮球架,因此,全民健身场地设施"一刀切"的配置模式具有较大的不合理性。

　　(2) 配置的均衡性问题。我国东、中、西部及东北地区经济社会发展水平具有差异性,公共体育服务投入差距较大,大量优质公共体育场地设施资源集中在东部发达地区。城市公园绿地是老年人经常进行体育健身休闲活动的重要场所,如表7‑3 所示,2010—2019 年东部地区城市人均公园绿地面积都高于其他地区,尽管这种不均衡差距有逐年缩小的趋势,但差距仍然显著。2019 年年底,东部地区(河北、上海、江苏、浙江、山东)人均体育场地面积为 2.41 平方米;中部地区的安徽和湖北为1.88 平方米;西部地区的重庆和四川为 1.64 平方米;东北地区的辽宁为 1.86 平方米,表明中西部和东北地区的体育场地设施发展投入与东部地区差距较大。

表 7‑3　2010—2019 年东、中、西部及东北地区城市人均公园绿地面积情况（m²）

	2010	2011	2012	2013	2014	2015	2016	2017	2018	2019
东部地区	4.56	4.89	5.17	5.42	5.64	6.03	6.40	6.65	6.90	7.16
中部地区	2.23	2.40	2.58	2.71	2.87	2.98	3.12	3.38	3.57	3.79
西部地区	2.29	2.66	2.91	3.10	3.29	3.47	3.81	4.02	4.18	4.38

	2010	2011	2012	2013	2014	2015	2016	2017	2018	2019
东北地区	4.37	4.62	4.86	5.05	5.19	5.28	5.30	5.28	5.68	5.60
最大值	4.56	4.89	5.17	5.42	5.64	6.03	6.40	6.65	6.90	7.16
最小值	2.23	2.40	2.58	2.71	2.87	2.98	3.12	3.38	3.57	3.79
平均值	3.36	3.64	3.88	4.07	4.25	4.44	4.66	4.83	5.08	5.23
标准差	1.28	1.29	1.32	1.36	1.37	1.45	1.48	1.45	1.50	1.49
变异系数	0.38	0.36	0.34	0.33	0.32	0.33	0.32	0.30	0.30	0.28

数据来源：中国统计年鉴(2011—2020)。

（3）配置的有效性问题。从经济学的视角看,全民健身资源有效性配置会产生公共体育利益的最大化,体育场地设施精准性供给能够提高利用效率。但在老龄化社会背景下,全民健身场地设施配置的有效性不足,表现在两个方面,一是从质的视角看,适老化程度低。我国体育场地设施配置主要考虑健全的青少年和中年人的需求,而对老年人体育场地设施需求关注不够,全民健身场地设施适老化程度低,难以满足老年人体育健身需求,有待于进行适老化改造。二是从量的角度看,供需不平衡。随着积极老龄化、健康老龄化不断深入人心,老年人体育参与率不断增长,对体育健身场地设施的需求不断扩大,但由于我国全民健身场地设施发展的不平衡不充分,特别是适老化体育场地设施的总量不足,老年人体育健身需求得不到满足,引发诸多因争夺体育场地设施导致的冲突事件,引起社会关注。配置的有效性不足主要是因为长期以来政府公共体育服务采用自上而下的惯性供给模式,而对公众到底需要什么样的场地设施,实际需求发生了什么变化等问题缺乏调研论证,制定方案时也缺乏老年人参与,在全民健身场地设施建设中产生了"形象工程"和"政绩工程",让原本不太充裕的群众体育经费得不到有效分配,供给效率低,在一定程度上累积了基层矛盾。

7.8　"体养融合"发展的智慧化程度不高

十九届五中全会将积极应对人口老龄化上升为国家战略,开展智慧健康养老能够有效推动健康养老服务智慧化升级,提升健康养老服务质量水平。以互联网、大数据、物联网、人工智能为代表的现代信息技术,能够从需求、生产、供给三个环节发力,提升体养融合服务的精准化、专业化和智能化水平。

然而,我国体养融合发展的智慧化程度不高。首先,我国以互联网、物联网、大数据、云计算、人工智能为代表的现代信息技术与健康养老融合创新开发和应用还处于探索阶段,现有的智能设备虽然可以采集到老年人身体活动、医疗保健、养老服务、日常生活等方面的信息和数据,但大量涉及老年人的信息和数据因缺乏融合现代信息技术的智能设备,而无法实现充分采集、科学整合处理、有效分析、深度挖掘以及开放共享,导致难以有效整合和利用资源,难以提供精准高效的"体养融合"服务。其次,针对老年人特点的适老化体育健身智能产品较少。当前,普遍使用的体育健身智能产品主要是便携式手环或智能手机,而体育机构运用虚拟现实、增强现实等技术开发设计有助于老年人便捷观赛、体感健身的智能化服务产品不足,难以满足老年人个性化、多层次和多样性的体育健身需求。最后,体育健身服务智慧化产品设计没有充分考虑到老年人群体的需求。当前,在服务智能化普及应用的背景下,智能产品已经广泛应用于各个领域,体育健身服务领域也不例外,全民健身赛事活动、体育健身场馆和社会体育指导员查询与预约、健身器械等处处存在智能化的身影,然而,许多智能化体育健身产品及服务上手复杂、操作烦琐,与老年人的使用能力和生活习惯不符,成为摆在老年人面前的"数字鸿沟"。老年人无法熟练使用相关产品,这阻碍了老年人共享体育健身服务智能化发展的成果,造成体育健身资源人群之间发展的不均衡。

7.9　本章小结

本章主要从理念、体制机制、人才、服务、社会力量和体育健身场地设施、智慧化程度等几个方面来考察体养融合发展的困境。在理念上,认为"体养融合"的理念尚未形成,体育作为一种绿色的医疗手段还未得到群众的认可,由"被动治疗"向"主动健康"转变的理念还未形成。在体制机制方面,"上下互动"的供需平衡机制尚未建立,我国政府的科层制结构决定了老年人体育健身服务供给机制是单向为主,即"自上而下"的供给模式。"体养融合"的部门协同机制不健全,体育、卫生、民政和文化等部门之间的界限和社会营利性组织、非营利性组织的行业壁垒阻碍"体养融合"发展。在人才方面,"体养融合"的人才匮乏,由于缺乏系统、专业化培训体系和职业资格认证制度,复合型体育指导人才供给不足。在服务方面,老年人体育健身非物质性服务供给滞后,体育健身信息服务、体质监测服务等非物质性服务供给还较滞后。在社会力量方面,社会力量参与不足,在老年人体育健身服务供给上存在"强政府,弱社会"的问题。在体育健身场地设施方面,问题突出,配置的合理性、均衡性和有效性还存在诸多问题。在智慧化程度方面,体养融合发展的智慧化程度不高,阻碍了老年人共享体育健身服务智能化发展的成果。以上影响"体养融合"发展的8个问题是今后值得深思和继续研究的方面,而通过破解这些问题,能够更好地为老年人供给精准的体育健身服务。

第 8 章
城市居家、社区和机构养老体育健身服务方案制定

8.1 养老模式的类型及特点

中共十八届五中全会提出,"十三五"时期积极开展应对人口老龄化行动,建设以居家为基础、社区为依托、机构为补充的多层次养老服务体系;2019 年国务院办公厅颁布了《关于推进养老服务发展的意见》,提出要持续完善居家为基础、社区为依托、机构为补充、医养相结合的养老服务体系;十九届五中全会通过的《关于制定国民经济和社会发展第十四个五年规划和二〇三五年远景目标的建议》指出:实施积极应对人口老龄化国家战略,构建居家社区机构相协调、医养康养相结合的养老服务体系。由此可见,中国养老模式将延续"居家、社区、机构"3 种类型,三大养老服务模式既具有共性特征也有不同之处,体育健身服务的供给方式也应有各自特点。本书通过问卷调查和访谈等研究方法,在了解老年人"体养融合"发展的需求和满意度的基础上,制定出居家养老的体育健身服务方案、社区养老的体育健身服务方案、机构养老的康复服务方案等。

国家重视保障老年人的基本健康养老需求,主张把社区和居家作为健康养老服务供给的主战场,确保大多数老年人在此享受到健康养老服务,对有健康养老需求的失能、部分失能的老年人,以机构为依托,做好康复护理服务,着力保障特殊困难老年人的健康养老服务需求。当前我国养老服务体系主要是以居家养老为基础、社区养老为支撑、机构养老为补充,为有不同养老需求的老年人提供针对性服务。养老模式的主要分类及特点如表 8 - 1 所示。

表 8-1　我国目前养老模式的类型与特点

类　型	服　务　对　象	服　务　内　容	模　式　优　点
居家养老	分散养老的老年人或自理型老年人	生活照料、精神慰藉、文体娱乐	亲情、感情为基础和纽带的家庭自助型
社区养老	需要或愿意接受社会化养老服务的介助型老年人	生活照料、精神慰藉、文体娱乐、医疗护理	福利性与服务性
机构养老	全天候照料或入住医院的失能或半失能老年人,属于介护型老年人	生活照料、文体娱乐、医疗护理	专业化、市场化与社会化,诊疗和护理

居家养老：是指以家庭为核心,以社区为依托,以生活照料、精神慰藉为主要服务内容,为生活自理型老年人提供服务。以亲情、感情为基础和纽带是居家养老的主要特征。

社区养老：是主要以社区为平台,以居委会为核心,以社区居家养老为依托,社会化专业服务与非专业社会服务相结合,为介助型老年人提供生活照料、精神慰藉、文化娱乐及医疗护理的养老服务体系。其优势在于：老年人能够保持原有生活环境不改变,同时能够享受到社区整合社会多方面资源提供的上门服务或托老服务等,具有福利性与服务性的特点。

机构养老：是以养老机构为核心,以生活照顾、健康管理、文体娱乐及医疗护理为服务内容,以诊疗和护理为主要特色,为入住的介护型老年人提供专业化、市场化及社会化服务。

不同养老服务模式下老年人年龄和健康状况不同,对体育健身服务内容的需求也就具有一定的差异性,政府、市场、社区、机构和家庭应根据老年人不同的年龄段、性别和健康状态,进行不同养老模式下体育健身服务方案设计,把具有不同兴趣、爱好和生活习惯的老年人引导到以体育健身为主动健康手段的健康养老模式上,促进我国"体养融合"促健康的蓬勃发展,为完善健康养老服务、提高老年人健康水平提供依据。

8.2　构建居家、社区和机构养老体育健身服务方案 ·········

8.2.1　构建的基本原则

构建居家、社区和机构养老体育健身服务方案的目标是通过体育干预改善老年人的行为能力和生活质量,满足不同层次老年人健康养老的需求。因此,在构建中必须坚持以下原则:

(1) 需求导向原则。老年人群体的个体差异比较大,体育健身服务需求千差万别,体育健身服务方案的构建要紧紧围绕老年人体育健康需求这个核心,以满足不同层次的老年人体育需求为导向,不断创新服务的内容和项目。

(2) 区别对待原则。根据老年人的年龄、身体功能、健康水平、经济收入水平、兴趣偏好等,选择合理的服务方式,为老年人提供适宜的体育健身服务内容和项目,不断提升老年人的获得感和幸福感。

(3) 坚持权责分明、共同协作的原则。居家、社区和机构养老体育健身服务方案的实施涉及政府、市场、社区、养老机构和老年人等多元主体,要使方案能够真正发挥作用,必须坚持权责分明、共同协作。

(4) 资源优化配置原则。我国老年人体育健身资源被不同组织掌握,不同组织之间缺乏协同机制,所以,在体育健身服务供给方面存在零散式、碎片化服务特点,给老年人体育工作的开展带来不利的影响。因此,体育健身服务方案构建要坚持资源优化配置的原则,运用整体性治理思维,充分调动政府、市场和社会的资源,发挥各主体的优势,强化资源整合与有效利用,发挥最大合力。

8.2.2　构建的基本思路与实施

居家、社区和机构养老体育健身服务方案构建的思路:在我国现行的养老服务体系及所推行的 9073(90%居家养老,7%社区养老,3%机构养老)或 9064(90%居家养老,6%社区养老,4%机构养老)养老模式的基础上,根据居家、社区和机构养老服务的特征和老年人身体状况的个体差异,结合"运动是良医"、体育"治未病"的理念,在现有"医养结合""体医结合"的基础上,强化运动预防及康复在老年慢病管理中的作用,提出"居家养老＋体育健身""社区养老＋体育干预"及"机构养老＋体育康复"等服务方案,根据老年人不同的身体状况、疾病情况、服务需求,给予不同的运动健康干预方案(见图8-1)。三种健身服务方案根据老年人的身体健康状况、家庭经济水平及老年人的养老意愿可以进行动态的转换。

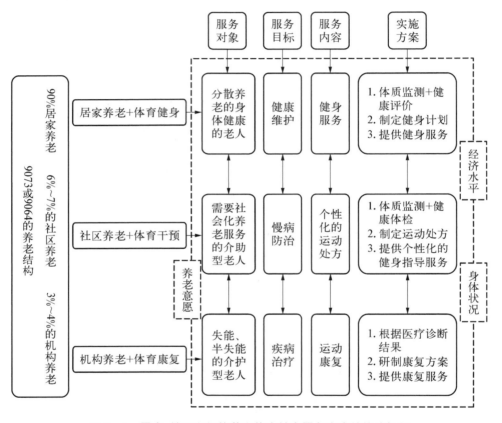

图 8-1　居家、社区和机构养老体育健身服务方案的构建框架

8.2.2.1 "居家养老＋体育健身"服务方案的制定与实施

该方案的制定是以老年人健康状况为基础,以社区的公共体育服务作为老年人参与体育健身的重要支持载体,注重对老年人体育健身意识的培养和方法指导。

(1)服务对象主要是选择分散养老的老年人或自理型老年人,这类老年人大多身体健康、具备较好的活动能力,能够以个人或集体的方式参与体育健身活动,体育健身方式较为自由灵活,占我国老年人口的大多数。

（2）服务目标主要是身心健康维护,即满足老年人全面维护生理、心理健康和社会适应能力的体育参与需求,提高老年人健康寿命和生活质量,属于体育促进健康的范畴,主要体现体育"治未病"的功能。

（3）服务内容以社区的全民健身公共服务为核心,为老年人提供科学的健身指导,培养健身意识。

（4）实施方案:第一步,健身前通过体质监测了解老年人的身体健康状况,并组织专业人士对老年人进行健康状况评价;第二步,结合老年人的运动爱好为其建立健康档案,并组织"体医融合"方面的指导员或全科医生为不同年龄、不同收入、不同文化水平的老年人制定一系列普适性健身指导方案;第三步,健身过程中通过老年人自身身体机能的表现、健身指导员的现场观察或智能监测设备的使用,如运动手环、智能健身器材等对老年人的心率、血压、呼吸等进行监控和数据反馈,及时调整健身方案和运动模式。健身后健身指导员通过对健身数据的分析,以及老年人自身锻炼体验的反馈,根据不同的健身阶段,对健身方案进行合理调整,以满足老年人科学健身的需求。

8.2.2.2　"社区养老＋体育干预"服务方案的制定与实施

该方案的制定是以社区为平台,以公共体育服务为依托,利用社区养老具有的福利性和服务性特点,为介助型老年人提供体育娱乐、体育保健等有偿（或低偿）服务。

（1）服务对象主要是分散在各个家庭但需要或愿意接受社会化养老服务的介助型老年人,这类老年人大多患有多种慢性疾病,肢体运动能力受阻,需要借助社区养老机构内的专业人士、专门器械给以运动干预和提供精神慰藉。

（2）服务目标主要是通过体育的健身娱乐、康复保健功能,改善老年人行为能力,恢复肢体功能,确保老年人的生活质量。

（3）服务内容主要是依托社区养老的专业化工作人员为老年人的个性化需求提供健身理疗、体育休闲、娱乐等活动及科学健身信息。

（4）实施方案:第一步,通过体质监测和老年人的健康体检了解老年人所患慢性疾病的数量、种类以及严重程度,并对老年人的身体状况做出健康评价;第二步,在了解和掌握老年人所患慢性病特点的前提下,受过"体医融合"专业培训的社会体育指导员或全科医生利用体育的康复保健功能,制定针对老年人慢性疾病有效的个性化运动处方,辅助慢病治疗和康复;第三步,老年人体育促进健康的实际操作。通过社区中"体育社会组织＋卫生服务中心＋养老服务中心"的有机整合与协同配合,为社区老年人提供更加科学的体育健身指导服务。社区医生和体育社会指导员要利用自身的学科优势,加强老年人体育健身方法和项目研究,为老年人提供慢性疾病治疗的指导方法,共同跟踪监测老年人慢性疾病状态,以便及时调整运动处方。社区养老服务部门要提高基层慢性病综合干预管理效果,加强老年健康管理和服务平台建设。

8.2.2.3 "机构养老＋体育康复"服务方案的制定与实施

该方案的制定是以养老机构为服务平台,以公共体育服务为核心,借鉴国外养老机构为老年人提供体育康复服务的实践经验,结合养老服务需求的刚性和差异性特点,为介护型老年人提供能够满足老年人疾病治疗或病后康复需要的体育健身服务。

（1）服务对象主要是接受全天候照料或入住养老机构的失能、半失能介护型老年人,这类老年人患病后需要接受养老机构提供的专业化的诊疗和病后康复护理。

（2）服务目标主要是健康改善或健康修复,保证老年人的生命尊严。由于失能、半失能老年人缺乏基本的生活自理能力,需要借助专业化和社会化的养老服务来维持基本的生活,属于体育促进康复的范畴,体现体育"治已病"的功能。

（3）服务内容主要以提供康复保健和疾病治疗为主。

（4）实施方案:第一步,根据医疗诊断结果,组织专业人士对老年人健康进行评价;第二步,运动康复师根据健康评价结果采用医疗干预和体育康复相结合的理念研究制定运动康复方案,帮助老年人尽量恢复到自理或半自理状态;第三步,体育社会组织、医疗卫生部门、养老机构要发挥协同作用,为老年人提供针对性的康复服务。体育社会组织发挥自愿性、服务性的优势,通过建立社会体育指导员联系养老院制度,为老年人体育康复提供专业的人才支撑。组建具有运动医学、体育康复专业背景的志愿者队伍,为老年人低偿(或无偿)设计运动康复方案。医疗卫生部门制定上门巡诊服务,为失能老年人开展健康评估,提供健康干预信息。养老机构采取有偿或低偿方式开展失能老年人综合服务,为老年人提供文化娱乐、护理照料、精神慰藉等服务。

8.3　居家、社区和机构养老体育健身服务方案的实施路径

8.3.1　构建政府主导,社区和养老机构为支撑的组织运行机制

不同养老体育健身服务方案的实施,需要在地方政府的主导下,建立权责明确、分工合理的组织运行机制(见图 8-2)。

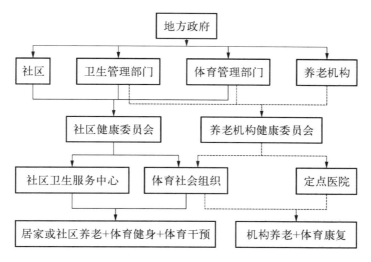

图 8-2　居家、社区和机构养老体育健身服务方案实施组织框架

(1) 成立专门的实施机构。充分发挥地方政府的主导作用,利用当地卫生部门、体育部门的专业优势和职能作用,融合居家、社区、养老机构的资源,在社区、养老机构分别成立"社区健康委员会"和"养老机构健康委员会",形成"专事""专职""专办"。

(2) 明确专门机构的职能。清晰界定"社区健康委员会"和"养老机构健康委员会"的主要职能:首先,制定不同养老模式下体育健身服务方案实施的相关制度和目标,界定各管理主体的权责;其次,协调社区卫生服务中心、体育社会组织及养老机构开展体育健身服务方案的实施工作;最后,搭建体育健身服务平台,并提供经费保障。

（3）多元主体协同作用，促进服务目标的实现。在"社区健康委员会"和"养老机构健康委员会"的组织与指导下，社区卫生服务中心、养老机构定点医院和体育社会组织要精诚合作，为"居家或社区养老＋体育健身＋体育干预""机构养老＋体育康复"模式提供体育公共服务。同时，社区卫生服务中心和养老机构定点医院依托自身医疗资源优势，运用运动干预、运动康复手段为慢性病患者、术后康复患者提供针对性的运动处方；体育社会组织利用自身的资源服务优势，在社区和养老机构组织开展体质监测、科学健身知识宣传等健身指导活动，满足老年人对体育健身指导服务的多元需求。

8.3.2　建立居家、社区和机构养老体育健身服务平台

体育健身服务平台是居家、社区和机构养老体育健身服务方案实施的重要抓手和路径。当前，我国老年体育健身领域服务呈"碎片化"的状态，不利于社会发展成果惠及老年人，不能实现社会资源的共建共享。因此，分别在社区健康委员会、养老机构健康委员会的统筹治理下，依据社区卫生服务中心、养老机构、定点医院各自的资源优势，搭建体育健身服务平台。目前，我国老年体育服务需求主要包括体质监测需求、体育活动需求、体育设施需求、体育组织需求、健身指导需求、体育信息需求、体医融合需求等方面。健身平台的主要功能，是在充分考虑老年人体育服务需求特异性的基础上，保证老年人能够通过平台获得方便、快捷、高效的体育服务。因此，体育健身平台的功能要以此为依据进行搭建。根据养老模式的特点及老年人体育健身需求的特点，体育健身服务平台主要分成 5个部分：体育健身促进平台、体育健身干预平台、体育康复实施平台、运动健康知识平台及信息交流平台。前 3 个平台为递进级的老年人健康或疾病干预平台，分别面向健康、自理型老年人群、亚健康、患有慢性疾病老年人群及失能、半失能老年人群。后 2 个平台为信息共享平台，其中运动健康知识平台面向全体人群，普及健康知识，开展健康教育；信息交流平台是体育健身服务平台的"中枢"，对其他平台起支撑作用，以上所有平台的信息均汇集至此平台。

8.3.3　完善居家、社区和机构养老体育健身人才支撑

跨学科的复合型人才是推动老年人健身方案实施的重要保障，既能够担任

"全科医生"的职能,又能扮演"健身活动指导者"的角色是人才培养的基本目标。应从盘活人才存量和培育人才增量两方面着手,加强专业人才培养战略。盘活存量主要是提升现有人才的专业化水平,通过开设的骨干课程、在职攻读研究生等形式实施在职人员的培训,优化现有人才的知识与能力结构,提升服务水平,以满足健康发展需求的前瞻性人才储备。一方面,加强医疗卫生人员培训,提高"全科医生"制定运动处方的能力,增强医护人员在体育健身中的"话语权"和指导监督作用。另一方面,加强社会体育指导员培训,增加其运动医学知识储备,提高科学健身指导能力。可以通过聘请临床医生为其讲解如何通过科学运动改善慢性疾病,如何通过开具运动处方等途径提高健身指导的有效性。培育增量主要是增加后备人才的数量和质量,为健康养老行业储备和输送高素质人才。首先,通过相关政策的引领与扶持扩大招生规模,增加人才培养数量。其次,创新学校人才培养模式。体育院校和医学院校可以通过联合办学、联合培养等方式,依托各自办学特色和优势,组成跨学科的专业团队。最后,以社会需求为导向设置专业和课程内容,强化实践创新型人才培养,做实"校企合作"和"订单培养",促进体育与养老部门的有效衔接,提高人才培养质量。

8.4　本章小结

　　尽管当前参与体育健身的老年人多以社区养老为主,但机构养老作为我国居家和社区养老的补充,不能忽视,因此,本章根据我国居家、社区、机构 3 种养老模式,探讨了 3 种模式的体育健身服务供给方案,分别是"居家养老＋体育健身"服务方案的制定与实施、"社区养老＋体育干预"服务方案的制定与实施、"机构养老＋体育康复"服务方案的制定与实施。按不同的养老模式并根据老年人的需求供给体育健身服务更具有针对性,能够促进供需平衡,所以,在 3 种养老模式体育健身服务实施的方案中分别提出了实施路径,即:构建以地方政府为主导,社区、养老机构为支撑的组织运行机制;建立居家、社区和机构养老体育健身服务平台;完善居家、社区和机构养老体育健身人才支撑。

第 9 章
城市"体养融合"发展的推进策略

9.1 理念融合：提高"体养融合"发展的效能

　　理念是行动的先导，理念决定行动的高度，理念融合是城市体育健身与养老服务全面融合的基础和先导。2021 年《关于加强新时代老龄工作的意见》指出："实施积极应对人口老龄化国家战略，把积极老龄观、健康老龄化理念融入经济社会发展全过程。"加强政府及社会各界对老年人特殊群体的关注度，"理念融合"是实施"体养融合"的前提条件，在多元主体协同治理过程中要树立"体养融合"发展促进健康老龄化的理念。

　　第一，在政府层面，提高体育部门、民政部门、卫健部门、宣传部门等相关部门对"体养融合"发展工作的关注度，引导老年人积极主动参与体育健身。一方面，各级政府部门要转变观念，重新审视"体养融合"对健康养老的作用和价值。基于"大健康"理念，整合部门资源，充分发挥宣传、体育、卫健、养老等部门的协同效能，促进服务理念从单一服务向"体养融合"发展的转变。另一方面，从"体养融合"的作用、内容、实施步骤和政策入手，采取主流媒体和非主流媒体相结合的方式宣传"体养融合"理念，营造全社会关心、支持的舆论氛围。如：组织创编针对老年人群体的体育健身、康复、娱乐方面的科普作品，通过各种形式、采取多种措施宣传推广。

　　第二，在社会及家庭层面，社会和家庭支持是"体养融合"发展的关键，要引导老年人树立科学、健康的养老观念，关注老年人生理与心理健康状况，普及健康教育，鼓励处在各种养老环境中的老年人主动开展多种体育健身活动。特别是要注重发挥社会力量参与"体养融合"发展理念传播方面的作用，鼓励和调动开展"体医融合"方面的医院、体育科研院所、各级老年人体育协会、基层体育自治组织创作宣传老年体育健身益处、推广和传授老年体育健身技能与知识等方面的科普作品,利用各种宣传媒介进行宣传和倡导,形成良好的"体养融合"发展氛围。

第三,在老年人个人层面,引导老年人树立"体养融合"理念,并在这一理念的引导下把科学体育健身作为养老的重要组成部分,将"体养融合"促健康渗透到老年人生活中,实现体育健身生活化,使老年人的健康观从传统的"治已病"转向"治未病",从而为健康养老服务。一是培养老年人的体育健身意识,提升健康素养。可以通过加强体育文化建设,以耳濡目染的形式促进老年人对体育健身的认识,增强其体育健身的主观意愿。如通过在公园、绿地广场、全民健身路径等休闲健身功能区的宣传栏配备用于宣传、指导和帮助老年人进行健身活动的图示或指南,引导老年人主动参加体育锻炼,帮助老年人形成科学、规律的健身习惯。二是弘扬主动健康理念,增强老年人对体育预防老年慢性病的理解和认识,把科学运动作为非医疗干预健康的重要手段融入健康养老中。如走进社区、养老院和老年大学等处开展健身养身与疾病预防的专题讲座、组织小型的体育竞赛活动等。

9.2　部门融合：实施"体养融合"跨界协同治理

整体政府跨界协同治理是应对政府管理碎片化和空心化的良药。实施体育、养老及卫健部门的跨界协同治理是推进"体养融合"发展的基础保证,也是体育治理体系和治理能力现代化的重要体现,在"大健康""大卫生"观念的指导下,需要建立权责明确、定位清晰的跨部门协同治理机制,促进"体养融合"发展。

第一,建立宏观、微观相结合的政策保障机制。在宏观的决策层,加强法律法规的顶层设计,体育、养老、卫健、文化等相关部门在修订或完善《体育法》《老年人权益保障法》《公共文化服务保障法》《基本医疗卫生与健康促进法》《公共文化体育设施条例》时,要深入研究老龄化时代老年人的需求,充分考虑体育与养老资源的复合利用,加强体育和养老在各个层面的互相融入、有机整合,增加促进体育健身与养老服务融合发展的条款。同时,加强各部门出台的相关政策目标的一致性,进一步优化"体养融合"政策体系,强化政策导向功能,制定《养老设施建设中健身空间的配套标准》《城市社区老年人体育场地设施建设标准》《城市公共体育场、体育馆、游泳馆适老化建设标准》,明确政策的可操作性,提高政策的约束力和支持度。在微观的操作层,制定"体养融合"发展的具体指导意见,细化实施办法、责任主体,完善人力、物力和财力等各项支持保障制度,为体育和养老部门融合搭建对接平台。

第二,破除部门和行业间的"壁垒",建立跨部门、跨层级和跨领域的协同参与机制。一是厘清体育、卫生、养老部门在"体养融合"服务中的职责和权限,防止出现业务交叉重叠和利益冲突。体育部门要将开展老年人喜闻乐见的体育健身活动,研究推广适合老年人的体育健身休闲项目、方式和方法,发布老年人体育健身活动指南,提供老年人体育健身专业指导服务等内容作为工作的重点,制定各类养老设施规划建设健身设施的标准;卫生部门要将运动干预纳入老年人慢性病防控与康复方案,加大力度培养"体医融合"型医生,积极发挥医生在体育健身过程中的科学指导监督作用;养老部门要了解老年人体育健身需求并评估体育健身服务供给情况,支持各类养老设施在规划建设中安排充足的健身空间。二是建立部门协同机制。通过加强体育部门与民政部门、卫生健康部门、住房和城乡建设部门的合作,在养老机构或社区卫生服务中心(站)内推进国民体质监测与医疗体检有机结合,每年对老年人进行体质健康监测,推进体育健身设施、养老服务设施和医疗康复设施深度融合,加强空间和设施的复合利用。三是加强体育、民政部门与老年人体育协会、老龄产业协会等部门之间的沟通合作。利用老年人体育或健康促进相关的非营利性组织具有的自愿服务性、组织灵活性等特点,提升其"体养融合"的关联度,在资源信息共享的基础上通过政策引导或购买服务的方式鼓励和引导社会力量参与"体养融合"发展,实现利益协同。

第三,整合电子政务平台,实现跨部门合作与资源信息共享。参考浙江"浙里办"App,整合民政、体育、卫生健康、体育社会组织、社区、体育企业等资源,设立"体育公共服务专区",提供全民健身地图、运动处方、科学健身指导、体育社会组织、群体赛事活动等全民健身方面的信息。其中老年人可以在全民健身版块享受各项公共体育服务,例如,通过一站式全民健身地图版块,找寻附近公共体育场地设施、体质监测站点等;通过运动处方版块获取专业人员开具的运动处方;通过科学健身指导版块,查看自己的体质监测报告、找体育健身指导员、找培训课程、观看教学视频等;通过体育社会组织版块寻找本市体育社会组织信息,根据自己的情况在网上提出加入组织申请;通过群体赛事活动版块,了解相关体育赛事活动信息,进行网上报名。

9.3　人才融合：巩固"体养融合"发展的人才支撑

9.3.1　加大复合型人才培养力度

　　跨学科的复合型人才是推动"体养融合"的重要保障，既能够担任"全科医生"的职能，又能扮演"健身活动指导者"的角色，是"体养融合"人才培养的基本目标。要想提高"体养融合"发展水平就必须进一步完善"体养融合"复合型人才的培养。首先，应注重培养"体养融合"专业人才，各级政府及其主要职能部门应将"体养融合"人才培养和开发工作当作重要的工作议程，纳入地方全民健身计划和积极应对人口老龄化战略的总体规划当中。其次，应从盘活现有人才存量和培育人才增量两方面着手。盘活存量主要是提升现有人才的专业化水平，通过对在职人员实施培训，优化现有人才的知识与能力结构，提升"体养融合"服务水平。一方面，建立城市社区医疗卫生人员和养老机构护理人员的继续教育制度，在培训体系中增加体育促进健康和体育技能培训方面的内容。每 2~3 年进行再培训，特别是体育健身康复方面的知识和技能培训，提高"全科医生"制定运动处方的能力和养老机构护理人员开展体育健身活动指导的能力，发挥基层医生和养老机构护理人员在体育健身中的宣传、指导和监督作用。与此同时，加强社区卫生院在"体医融合"促进老年人健康的行业协会的建设，定期举办会议交流经验、传播新的知识和技能，开展互助小组和外出学习等。同时，国家体育总局与国家卫生健康委员会应尽快完善社区卫生院全科医生医疗执照制度，尽快解决城市社区卫生院"体医融合"人才缺乏问题，通过严格制度加强全科医生对体育健康促进知识技能的重视。如"浙江省全科医生业务培训"通过"运动、预防、治疗、康复"于一体的培训，增强了全科医生和社区医生制定运动处方的能力；国家体育总局与国家民政部合作制定养老机构护理人员资格认证制度，加快解决城市养老机构"体护融合"人才匮乏问题。另一方面，加强体育社会指导员培训，增加其运动医学知识储备，提高科学健身指导能力，加强老年人慢性病体育康复技能。培育增量主要是增加后备人才的数量和质量，为健康养老行业储备和输送高素质人才。将"体养融合"发展专业人才的培养作为"全民健身战略""健康中国战略""积极老龄化战略"的重要措施之一。一是创新学校人才培养模式。体育院校和医学院校可以通过联合办学、联合培养等方式,依托各自办学特色和优势,组成跨学科的专业团队,培养助力"体养融合"发展的专业人才。同时,通过相关政策的引领与扶持扩大招生规模,增加人才培养数量。二是以社会需求为导向设置专业和课程内容,发挥"校企合作""订单培养"的优势,提高人才培养质量。与设有体育康复保健专业、社会工作专业、社会保障专业、全科医学专业、老年学专业的院校合作,采用"对口培养"和"订单培养"方式为"体养融合"发展输送高素质人才。

9.3.2 完善"体养融合"志愿者队伍

第一,全方位保障为老体育志愿者权益。首先,在权利方面要保障为老志愿者服务环境的安全健康,以及对志愿服务对象、内容、形式和数量等信息的知情权。其次,在利益方面,大多数发达国家都为志愿者提供一定的利益,以激励其参与志愿活动的积极性,对我国在养老院和基层社区提供体育健身指导服务的志愿者或组织,应建立和完善老年体育志愿者权益保障制度,保障其有一定的收益,以激励更多的为老体育志愿者在社区和养老机构开展体育健身服务。最后,应为老年人体育志愿者提供必要的安全、卫生、医疗等保障条件,为其购买相应的保险,消除志愿者的后顾之忧。

第二,健全老年人体育志愿者管理制度。没有规矩不成方圆,因此,要科学合理地规划老年人体育志愿者的招募、培训和管理。一是对招募过程严格把关。就老年人体育志愿者来说,仅具有志愿精神还不能胜任这项工作,要求志愿者必须具备老年人体育指导的相关知识和技能,了解老年人"生理—心理—社会"需求,要对招募对象进行严格的限定,条件不符的报名者不能被招募为老年人体育志愿者。招募对象可为体育专业大学生、医学院校大学生、社会体育指导员、体育社会组织的成员、退役运动员、体育教师以及具有体育健身指导经验的人员。二是完善老年人体育志愿者培训。一般的体育志愿者缺乏老年人体育健身指导经验,特别是康复训练、急救和运动处方等方面的经验匮乏,所以,对其进行培训具有很大的必要性。在志愿活动开展之前,老年人体育志愿者招募部门应该对志愿者进行专业的培训,例如:根据社区、养老院和老年人健身中心等不同地点、不同年龄段、不同健康状况的老年人,应该对其开展怎样组织体育活动、传授何种健身技能、遇到紧急情况怎样急救等方面的培训。三是建立老年人体育志愿者信息管理系统。加强老年人体育志愿者信息管理系统的建设,将合格的老年人体育志愿者录入系统,并记录其活动参与情况,方便管理和查询,登记的信息有助于促进老年人体育志愿者的再培训以及志愿人才的储备,还可以作为志愿者享受权益的依据。

　　第三,健全激励政策,促进"体养融合"志愿服务的长效化。美国是志愿服务发达的国家,主要通过建立"法律、计划和政策三位一体"的激励体系,推动志愿服务的长效发展。我国全国总工会、共青团、教育部门、体育部门、卫生健康管理部门和民政部门应该合作,通过建立"体养融合"志愿服务激励机制激励大学生、社会体育指导员、体育教师、教练员、科研人员和全科医生等深入城市社区、养老院、老年大学等场所开展体育技能传授、运动康复服务、体育健康知识传播等服务;通过制定《体育志愿服务管理办法》,完善、细化和补充《志愿服务条例》等措施,明确志愿服务项目和激励内容,落实养老机构老年人体育指导员或体育志愿者签约服务政策,把这些服务计入社会服务积分,对参与这项工作达到规定时限的人员在评优评先、职称晋升、资格认证等方面予以照顾或提供补助,或给予更高的福利待遇等。同时,在医学院校或体育院系人才培养上,对主动参与"体养融合"志愿服务的大学生给予更高的加分及更多的精神激励、享受服务、就业优待等。

9.4　组织融合：加强"体养融合"社会治理水平

　　现代治理理论和善治理论强调"政—社"协同治理模式,政府和社会组织通过互动、协商建立合作伙伴关系,强调"共治"和"多元共建",在"体养融合"的服务供给协同治理中会出现"政府失灵"和"市场失灵"的问题,体育社会组织具有非营利性、自愿性、自治性特征,在社会治理中将其作为弥补"政府失灵"和"市场失灵"的第三只手,促进政府职能转变、创新公共体育服务供给方式,并增加服务供给。在有效整合协调不同构成要素、不同部门、不同成员之间的关系方面发挥重要作用,成为联结政府与老年人的桥梁和纽带。城市社区老年人体育社会组织是健康养老的重要依托和载体,能够加强"体养融合"治理社会化,使老年人以组织化方式表达自身的体育诉求,促进供给与需求之间的有效沟通,为政府精准服务于民提供有效信息,同时对政府公共体育服务供给进行监督。

（1）加大老年人体育社团的培育力度。一是鼓励发展在社区内活动的老年人自发性健身组织。给予这些健身组织一定的业务指导和经费支持，把其培育成为符合条件的、可依法向县级民政部门申请登记注册的基层体育组织，使社区老年人在体育健身方面有归属感。二是培育一批融入社区或较大规模养老院（养老社区）的基层体育俱乐部和运动协会。通过政府购买服务的方式，引导体育社会组织下沉社区，组织老年人健身赛事活动，在社区设立健身活动站点，定期辅导老人开展健身活动，营造老年人体育锻炼氛围。三是加强对城市社区老年体育社团的规范和监管。相对规范的管理是任何一个团体科学持续发展的重要保障，老年人体育社团的健康发展需要培养一批具有合作技能、合作精神的骨干成员。首先，加强骨干成员对社会组织性质、任务、功能等的深入了解，同时定期组织老年人体育社团骨干的学习和培训，增强其组织能力和经营管理能力，使体育社团组织结构框架和运营规范合理；其次，政府应加大力度支持老年人体育社会组织所需的场地、经费和人员，给予扶持和引导；最后，政府还需要履行监督管理义务，定期检查和审核，以及时纠正发展过程存在的问题，帮助老年体育社会组织健康发展。

（2）注重扶持品牌体育社团。社会影响力是反映社会组织能力的重要指标，社会影响力越大，老年人体育社会组织发挥的作用就越大，这样才能吸引和带动更多的老年人参与体育社团，拓宽老年人体育活动面。因此，应重点扶持群众基础好、具有地域特色的老年人体育社团，有意识地培育品牌，举办一些具有品牌效应的老年人体育健身活动，组织体育社团参加各级老年人体育展演活动或比赛，特别是在每年的重阳节和国家体育节开展更多的活动，增强社会影响力，吸引社会力量参与，促进老年人体育社团更好地发展。

（3）发挥老年人体育协会的作用。老年人体育协会是团结联系全国老年体育工作者和老年体育爱好者为老年人体育活动服务的非营利性社会组织。在体育社团实体化改革背景下，老年人体育协会要围绕职能发挥和专业服务能力提升两方面进行改革创新。一是在推进应对人口老龄化国家战略和健康中国战略的背景下，要注重老年人体育需求和老年人体育发展影响因素方面的调研，为政府推动健康老龄化和全民健身献计献策，成为智囊的一员。二是发挥资源整合与协调作用。要善于利用各方力量，统筹协调各种资源，形成科学有效的老年人体育工作机制，解决老年人体育发展中的难点、痛点和堵点。三是注重老年人体育数据信息的搜集整理与发布，形成系统、完整的信息资料库和发布平台,为老年人体育可持续发展打基础。四是充分发挥"体养融合"发展的宣传作用。利用每年的重阳节、国家体育节、敬老月和传统节日,在城市社区、较大规模养老院,举办各种活动宣传"体养融合"发展,引起全社会对老年人体育工作的关注和重视。

9.5　机制融合：促进老年人体育健身服务供需平衡

　　根据公共供求理论,需求决定供给。体育需求是人们因生理或社会原因而产生的从事体育活动的愿望和要求,体育需求是产生体育参与动机的基础。体育需求可以分为"私人体育需求"与"公共体育需求",当社会成员都有体育需求,政府为满足社会成员共同需求办体育馆,即为公共体育需求,政府相应提供公共体育服务。而老年人体育健身服务需求特指老年人群体的公共体育需求。随着社会不断发展,生产方式、生活环境等外因与生存状况、生活习惯、情绪等内因的双重驱动,老年人体育健身服务需求的内容也在不断丰富与改变。政府提供的体育健身服务是否符合城市社区和养老机构中老年人的实际需求,这是衡量积极应对人口老龄化有效性的主要指标。快速老龄化背景下城市老年人体育健身需求才是社区公共体育服务发展的着力点,近几年我国加大对老年人体育健身服务的投入,全民健身路径工程基本实现全覆盖,这种自上而下单一的粗放型供给机制与实际民需存在一定偏差,同样存在供后闲置严重的现象。因各地老年人的年龄、经济条件、居住环境、生活习惯等各不相同,其需求也是多种多样的,所以,老年人体育健身服务不能采用全国"一刀切"的统一标准,也不能一成不变地提供同样的体育健身服务。要在"面"的普及基础上进行"点"的深入,在供给体育健身服务之前应对服务对象的健康情况和体育需求进行调查与分析,应当考虑类型的多样化,精准识别老年人体育健身服务需求,根据不同需求,提供高质量、有针对性、弹性化的体育健身服务,实现供需动态平衡。具体可以通过以下方法进行：① 重塑城市社区基层政府责任,明确其在供给过程中的主体地位,从政绩导向转向民需导向,积极建构老年人需求表达机制,问需于民,提高老年人主体意识,鼓励老年人积极表达自身意愿,建立自上而下和自下而上融合的"双向"交流沟通机制,真正地从老年人实际需求出发,重视效益兼顾效率,精准服务于民;② 社区作为基层自治组织,是政府与群众的桥梁,直接反映了人民群众的利益诉求,利用社区基层组织的性质,充分发挥社区"网格员"的群众基础,有效串联社区卫生服务站、街道、志愿者团队、养老机构等组织资源,深入了解老年人体育需求,并层层反馈至上级组织、体育管理部门和民政部门;③ 政府相关部门定期进行民意调查,例如,每年或每两年进行一次老年人体育健身服务需求分层抽样调查,了解当地社区或养老机构老年人整体体育需求;④ 招募老年人体育志愿者,形成志愿网络,进小区、进养老院进行老年人关怀、体育宣传与需求调查。

9.6 资源融合:强化老年人体育健身场所的建设供给

9.6.1 加强老年人健身场地设施规划建设,补齐老年人身边的健身场所短板

第一,地方政府主管部门要通过充分调研了解老年人体育健身意愿、健康状况、健身习惯以及老年人人口发展趋势等,将老年人体育场所建设与地方老龄友好型社会建设和城市发展规划建设进行通盘考虑,制定适应老年人体育健身需求和人口老龄化发展态势的老年人体育场地设施建设和改造规划,加强对建设和改造工程的严格验收,切实增加老年人体育健身场地设施供给。第二,全方位保障"体养融合"的核心地位。遵循内容和规模适宜合理、功能方便实用、服务公益基础、质量安全可靠的原则,在全民健身中心、百姓健身房、体育公园、健身步道、健身广场、社区多功能运动场、养老设施的规划建设中关照老年人的健身需求,配置适老化健身器材,保障器材安全使用。依托城市空闲地、边角地、公园绿地、城市路桥附属用地、厂房、建筑屋顶等空间资源,以及可复合利用的城市文化娱乐、养老、教育、商业等其他设施资源,建设适合老年人的体育健身场地设施,尤其要强化在养老设施规划建设中,安排充足的健身空间。第三,建设老年人体育健身专区。支持养老机构建设体育健身空间,供给体育健身服务,鼓励和引导体育健身机构增设老年健身康复专区、运动处方专区,通过社区百姓健身房和养老机构设置老年人运动专区提高老年人体育健身培训、体质监测、健康教育、康体养老等服务供给,让"体育、健康和养老"在健身和养老服务场所内形成互补对接。第四,加大社区配套健身设施建设政策的执行力度。国务院颁布的《加强全

民健身场地设施建设发展群众体育的意见》要求新建居住小区要按照有关要求和规定配建社区健身设施,健身设施配备未达标的住宅小区,利用城镇老旧社区改造统筹建设老年人健身设施。而政策的落实是由政策宣传、政策执行、政策监督等构成的系统性工程,因此,需要建立有效的运行机制来落实政策,形成"政府主导、多部门联动、多主体参与、多要素发力"的政策落实推进格局。一是部门联动。地方体育部门、发展改革部门、民政部门、住房城乡建设部门建立联动机制,通过沟通协调来共同推进社区配套健身设施建设政策落实到位,特别是要提高体育场地设施的适老化程度。二是建立社区配套健身设施,建设监督评估制度。借助第三方机构对不同地区的配套政策落实情况进行监督检查,配建公共健身设施纳入施工图纸审查,严格按照标准执行验收程序,未达标不得交付使用,完善责任追究和奖惩制度,对侵占挪用或不达标的社区进行追责,对达标的社区奖励健身器材,有力激发利益主体的积极性。

9.6.2　扩大体育场地设施的开放和共享

2020 年全国体育场地统计调查数据显示,全国体育场地面积共 30.99 亿平方米,其中,事业单位占比 44.79％、企业占比 18.04％,可见大部分体育场地设施位于企事业单位,因此,在加强全民健身场地设施建设的同时,盘活现有体育场地设施服务于全民健身,将释放和提升体育场馆的效能,要把老年人作为重点优待对象,将建好的全民健身场地设施免费或低收费向其开放。第一,完善大型体育场馆免费或低收费开放补助政策。修订 2017 年颁布的《大型体育场馆免费低收费开放补助资金管理办法》,在专项补助资金补助标准中增加上年度为老年人等弱势群体提供公共体育服务情况、接待老年人健身人次、为老年人举办体育健身活动和开展老年人体育培训情况等为奖金发放核定指标。地方体育产业发展引导资金向免费或低收费对老年群体开放的大型体育场馆和营利性健身俱乐部倾斜。第二,加大学校体育场地设施对社会开放的力度。社区周边的学校体育场地设施是老年人就近、就地、就便健身的好去处,但由于学校没有足够的人、财、物资源支持开放,学校体育场地设施开放政策难以落实到位,因此,根据不同地区特点和学校条件,科学规划,分层推进,可以采用政府购买服务的方式,对已建成且有条件的学校给予体育设施安全隔离改造的经费补贴,使学校体育设施达到"一场两门、早晚两开"的标准;而对于新建学校,要严格审查规划设计的体育设施是否符合开放条件,对于不符合开放条件的,不允许施工建造。对符合向社会开放条件的学校体育场馆,支持各地区委托专业机构集中运营,促进学校体育场馆开放和共享。第三,摸清现有城市公共体育设施的"家底",加强对公共体育场馆开放使用的评估督导,对开放程度低、对老年人等弱势群体无优待、使用率低、服务对象满意度低的体育场馆,要求其限期整改,并提出切实可行的对外开放实施方案。

9.7 技术融合:提升"体养融合"发展的智慧化水平

人类已经进入数字化时代,数字化时代又称后信息社会,是美国学者尼葛洛庞帝在《数字化生存》一书中提出的,数字化时代以互联网、物联网、人工智能、云计算和大数据等为特征,并通过这些技术的融合,提高了服务效率。随着现代信息技术的不断深化和融合,社会整体效率将大幅增加,借助新技术涌现了智慧养老和智慧体育等新的养老与体育服务供给模式,提高了养老服务和体育健身服务的精准性和精细化程度。现代信息技术给"体养融合"发展提供了技术支撑,为深入推进"体养融合"养老模式的发展提供了契机。

第一,以理论融合带动技术融合。一是在加强运动科学、医学、生物学等理论融合的基础上,通过生物技术、信息技术和人体工学技术等方面的技术融合,推进老年医疗和科研数据应用于智能运动器械的研发、制定运动处方等,为运动促进老年人健康提供科学的、数字化的证据支撑;二是加强跨学科、跨领域合作,运用系统仿真学理论和方法,通过技术融合构建动态场景,促进老年人体育健身。如:利用虚拟现实技术构建网球、高尔夫球、乒乓球等项目的虚拟运动场景,帮助居家的老年人在室内安全、可控、便捷地进行体育锻炼。

第二,推动现代信息技术在体育健康养老领域的融合应用,提升体育养老产品及服务的智慧化水平。鼓励和支持技术融合创新,针对老年人身心特点、购买力、"生理—心理—社会"需求,开发智能化体育健身器械、可穿戴设备、医疗仪器、体育康复设备、运动辅助设备等体育科技产品,创新发展运动 App、便捷化和信息化的场馆活动中心,使健康养老更加人性化和智慧化,为高品质养老提供技术和物质支撑。同时,要特别注意为老年人使用智慧化场地设施和器材提供必要帮扶,解决老年人运用体育智能技术困难的问题。

第三,加强技术融合,构建老年人体育健康管理系统。首先,融合移动互联网、大数据、可穿戴、云计算等信息技术,发展以主动健康技术为引领的信息化老年体育健康服务系统,依托互联网平台和大数据技术,将体育、医疗和养老机构之间的信息进行有效的传递和共享。其次,利用技术融合监测老年人身体活动和体质健康水平,获取老年人健康方面的数据,针对不同年龄和健康状况制定精准的运动处方,提升老年人科学健身的有效性和安全性。再次,健康管理模式从以治病为中心转变为以老年人主动健康为中心,关注疾病预防、功能完善以及健康寿命延长,建设基于循证医学和体育锻炼相结合的持续性健康维护和干预体系。最后,整合老年人个人电子健康档案、医疗保健系统、国民体质监测系统、社会体育指导员管理系统等"体养融合"服务信息资源,提供更加全面精准的老年人健康管理服务。

9.8 提高融合的创新性:实施"体养融合"的典型示范工程

政府部门要树立"体养融合"的发展典型,打造标杆、示范,通过以点带面的方式引领各地"体养融合"服务模式的形成,这是有效推进"体养融合"健康发展的重要举措,"典型示范"建设要与当前的全民健身公共服务体系和养老服务体系紧密相连,结合目前正在探索实践的"医养结合"和"体医融合",把体育、养老、医疗卫生等资源进行整合,为老年人提供一站式服务。

首先,基层政府联合体育部门、民政部门和卫生健康部门实施"体养融合"的典型示范工程。在城市社区构建"体养融合"发展的服务模式,街道办事处负责统筹,体育部门提供老年人体质健康监测和体育专业技术指导,社区综合为老服务中心或养老院、社区医院等机构引入运动指导师,实现老年人健康促进过程的运动干预,设立养老服务和运动健身相结合的"体养融合"指导中心,"体养融合"的典型示范点可以依托社区文体活动中心、社区卫生服务中心、规模较大的养老机构、全民健身站点、体育俱乐部等机构。

其次,加强支持力度,把"体养融合"的典型示范点做精、做细、做成标杆,让其真正发挥引领全国的示范作用。加强"体养融合"的典型示范点培育,通过福利彩票和体育彩票公益金给予建设、运营所需的资金支持,主要可采用"公建民营""民办公助""委托管理"以及"政府购买服务"等方式予以支持,增强"体养融合"的创新能力,形成具有一定影响力和知名度的"体养融合"的典型示范品牌,如可借鉴上海"长者运动健康之家"和"老年体育示范街镇"建设经验,并将其上升为国家"体养融合"的典型示范项目,再选择一两个中小城市开展试点,通过2~3年的建设,在总结试点地区成功经验的基础上,形成可在全国推广、复制的典型示范民生工程。

最后,对"典型示范"模式、活动及案例开展跟踪调查和经验总结,制定场地、器材、运营、服务等"体养融合"相关标准,并通过组织宣传、经验交流等方式,在国内发挥辐射作用,示范引领其他地区根据当地的经济、文化、社区体育发展现状开展"体养融合"健康养老服务模式的建设,惠及更多老年人。

此外,还可结合全国推广普及百姓健身房和打造"15分钟"健身圈的机遇,创新老年人体育健身服务供给模式,根据养老公寓、养老社区、普通社区老年人口规模引入"体养融合"的养老服务模式,开展"体养融合"机构评选,按照评选结果从彩票公益金中给予相应的资金支持,提高社区和养老机构供给"体养融合"的积极性。采用"政府—市场—社会"协同参与的模式,以政府投入为主,积极引导社会力量参与建设和运营管理,设置符合老年人年龄和健康特点的老年人体育健身区或专用健身房,打造成可复制、可推广的典型示范模式,满足老年人健康养老的需求。

9.9 本章小结

本章在系统剖析"体养融合"发展困境的基础上,基于对发达国家"体养融合"发展经验的解剖、借鉴和反思,从8个方面提出了推进"体养融合"发展的策略。① 理念融合:提高"体养融合"发展的效能。② 部门融合:实施"体养融合"跨界协同治理。③ 人才融合:巩固"体养融合"发展的人才支撑。④ 组织融合:加强"体养融合"社会治理水平。⑤ 机制融合:促进老年人体育健身服务供需平衡。⑥ 资源融合:强化老年人体育健身场所的建设供给。⑦ 技术融合:提升"体养融合"发展的智慧化水平。⑧ 提高融合的创新性:实施"体养融合"的典型示范工程。在我国积极应对人口老龄化上升为国家战略的新形势下,老年人体育健身服务的精准有效供给被赋予了多重发展使命,而各级政府和相关职能部门如何广开思路,深度谋划,不断探索公共体育服务治理创新,充分发挥和利用各个治理主体的相对优势并形成合力,从而打造以"体养融合"为导向的老年人体育健身公共服务体系,将成为我国推进体育治理体系与治理能力现代化进程中的生动诠释。

附　录

附录 1　城市老年人体育健身服务需求问卷 ....

（说明：请您在每题的答案中选择一个打√，遇填写横线请直接在横线上填写。）

一、老人基本情况

1. 性别：□ 男　□ 女

2. 年龄（周岁）：

　　□ 60　□ 61～65　□ 66～70　□ 71～75　□ 76～80　□ 81 及以上

3. 您有配偶吗？□ 有　□ 无

4. 您的子女数？

　　□ 0　□ 1　□ 2　□ 3　□ 4　□ 5　□ 6 个及以上

5. 您的文化程度：

　　□ 没上过学　□ 小学　□ 初中　□ 高中或中专　□ 大专　□ 本科
　　□ 研究生及以上

6. 您的平均每月收入范围（元）：

　　□ 0～1 000　□ 1 001～2 000　□ 2 001～3 000　□ 3 001～4 000
　　□ 4 001～5 000　□ 5 001 及以上

7. 您的职业是：

　　□ 国家与社会管理者（机关、单位主要领导干部）　□ 私营企业主（雇佣员
工在 10 人以上）　□ 经理人员（企业高层白领）　□ 专业技术人员（医生、
教师、工程师、会计师、律师等）　□ 办事人员（机关、单位、企业的文职人员）
　　□ 个体工商户　□ 商业服务人员（营业员、服务员、厨师、导游、保安等）
　　□ 工人　□ 农民　□ 无业

二、体育活动参与情况

1. 您喜欢参与的体育运动项目（可多选）：

项目	散步	慢跑	广场舞	太极	羽毛球	网球	气排球	门球	地掷球	健球
选择										

项目	健身气功	健身路径	游泳	乒乓球	登山	棋牌	台球	跳绳	排舞	其他
选择										

2. 您参加体育锻炼的时间通常是(可多选)：

☐ 早晨　☐ 上午　☐ 中午　☐ 下午　☐ 晚上

3. 您参加体育锻炼的持续时间通常是：

☐ 不足 30 分钟　☐ 30～59 分钟　☐ 60～120 分钟　☐ 120 分钟以上

4. 您每周参加体育锻炼的次数通常是：

☐ 0 次　☐ 1 次　☐ 2 次　☐ 3 次　☐ 4～7 次　☐ 7 次以上

☐ 不固定次数

5. 您参加体育锻炼的场所通常是(可多选)：

☐ 自家庭院或室内　☐ 住宅社区　☐ 广场　☐ 公园　☐ 老年公寓

☐ 全民健身活动中心　☐ 健身会所　☐ 学校免费开放场馆　☐ 其他

6. 您经常参加体育锻炼的场所离您家有多远？（以步行计算）

☐ 5 分钟以内　☐ 6～10 分钟　☐ 11～15 分钟　☐ 16～29 分钟

☐ 30 分钟及以上

7. 您每年的体育消费是_____元,主要用于购买(可多选)：

☐ 体育服装　☐ 体育器材　☐ 体育书籍　☐ 体育场地使用　☐ 指导服务

☐ 比赛门票　☐ 其他

8. 您所在社区或养老院有老年人体育活动场所吗?

☐ 没有　☐ 有　☐ 不清楚

9. 老年人体育活动场所里有哪些体育设施？（可多选）

☐ 棋牌室　☐ 乒乓球桌　☐ 健身室　☐ 健身路径　☐ 其他_____

（请注明）　☐ 不清楚

10. 您经常使用社区或养老院老年活动中心(室)的体育设施吗?

☐ 从来没有　☐ 偶尔　☐ 经常

11. 如果没有使用这些体育设施,为什么？（可多选）

　　□ 自己行动不方便　□ 活动中心没有健身指导人员　□ 没有时间
□ 活动中心(室)条件差　□ 活动中心(室)距离太远　□ 活动中心(室)不
开放　□ 其他_____(请注明)

12. 您认为公共体育场地设施存在的问题有(可多选)：
　　□ 设施类型太少　□ 便利性不够　□ 地方太小　□ 场地不干净　□ 对
外宣传不够　□ 开放时间不合理　□ 免费开放时间太少　□ 设施坏了没
有及时修理　□ 其他

13. 您对社区或养老院健身场地设施的需求在于(可多选)：
　　□ 环境卫生良好　□ 场地条件完备　□ 健身设施齐全　□ 使用方便
□ 及时维修　□ 其他_____(请注明)

14. 您对公共体育场地设施的改善期望(可多选)：
　　□ 建筑面积加大　□ 增加免费开放时间　□ 开放时间更合理　□ 多开
办活动　□ 类型增多　□ 设备维护好些　□ 使用手续更方便　□ 环境
更干净　□ 其他

15. 您参与锻炼时有专业的体育指导员或教练指导吗？
　　□ 没有　□ 有

16. 您在进行体育锻炼时,需要有专业的社会体育指导员或教练吗？
　　□ 需要　□ 不需要

17. 您的健身指导服务需求(可多选)：
　　□ 健身技术动作　□ 健身项目选择　□ 锻炼膳食营养补充　□ 慢性病康
复　□ 健身中运动损伤预防　□ 运动量　□ 其他_____(请注明)

18. 您对社会体育指导员指导水平提高的期望(可多选)：
　　□ 增加社会体育指导员的数量　□ 提高社会体育指导员的专业水平
□ 增加社会体育指导员的类型　□ 增加社会体育指导员的指导时间

19. 您期望的体育需求反映渠道(可多选)：
　　□ 网络、报纸、电视台等媒体　□ 政府定期设点听取群众意见　□ 信访
□ 文体局工作人员主动入户了解　□ 亲自找体育局工作人员反映
□ 其他_____

20. 当您遇到体育方面的问题时(如体育场地设施方面、体育场馆收费方面),您
是否向媒体或有关部门反映过？
　　□ 反映过　□ 没有

21. 对于您所反映的问题,解决情况如何?

　　□ 没有解决　□ 少部分得到解决　□ 基本解决　□ 大部分得到解决
　　□ 完全解决

22. 您对公共体育活动宣传的公众感知情况:

　　□ 太少,几乎没感觉到　□ 宣传渠道太狭隘　□ 宣传面向的群众太少
　　□ 宣传不及时　□ 宣传非常到位

23. 您的体育信息服务需求(可多选):

　　□ 科学的健身锻炼方法　□ 健康合理的营养膳食　□ 体育场馆使用信息
　　□ 体育活动开展信息　□ 体育政策制度　□ 体育健身的科研成果
　　□ 慢性病的康复运动处方　□ 其他_____(请注明)

24. 您主要通过什么途径获得体育赛事、体育培训、体育场馆使用等相关信息?
(可多选)

　　□ 电视媒体　□ 网络媒体　□ 报纸杂志　□ 社区宣传栏　□ 印发传单
　　□ 体育组织　□ 其他

25. 您是否需要定期进行体质监测?

　　□ 需要　□ 不需要

26. 您认为在哪里进行体质监测更适合?

　　□ 社区卫生服务中心　□ 体质监测站

27. 社区或养老院为老年人提供了下列哪些体育服务?(可多选)

　　□ 体育健身指导服务　□ 体育康复服务　□ 举办体育健身活动　□ 开
展体质健康测试　□ 提供体育场地设施　□ 其他_____(请注明)
　　□ 以上均无　□ 不清楚

28. 您希望学习哪些适合老年人参与的体育项目?

　　□ 广场舞　□ 乒乓球　□ 太极等武术类项目　□ 气排球　□ 门球
　　□ 地掷球　□ 柔力球　□ 其他_____(请注明)

29. 您参加了体育类社团组织吗?

　　□ 是　□ 否
　　如选"是",您更希望参加哪种类型的体育类社团组织?
　　□ 官方体育组织　□ 自发性体育组织
　　如选"否",是什么原因?
　　□ 没有合适的体育社团组织　□ 自身主观不愿意参加　□ 其他

30. 您所在的社区或养老院是否定期组织体育健身知识讲座？
　　□ 经常组织　□ 有时组织　□ 很少组织　□ 从未组织

31. 您对科学健身相关的知识有一定了解吗？
　　□ 是　□ 否

32. 您希望参加科学健身相关知识的培训讲座吗？
　　□ 希望　□ 不希望

33. 您所在社区、街道是否定期举办一些老年体育活动？
　　□ 是　□ 否　□ 不知道

34. 您希望您所在的社区、街道定期举办哪些方面的老年体育项目竞赛？
　　□ 趣味性体育活动　□ 竞技性体育比赛

35. 您在社区或养老院参加体育锻炼的主要组织形式：
　　□ 个人锻炼　□ 参加社区或养老院组织的活动　□ 与朋友一起
　　□ 其他_____（请注明）

36. 您希望社区或养老院组织哪些形式的健身活动？（可多选）
　　□ 老年人健步走比赛　□ 健身知识讲座　□ 老年棋牌比赛　□ 健身操等操舞类比赛　□ 乒乓球、门球、地掷球等球类比赛　□ 其他类型的文体活动

非常感谢您对我们研究工作的支持！

附录 2　城市社区老年人体育健身服务满意度问卷 ....

尊敬的社区老年朋友：

　　您好！目前我们正在进行社区老年人体育健身服务的满意度调查，本次调查的目的是了解您所在的社区体育健身服务的开展情况，所有回答只用于统计分析，我们将对调查资料严格保密，非常感谢您的配合！

一、背景资料

1. 您的性别：□　男　　□　女
2. 您的年龄(岁)：□　60　　□　61～65　　□　66～70　　□　71～75　　□　76～80
　　□　81 及以上
3. 您的职业是：
　　□　国家与社会管理者(机关、单位主要领导干部)
　　□　私营企业主(雇佣员工在 10 人以上)
　　□　经理人员(企业高层白领)
　　□　专业技术人员(医生、教师、工程师、会计师、律师等)
　　□　办事人员(机关、单位、企业的文职人员)
　　□　个体工商户
　　□　商业服务人员(营业员、服务员、厨师、导游、保安等)
　　□　工人
　　□　农民
　　□　无业
4. 您的文化程度：
　　□　小学　　□　初中　　□　高中或中专　　□　大专　　□　大学本科　　□　研究生及以上
5. 您的平均每月收入范围：
　　□　0～1 000 元　　□　1 001～2 000 元　　□　2 001～3 000 元　　□　3 001～4 000 元
　　□　4 001～5 000 元　　□　5 001 元及以上

6. 您参与体育锻炼的频率：

　　□ 从不　□ 随机　□ 1～2 次/周　□ 3～4 次/周　□ 5 次以上/周

7. 您每次体育锻炼的时间：

　　□ 30 分钟以下　□ 30～60 分钟　□ 60 分钟以上

8. 请您对所需要的体育健身服务的重要程度进行排序：

A. 体育活动经费　B. 体育场地器材服务　C. 体育指导服务　D. 国民体质监测　E. 体育组织服务　F. 体育活动服务　G. 体育信息服务

二、满意度调查(根据主观感受勾选分数：很不赞同,1;较不赞同,2;一般赞同,3;比较赞同,4;很赞同,5)

1. 社区体育场地、器材和设施数量能满足老年人需要。　1　2　3　4　5

2. 社区体育场地、器材和设施布局合理。　1　2　3　4　5

3. 参加社区体育活动方便。　1　2　3　4　5

4. 社区体育场地、器材和设施使用说明简单易懂。　1　2　3　4　5

5. 社区体育场地、器材和设施实用、舒适、安全。　1　2　3　4　5

6. 社区体育场地、器材和设施维护及时。　1　2　3　4　5

7. 社区体育活动项目丰富多彩。　1　2　3　4　5

8. 社区体育活动组织频繁。　1　2　3　4　5

9. 社区体育活动组织与开展良好。　1　2　3　4　5

10. 社区定期开展体育活动。　1　2　3　4　5

11. 老年人参与社区体育活动互动机会多。　1　2　3　4　5

12. 老年人参与社区体育活动积极性高涨。　1　2　3　4　5

13. 社区内体育与健康知识讲座及咨询开展良好。　1　2　3　4　5

14. 社区体育指导员人数能满足老人对指导员的需要。　1　2　3　4　5

15. 社区体育指导员能定期指导体育健身。　1　2　3　4　5

16. 社区体育指导员能科学传授健身方法。　1　2　3　4　5

17. 社区体育指导员能很好地指导老年人学习体育技能。　1　2　3　4　5

18. 社区体育指导员能做到因材施教和区别对待。　1　2　3　4　5

19. 社区体育志愿服务工作开展良好。　1　2　3　4　5

20. 社区体育活动信息发布及时准确。　　　　　　1　2　3　4　5

21. 社区拥有数量充足的体育社团。　　　　　　　1　2　3　4　5

22. 社区内体育社团自助与互助服务开展良好。　　1　2　3　4　5

23. 社区体育社团、体育协会组织等建设与管理良好。　1　2　3　4　5

24. 社区体育社团及组织在老年人体育活动中发挥了　1　2　3　4　5
　　积极的作用。

25. 社区体育健身服务值得老年人信任和依赖。　　1　2　3　4　5

26. 社区体育健身服务能有效地改善老年人的人际关系。　1　2　3　4　5

27. 社区体育健身服务能有效地丰富老年人的生活。　1　2　3　4　5

28. 社区体育健身服务能有效地促进老年人的身体健康。　1　2　3　4　5

29. 社区体育健身服务能有效地消除老年人的生活焦虑　1　2　3　4　5
　　和孤独感。

30. 社区能定期开展老年人体质测试。　　　　　　1　2　3　4　5

附录 3 城市老年人体育健身服务供给访谈提纲............

一、社区或养老院老年人管理者访谈提纲

1. 您认为体育健身与养老服务融合发展可行吗？请您解释或说明理由。
2. 政府相关部门或社会组织有到社区或养老院开展"体养融合"的宣传活动吗？
3. 社区或养老院有老年人体育健身志愿者提供服务吗？您认为应如何招募和管理志愿者？
4. 社区或养老院为老年人开展了哪些体育活动？如何开展？
5. 社区或养老院老年人体育健身服务体系存在哪些问题？
6. 社区或养老院老年人体育健身服务中的信息宣传如何？主要有哪些形式？

二、老年人体育协会负责人访谈提纲

1. 您认为体育健身与养老服务融合发展可行吗？请您解释或说明理由。
2. 近年来老年人体育协会组织开展了哪些活动？活动经费、办公场所、人员是否充足？
3. 老年人体育协会在促进老年人体育参与方面都做了哪些工作？如：是否组织推广老年人体育健身项目？是否宣传普及老年人体育健身知识？
4. 您认为目前老年人体育健身服务供给中还存在哪些问题？如何解决？
5. 您所在的地区老年人体育志愿服务开展如何？发展中存在哪些问题？
6. 您认为在健康老龄化和体育强国等大背景下，老年人体育协会在老年人体育事业发展中应扮演一种什么样的角色？

三、市县体育局群体负责人访谈提纲

1. 体育局在老年人体育健身活动开展中做了哪些工作？存在哪些问题？
2. 现在应对人口老龄化已经成为国家战略，您认为随着老龄化程度的加深，老年人体育应该如何开展？如：健身意识的培养、体育健身环境的营造、体育活动的组织。
3. 您认为体育健身与养老服务融合发展可行吗？推动体育健身与养老服务融

合发展的困难有哪些？如何破解？

4. 您认为体育部门与民政部门、卫健部门、社区居民委员会等在老年人体育健身服务供给方面协同配合情况如何？在积极应对人口老龄化的背景下，谈谈你们是怎样支持"体医融合"促进老年人健康的。

5. 请您谈谈：老年人社会体育志愿服务存在什么问题？如何建立长效机制？

四、市县民政局养老工作部门负责人访谈提纲

1. 您认为体育健身与养老服务融合发展可行吗？推动体育健身与养老服务融合发展的困难有哪些？如何破解？

2. 民政局在老年人体育健身活动开展中做了哪些工作？存在哪些问题？

3. 民政局有考虑与体育部门合作发展老年人体育志愿者吗？怎样选拔志愿者？

4. 民政局是怎样宣传和普及健康老龄化、积极老龄化理念的？您认为体育健身在健康老龄化、积极老龄化中的重要性如何？你们是怎样做的？

五、老年人的访谈提纲

1. 您认为体育健身与养老服务融合发展可行吗？您听说过这一理念吗？

2. 您所在的社区和养老机构是怎样营造运动促进健康的氛围的？存在哪些问题？

3. 谈谈您对体育社会组织的看法。

4. 您通常采用何种健身形式？为什么？

5. 您使用过智能体育产品吗？您对智慧体育的看法如何？

参考文献

［1］陈静,刘滨谊,沈洁. 城市积极老龄化的探索——美国夏威夷火奴鲁鲁社区花园对上海社区养老的启示[J]. 中国园林,2020,36(01)：49-54.

［2］董克用,王振振,张栋. 中国人口老龄化与养老体系建设[J]. 经济社会体制比较,2020(01)：53-64.

［3］Lin T Y, Sakuno S. The Coming Super Aged Society：Exploring Management of Community Sport Clubs [M]. Springer Japan, 2015.

［4］Wicker P, Breuer C. Understanding the Importance of Organizational Resources to Explain Organizational Problems：Evidence from Nonprofit Sport Clubs in Germany [J]. Voluntas International Journal of Voluntary & Nonprofit Organizations, 2013, 24 (2)：461-484.

［5］Wemmer F, Koenigstorfer J. Open Innovation in Nonprofit Sports Clubs [J]. Voluntas International Journal of Voluntary & Nonprofit Organizations, 2016, 27(4)：1923-1949.

［6］Tischer U, Hartmann-Tews I, Combrink C. Sport Participation of the Elderly—The Role of Gender, Age, and Social Class [J]. European Review of Aging and Physical Activity, 2011, 8(2).

［7］Hinrichs T, Trampisch U, Burghaus I, et al. Correlates of Sport Participation among Community-dwelling Elderly People in Germany：A Cross-sectional Study [J]. European Review of Aging & Physical Activity, 2010, 7(2)：105-115.

［8］Tischer U, Hartmann-Tews I, Combrink C. Sport Participation of the Elderly—The Role of Gender, Age, and Social Class [J]. European Review of Aging and Physical Activity, 2011, 8(2).

［9］Kemmler W, Stengel S V, Kemmler W, et al. Exercise for Prevention of Bone Loss：The Role of Sports Medicine [J]. Springer International Publishing, 2017.

［10］Asaka M, Higuchi M. Rowing：A Favorable Tool to Promote Elderly Health Which Offers Both Aerobic and Resistance Exercise [M]. Springer Japan, 2015.

［11］Dorner, T., Kranz, A., Zettl-Wiedner, K. et al. The Effect of Structured Strength and Balance Training on Cognitive Function in Frail, Cognitive Impaired Elderly Long-term Care Residents [J]. Aging Clin Exp Res (2007) 19：400. https://doi.org/10.1007/BF03324721.

［12］ Perez-Sousa M A，Olivares P R，Gonzalez-Guerrero J L，et al. Effects of an Exercise Program Linked to Primary Care on Depression in Elderly：Fitness as Mediator of the Improvement［J］. Quality of Life Research，2020，29(5)：1239 - 1246.

［13］ Schroll，M.. Physical Activity in an Ageing Population［J］. Scandinavian Journal of Medicine & Science in Sports，2003(13)：63 - 69.

［14］ Orcin，Telli，AtalayUğur，et al. The Impact of Unsupervised Regular Walking on Health：A Sample of Turkish Middle-aged and Older Adults［J］. European Review of Aging & Physical Activity，2012.

［15］ Colditz，Graham，A. Economic Costs of Obesity and Inactivity［J］. Medicine & Science in Sports & Exercise，1999，31(Supplement 1)：S663.

［16］ Barreto P D S，Demougeot L，Vellas B，et al. How Much Exercise are Older Adults Living in Nursing Homes Doing in Daily Life? A Cross-sectional Study［J］. Journal of Sports Sciences，2015，33(2)：116 - 124.

［17］ 徐莉,陈家琦,王忠山. 多年体育运动对老年男性骨代谢的影响［J］. 天津体育学院学报，1997(04)：16 - 20.

［18］ 吴悦陶,陈干仁,何福清. 运动对老年高血压患者血压和糖、脂代谢的影响［J］. 中国老年学杂志,1998(05)：6 - 7＋64.

［19］ 任海. 老年体育对传统体育观念的挑战［J］. 体育与科学,1993(05)：17 - 18.

［20］ 卢元镇. 中国的老年健康与老年体育［J］. 山东体育学院学报,1999(01)：4 - 9.

［21］ 肖焕禹,李文川. 都市老年人体育生活方式与健康相关生活质量的相关性研究［J］. 成都体育学院学报,2011,37(10)：77 - 81.

［22］ 陈爱国,许克云,朱风书,颜军. 体育运动与老年人认知功能：研究与思考［J］. 中国运动医学杂志,2014,33(11)：1119 - 1125.

［23］ 金再活,王淑霞,孙斌. 21 世纪中国老年人体育消费的现状调查及对策分析［J］. 北京体育大学学报,2006(12)：1639 - 1641.

［24］ 马德浩,季浏. 人口老龄化加速背景下提升我国国民体育健身投资的意义与策略研究［J］. 体育科学,2014,34(10)：3 - 14.

［25］ 范成文,金育强,钟丽萍,陈雄,吴开霖,刘晴. 发达国家老年人体育服务社会支持体系及对我国的启示［J］. 体育科学,2019,39(04)：39 - 50.

［26］ 王富百慧,黄映娇,李雅倩,潘越,杨凡. 朋友网络支持与老年人锻炼参与：社会适应的中介作用［J］. 中国体育科技,2020,56(09)：75 - 81.

［27］ 穆光宗. 我国机构养老发展的困境与对策［J］. 华中师范大学学报(人文社会科学版),2012,51(2)：31 - 38.

［28］ 尚振坤. 中国养老机构的服务与管理［J］. 人口与经济,2008(02)：50 - 54.

［29］ 黎文普,龚正伟. "文化养老"视域下社区体育文化养老路径探析［J］. 体育学刊,2014,21(04)：46 - 49.

［30］ 韩松,王莉. 我国体育产业与养老产业融合态势测度与评价［J］. 体育科学,2017,37(11)：3 - 10.

［31］ 叶宋忠,仇军. 老龄化背景下养老产业与体育产业融合发展研究［J］. 西安体育学院学报,2019,36(04)：410 - 414.

[32] 汪毅,郭娴,周宇颖. 我国人口老龄化背景下"体护融合"保障机制研究[J]. 北京体育大学学报,2019,42(08):110-119.

[33] 马思远. 国家战略决策下全民健身与健康养老融合研究[J]. 北京体育大学学报,2020,43(09):1-9.

[34] 王会儒,姚忆."传统养生体育+医疗+养老"的老年健康干预模式构建[J]. 中国体育科技,2017,53(03):8-13.

[35] 周爱光. 从体育公共服务的概念审视政府的地位和作用[J]. 体育科学,2012,32(05):64-70.

[36] 王凯珍. 中国城市老年人体育组织管理体制的现状调查研究[J]. 西安体育学院学报,2005(22):1-6.

[37] 范成文,刘晴,金育强,黄晶. 基于魅力质量理论及 Kano 模型的老年人体育服务需求层次研究[J]. 成都体育学院学报,2019,45(02):55-61.

[38] 杨桦,任海. 我国体育发展新视野:整体思维下的跨界整合[J]. 北京体育大学学报,2014,37(01):1-8.

[39] 荣高棠. 中国大百科全书·体育[M]. 北京:中国大百科全书出版社,1982,3(8)-493.

[40] 王燕鸣. 老年体育学[M]. 济南:山东大学出版社,2001:2.

[41] 卢元镇. 社会体育学[M]. 北京:高等教育出版社,2002:211.

[42] 戴志鹏. 居家养老服务视角下的老年人体育运行机制研究[D]. 苏州大学,2015.

[43] 吴忠义,高彩云,王海波,吕志刚. 体育健身科学理论体系初探[J]. 体育学刊,2000(06):14-16.

[44] 钟天朗. 体育服务业导论[M]. 上海:复旦大学出版社,2008.

[45] 李一平. 社区体育健身服务体系的研究[J]. 福建体育科技,2007,01:13-14.

[46] 刘明生. 公共服务背景下城市社会体育组织发展模式研究[D]. 上海体育学院,2010.

[47] 林政梅,汪君民,许文鑫,丁秀诗,陈华伟,姚绩伟. 我国城市社区体育公共服务的概念溯源与重新界定[J]. 首都体育学院学报,2014,26(05):409-413.

[48] 覃延长. 供需视域下城市社会化养老服务体系建设研究[D]. 武汉大学,2017.

[49] 钟慧澜. 养老服务合作生产:产生过程与运转机制[D]. 上海交通大学,2018.

[50] 刘金涛. 老年人长期护理保险制度研究[M]. 北京:科学出版社,2014:67-68.

[51] 孙碧竹. 我国社会养老服务体系发展研究[D]. 吉林大学,2019.

[52] 全球治理委员会. 我们的全球伙伴关系[M]. 伦敦:牛津大学出版社,1995.

[53] [美] 詹姆斯·N. 罗西瑙. 没有政府的治理——世界政治中的秩序与变革[M]. 张胜军,刘小林,等,译. 南昌:江西人民出版社. 2001.

[54] 鲍勃·杰索普,漆燕. 治理的兴起及其失败的风险:以经济发展为例[J]. 国际社会科学杂志(中文版),2019,36(03):52-67.

[55] 陈家刚. 从社会管理走向社会治理[N]. 学习时报,2012-10-22(006).

[56] 陈广胜. 走向善治[M]. 杭州:浙江大学出版社,2007:102.

[57] [美] 罗伯特·登哈特,等. 新公共服务:服务,而不是掌舵[M]. 丁煌译. 北京:中国人民大学出版社,2004.

[58] CDC. Promoting Health for Older Adults [EB/OL]. [2020-12-02]. https://www.cdc.gov/chronicdisease/resources/publications/factsheets/promoting-health-for-older-adults.

htm.

[59] 王占坤. 发达国家公共体育服务体系建设经验及对我国的启示[J]. 体育科学, 2017, 37 (05): 32 - 47.

[60] 田丰. 发达国家青少年体育发展的经验梳理及启示[J]. 中国青年研究, 2017(12): 26 - 32.

[61] 薛玉佩. 美国体育志愿服务的激励机制及其启示[J]. 体育文化导刊, 2012(11): 16 - 19.

[62] Walking for Health schemes [EB/OL]. [2021 - 03 - 22]. https://www.walkingforhealth. org.uk/about-us.

[63] Sport Wales. Healthy And Active Fund in Action[EB/OL]. https://www.sport.wales/ media-centre/latest-news/2019-11-20-healthy-and-active-fund-in-action/.

[64] The Framework for Sport in England [EB/OL]. http://www.Sportengland.org/ facilities_ planning/planning _ tools _ and _ guidance/planning _ kitbag/planning _ conuributions/national_frame work for sport.aspx.

[65] Cash 4 Clubs. Major Sports Funds [EB/OL]. http://www.cash-4-clubs.com/finding-other-funding/major-sports-funds/national-sports-foundation.php.

[66] Natural England. Costing the Walking for Health programme[R]. Natural England, 2012.

[67] Sportscotland. Developing and Supporting a World Class Sporting System: Summary of Progress 2013 - 2014 [R]. Sportscotland, 2014.

[68] 刘杰, 李国卉. "伙伴关系"何以可能? ——关于社区居委会与社区社会组织关系的案例考察[J]. 江汉论坛, 2019(11): 123 - 127.

[69] Club Management Partnerships[EB/OL]. [2021 - 04 - 28]. http://www.sportengland clubmatters.com/club-planning/planning/partnerships/.

[70] Join in. Hidden Diamonds: Uncovering the True Value of Sport Volunteers [EB/OL]. (2015 - 1 - 2). https://www.joininuk.org/hidden-diamonds-true-value-of-sport-volunteers/.

[71] Daniel Fujiwara, Ricky Lawton, Will Watt. Using Behavioural Science to Recruit and Retain Volunteers More Effectively [R]. Research report, 2018.

[72] Sport Australia. Move It AUS Grants [EB/OL]. [2021 - 02 - 28]. https://www. sportaus.gov.au/grants_and_funding/move-it-aus-grants.

[73] Sport Australia. Move It AUS-Better Ageing [EB/OL]. [2021 - 02 - 28]. https:// www.sportaus.gov.au/grants_and_funding/better_ageing.

[74] Baker, J., Fraser-Thomas, J., Dionigi, R. A. et al. Sport Participation and Positive Development in Older Persons [R]. Eur Rev Aging Phys Act 7, 3 - 12 (2010). https:// doi.org/10.1007/s11556-009-0054-9.

[75] Australian Institute of Health and Welfare. Physical Activity Across the Life Stages [EB/OL]. [2020 - 10 - 13]. https://www.aihw.gov.au/getmedia/c249ef97-e219-44df-a8bd-f5e50d04064c/aihw-phe-225.pdf.aspx?inline=true.

[76] Heart Foundation. Our Programs and Initiatives[EB/OL]. [2020 - 12 - 13]. https:// www.heartfoundation.org.au/about-us/our-programs.

[77] Heart Foundation. Heart Foundation Walking Program[EB/OL]. [2020 - 12 - 13].

http://www.activehealthycommunities.com.au/case-study/physical-activity/case-study-heart-foundation-walking-program-2/.

[78] Northern NSW Local Health District. Community Health Education Groups Exercise [EB/OL]. [2020 - 10 - 22] https://nnswlhd.health.nsw.gov.au/health-promotion/older-people/community-health-education-groups-chegs/.

[79] Herbert Knoblich. Gesetz über die Sportförderung im Land Brandenburg [EB/OL]. [2021 - 02 - 25]. https://bravors.brandenburg.de/gesetze/sportfgbbg.

[80] BZGA. Älter werden in Balance[EB/OL]. [2021 - 2 - 22]. https://www.aelter-werden-in-balance.de/atp/was-ist-atp/atp-kurs/.

[81] BZGA. Bewegung im Alter[EB/OL]. [2021 - 2 - 22]. https://www.gesund-aktiv-aelter-werden.de/gesundheitsthemen/.

[82] DOSB. Sport Bewegt Menschen Mit Demenz[EB/OL]. [2020 - 12 - 02]. https://www.dosb.de/?id=485&tx_kesearch_pi1%5Bsword%5D=motorischer+Demenz.

[83] DOSB. Alltags-Fitness-Test[EB/OL]. [2021 - 2 - 22]. https://richtigfitab50.dosb.de/projekte.

[84] Sports Club for Health. Partnership with the welfare sector [EB/OL]. [2021 - 2 - 23]. https://www.scforh.info/content/uploads/2017/03/Partnership-with-the-welfare-sector.pdf.

[85] 吴飞,张锐,郑晓瑛. 德国体育俱乐部志愿者体系及启示[J]. 体育与科学,2017,38(05):44 - 49.

[86] Statista. Gesamtzahl der Mitglieder in Sportvereinen in Deutschland von 1999 bis2020 [EB/OL]. [2020 - 12 - 02]. https://de.statista.com/statistik/daten/studie/215297/umfrage/bevoelkerungsanteil-mit-einer-mitgliedschaft-im-sportverein-nach-alter/.

[87] Statista. Gesamtzahl der Sportvereine in Deutschland von 1999 bis 2020[EB/OL]. [2020 - 12 - 02]. https://de.statista.com/statistik/daten/studie/215312/umfrage/gesamtmitgliederzahl-deutscher-sportvereine/.

[88] Breuer C, Feiler S (2013a). Demographische Entwicklung. In: Breuer C (ed) Sportentwicklungsbericht 2011/2012 [R]. Analyse zur Situation der Sportvereine in Deutschland Sportverlag Strauß, Köln.

[89] Rittner V, Breuer C. Gemeinwohlorientierung und Soziale Bedeutung des Sports[M]. Sport und Buch Strauß, Köln, 2004.

[90] Christoph Breuer,Svenja Feiler. Analysis of the Situation of Sports Clubs in Germany [R]. Sport Development Report 2015/2016, 2017.

[91] Julia Simonson, Claudia Vogel & Clemens Tesch-Römer. Volunteering in Germany: Key Findings of the Fourth German Survey on Volunteering [R]. Berlin: Federal Ministry of Family, Senior Citizens, Women and Youth, 2017: 1 - 59.

[92] Ibsen, B., Nichols, G., & Elmose-Østerlund, K.. Sports Club Policies in Europe: A Comparison of the Public Policy Context and Historical Origins of Sports Clubs across Ten European Countries [R]. Odense: Syddansk Universitet, Institut for Idræt og Biomekanik, 2016.

[93] 内阁府. 老人福祉法[EB/OL]. [2021 - 2 - 16]. https://elaws.e-gov.go.jp/document?

lawid＝338AC0000000133_20200401_430AC0000000044&keyword＝％E8％80％81％E4％BA％BA.

［94］李佳,于昌健.日本"黄金计划"对我国长期照护服务体系构建的启示[J].现代日本经济,2019,38(03)：63－72.

［95］国民の健康の増進の総合的な推進を図るための基本的な方針[EB/OL].［2020－11－02］.https：//www.mhlw.go.jp/bunya/kenkou/dl/kenkounippon21_01.pdf.

［96］张强,王家宏,王华燕.日本体育场地发展与管理运营特点及启示[J].上海体育学院学报,2019,043(005)：7－18.

［97］スポーツ庁.体育・スポーツ施設現況調査結果の概要[EB/OL].［2020－9－13］.http：//www.mext.go.jp/sports/b_menu/toukei/chousa04/shisetsu/kekka/1368165.htm.

［98］日本スポーツ協会.総合型地域スポーツクラブ育成プラ2018[R].2018.

［99］文部科学省.スポーツ振興基本計画[EB/OL].［2020－7－16］.http：//www.mext.go.jp/a_menu/sports/plan/06031014.htm.

［100］日本文部科学省.今後の地域スポーツの推進方策 に関する提言[R].今後の地域スポーツ推進体制の在り方に関する有識者会議,2015.

［101］日本体育協会.公認スポーツ指導者制度[R].东京：日本体育协会,2017：6.

［102］张强,王家宏,王华燕.日本体育场地发展与管理运营特点及启示[J].上海体育学院学报,2019,43(5)：7－18.

［103］公益財団法人日本スポーツ協会.スポーツ指導者に関するデータ[EB/OL].［2020－12－02］.https：//www.japan-sports.or.jp/coach/tabid248.html.

［104］日本体育協会.指導者育成50年のあゆみ[M].東京：広研印刷株式会社,2016：130－131.

［105］周松青,何颖,胡建忠,等.中日社会体育指导员现状的比较及对策[J].首都体育学院学报,2013,25(4)：309－313.

［106］来德淳.日本政府推进社会体育振兴政策对我国开展全民健身运动的启示[J].沈阳体育学院学报,2000(2)：14－17.

［107］高齢者体力つくり支援士とは[EB/OL].［2021－9－22］.https：//www.sien.gr.jp/shienshi/.

［108］介護予防運動指導員とは? 資格の取り方や講習・試験内容、取得のメリットなどを徹底解説!［EB/OL].［2021－9－29］.https：//www.kaigo-kyuujin.com/oyakudachi/skill/65338/.

［109］セントラルスポーツ ホーム.介護予防運動指導員の養成講座[EB/OL].［2020－9－22］.https：//business.central.co.jp/care/staff/seminer_kaigo/.

［110］介護予防運動指導員とは? 資格取得方法や養成講座などを解説 [EB/OL].［2021－6－22］.https：//crane-kaigo.com/preventive-care.

［111］日本介護予防協会.超高齢社会に求められる介護予防 [EB/OL].［2020－11－22］.https：//www.kaigoyobou.org/preventive_care/.

［112］健康運動指導士とはどんな資格? 仕事内容・受験資格・職場などを調査しました![EB/OL].［2021－2－10］.https：//job-medley.com/tips/detail/889/.

［113］健康運動実践指導者の需要.現状と将性[EB/OL].［2021－10－2］.https：//

careergarden. jp/kenkouundoujissenshidousha/tenbou/.

[114] Worldpopulationreview. Nordic Countries 2021[EB/OL]. [2020 - 9 - 22]. https://worldpopulationreview. com/country-rankings/nordic-countries.

[115] Worldbank. Population Ages 65 and Above (% of total population)-Norway, Finland, Denmark, Sweden[EB/OL]. [2021 - 1 - 17]. https://data. worldbank. org/indicator/SP. POP. 65UP. TO. ZS?name_desc=false&locations=NO-FI-DK-SE.

[116] United Nations (2002) Report of the Second World Assembly on Ageing (United Nations, New York) [EB/OL]. [2019 - 10 - 19]. https://www. bmfsfj. de/blob/122586/3d7ad05f599ea9984107fe40057f50a7/second-world-assambly-on-ageing-data. pdf. Accessed March 16, 2018.

[117] Ministry of Education and Culture. Legislation: Sport[EB/OL]. [2021 - 2 - 08]. https://minedu. fi/en/legislation.

[118] Opetus-ja Kulttuuriministeriö. Erityisryhmien Liikunnan Kehittämisohjelma 2003 - 2005 [EB/OL]. [2020 - 08 - 11]. https://julkaisut. valtioneuvosto. fi/handle/10024/80589.

[119] Elina Karvinen, Pirjo Kalmari, Kari Koivumäki. The National Policy Programme for Older People's Physical Activity[R]. Finland: Ministry of Education and Culturee, 2012.

[120] Ukkinstituutti. Physical Activity Prescription [EB/OL]. [2020 - 11 - 24]. https://ukkinstituutti. fi/en/products-services/physical-activity-prescription-pap/.

[121] Ukkinstituutti. Physical Activity Prescription[EB/OL]. [2020 - 12 - 02]. https://ukkinstituutti. fi/en/products-services/physical-activity-prescription-pap/.

[122] Karvinen E, Kalmari P, Starck H, Säpyskä-Nordberg M, Urtamo A, Holmi M. Strength in Old Age ABC-Effective Model for Health Exercise[R]. Action for good ageing, 2016 - 08.

[123] Arvinen E, Starck H, Kalmari P, Säpyskä-Nordberg M, Salminen U. The Strength in Old Age Programme Promotes Active Ageing[R]. Information and good practices for older person's health exercise, 2011 - 04 - 17.

[124] LIKES. Fit for Life Program [EB/OL]. [2020 - 11 - 21]. https://www. hepafinland. fi/actors/fit-life-program/.

[125] David Lange. Elderly care in Sweden[EB/OL]. [2020 - 11 - 12]. https://sweden. se/society/elderly-care-in-sweden/.

[126] The Health and Medical Service Act [EB/OL]. [2020 - 09 - 02]. https://www. rf. se/.

[127] Norberg, J. R.. Idrottsrörelsen och Staten. In J. Lindroth and J. R. Norberg (Eds.), Riksidrottsförbundet 1903 - 2003 [The Swedish Sports Confederation 1903 - 2003]. Stockholm: Informationsförlaget, 200, 181 - 231.

[128] GHK Consulting. Study on Volunteering in the EU Volunteering in Sport-Sweden [R]. Sport in Europe, 2010 - 02 - 17.

[129] Josef Fahlén & Cecilia Stenling. Sport Policy in Sweden [J]. International Journal of Sport Policy and Politics, Volume 8, 2016 - Issue 3.

［130］ David Lange. Elderly Care in Sweden ［EB/OL］. ［2019 - 08 - 02］. https：//sweden.se/society/elderly-care-in-sweden/.

［131］ 崔丽丽,张志勇,张俊英. 瑞典体育体制评述［J］. 首都体育学院学报,2015,27(04)：301 - 305.

［132］ Riksidrottsförbundet. Verksamhetsstöd Idrott för Äldre［EB/OL］. ［2020 - 09 - 29］. https：//www.rf.se/bidragochstod/Bidrag/verksamhetsstodidrottforaldre/.

［133］ DIF. The Active Senior Sport. https：//www.dif.dk/da/forening/raad-og-viden-om-idraetsudvikling/anbefalinger-til-idraetsudvikling/den-aktive-senioridraet.

［134］ 国家体育总局.《全民健身指南》［EB/OL］. ［2017 - 08 - 11］. http：//www.sport.gov.cn/n316/n337/c819036/content.html.

［135］ 张剑威,汤卫东.“体医结合”协同发展的时代意蕴、地方实践与推进思路［J］. 首都体育学院学报,2018,30(1)：73 - 77.

［136］ 林海. 学者建议：老年人每周至少运动 150 分钟［EB/OL］. ［2020 - 12 - 11］. http：//zjnews.zjol.com.cn/zjnews/nbnews/201811/t20181113_8731474.shtml.

［137］ 弋晶,葛菁. 老龄化进程中的我国老年人体育［J］. 体育文化导刊,2013(07)：28 - 31.

［138］ 姚绩伟,杨涛,丁秀诗,等. 城市社区体育公共服务公众满意度的概念溯源、概念界定及含义分析［J］. 西安体育学院学报,2016,33(1)：48 - 56.

［139］ 姚绩伟,许文鑫. 城市社区体育公共服务公众满意度测评思路与原则［J］. 湖南科技大学学报(社会科学版)2016,19(2)：179 - 184.

［140］ 李静,刘贺. 我国人口老龄化问题与社区体育服务对策研究［J］. 南京体育学院学报,2002,16(1)：24 - 26.

［141］ 任云兰. 我国城市社区体育供需矛盾及治理路径［J］. 体育文化导刊,2019(11)：67 - 71＋91.

［142］ 李雪颖. 总局发布《中国群众体育发展报告(2018)》［EB/OL］. ［2019 - 9 - 26］. http：//www.sport.gov.cn/n316/n337/c868225/content.html.

［143］ 蔡景台,樊炳有,王继帅. 城市体育公共服务居民满意度调查分析——以河南省 10 个城市为例［J］. 北京体育大学学报,2009,32(6)：31 - 34.

［144］ 张伟. 社会体育服务组织公共治理能力评价与提升研究［D］. 上海体育学院,2019.

［145］ 左群,段梦双,吴凡凡,等. 基于公共体育服务满意度的社区老年人体育锻炼行为影响因素研究［J］. 沈阳体育学院学报,2018,37(2)：61 - 67.

［146］ 田学礼,赵修涵. 城市社区公共体育设施空间居民满意度调查研究——以广州市为例［J］. 广州体育学院学报,2018,38(4)：12 - 18.

［147］ 袁晚霞. 老龄化背景下我国体育养老服务的研究［D］. 武汉科技大学,2018.

［148］ 陈远莉. 健康需求引领下我国“体医”健康促进融合发展研究［J］. 四川体育科学,2018,37(6)：29 - 32.

［149］ 裴立新. 新时代中国体育社会组织发展研究［J］. 体育文化导刊,2019(3)：17 - 22.

［150］ 王凯珍,汪流. 我国地方性老年人体育协会建设现状、问题与促进对策［J］. 北京体育大学学报,2014,37(6)：1 - 7.

索　引